華志文化

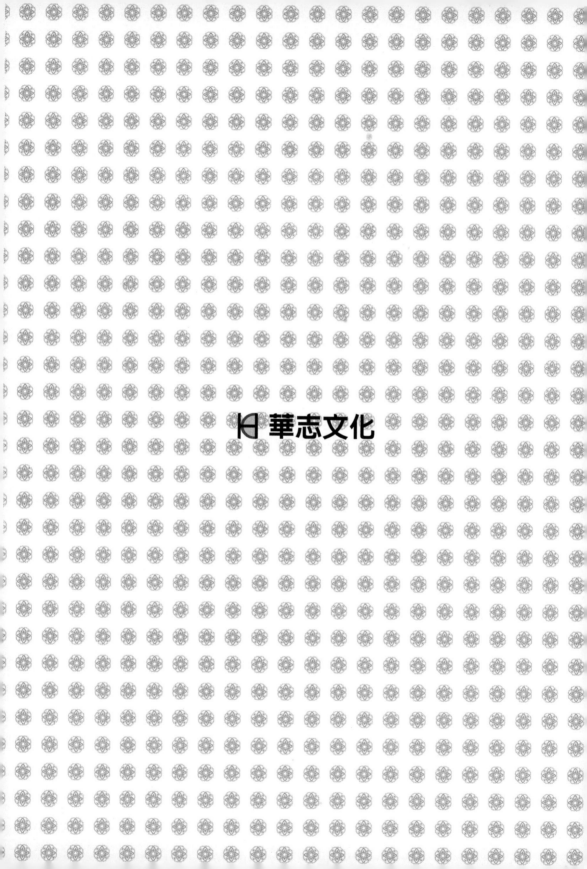

華志文化

荀子

新解

卷首語

在我國歷史上，兩千多年前的春秋戰國時期是一個大變革的時代，整個中華大地上一片混戰，諸侯爭霸，血雨腥風。而就在那時，荀子建立了一個不同於當時儒家立場的價值平台，試圖從這個非獨斷性的平台出發，藉由一種更為對等的「討論」，最終達到在觀念上維護日漸衰落的傳統生活方式的目的。荀子認為，較之直接灌輸「真理」，勸導或誘導是更為行之有效的方式和方法。

荀子是我國古代傑出的唯物主義思想家和教育家。李斯、韓非都是他的學生。荀子一生到過很多地方。曾在齊國遊學，在稷下學宮與各個學派的學者進行過學術交流和討論，並三次擔任學宮祭酒，後來又到過秦國、趙國。他對社會歷史進行了深刻的省思，對中國傳統思想的歷史淵源、學術流派及現實政治問題都做了較為系統全面的剖析和價值評判。荀子所處的時代，是一個充滿戰爭的時代。在這種戰爭的背後，有一種更隱秘的「戰爭」，即諸子之間的激烈論爭。從戰國儒家的角度來看，論爭主要表現為對其他學說的批駁，而荀子對諸子的批評卻更加廣泛。由於荀子的批評更具體且富於理性，因而更像是論辯。

透過對荀子著作的研讀，我們可以發現荀子的特別之處在於他不再信任理想化的說教方式，不相信人們會出於對「善」的渴望而自願服從「好」的生活原則。在宇宙觀方面，荀子認為自然界的存在是不以人的主觀意志而轉移的，然而人類可以用主觀努力去認識它、順應它、運用它，以趨吉避凶。他提出「制天命而用之」的重要思想；在認識論方面、他認為人認識客觀事物，首先要透過感覺器官和外界事物接觸，強調「行」對於「知」的必要性和後天學習的重要性，有著樸素的唯物思想；在政治方面，他針對孔子、孟子效法先王的思想，提出「法後王」的口號，主

張應該依據當時的社會情況去施政，要選賢能，明賞罰，兼用「禮」、「法」、「術」實行統治。他的許多思想為法家所汲取。荀子極力推崇教育的作用，強調教育的重要，在今天看來仍具有積極和重要的社會意義。

本書彙集了荀子一生的思想精華，涉及荀子思想的諸多方面，比較全面地展現了荀子的思想體系和特點。本書選取了荀子著作中最具代表性的十四篇，包括勸學、修身、榮辱、非相、儒效、王制、王霸、君道、臣道、議兵、天論、正論、禮論、正名，同時根據中外學者的集解注釋，對諸多版本中字詞的不同詮釋做了更為精確的選擇和校勘，力求將荀子文字優美、體例完整、最能代表其寫作方法和風格的作品呈現給讀者。本書有以下特點：第一，力爭較全面系統地分析論述荀子思想。本書從現代學術視角出發，分專題對荀子的思想學說進行比較簡潔的概括和論述，將荀子的主要思想觀點和理論貢獻呈現在讀者面前；第二，選文主題鮮明，篇章完整；第三，論述通俗易懂，注釋簡明扼要。本書所引用的案例盡量從中國歷史中選取，力爭深入淺出，使讀者可以較為輕鬆地把握荀子的思想。

需要說明的是，荀子作為先秦時代的一個集大成主，不僅在哲學上成就斐然，對傳統所討論的天人、名實之辨，古今、禮法之爭等諸方面提出了新的看法，達到了批判總結的高度，而且在政治、經濟、軍事、教育、文學、音樂等方面皆提出了自己獨特的觀念，被學者視為「通儒」。最後需要指出的是，由於編者水準所限，書稿不足之處在所難免，在此懇請各位賢達和讀者批評指正。

第一章

勸學①

學問有道，改變人生

第一章 學不可以已

【原文】

君子曰：學不可以已②。青，取之於藍，而青於藍；冰，水為之，而寒於水。木直中繩③，輮以為輪④，其曲中規。雖有槁暴⑤不復挺者，輮使之然也。故木受繩則直，金就礪則利⑥，君子博學而日參省乎己⑦，則知明而行無過矣。

故不登高山，不知天之高也；不臨深谿，不知地之厚也；不聞先王之遺言，不知學問之大也。干、越、夷、貉之子⑧，生而同聲，長而異俗，教使之然也。詩曰：「嗟爾君子，無恒安息。靖共爾位⑨，好是正直。神之聽之，介爾景福⑩。」神莫大於化道，福莫長於無禍。

吾嘗終日而思矣，不如須臾之所學也；吾嘗跂而望矣⑪，不如登高之博見也。登高而招，臂非加長也，而見者遠；順風而呼，聲非加疾也⑫，而聞者彰。假輿馬者⑬，非利足也，而致千里；假舟楫者，非能水也，而絕江河。君子生非異也⑭，善假於物也。

南方有鳥焉，名曰蒙鳩，以羽為巢，而編之以髮，繫之葦苕⑮，風至苕折，卵破子死。巢非不完也，所繫者然也。西方有木焉，名曰射干，莖長四寸，生於高山之上，而臨百仞之淵。木莖非能長也，所立者然也。蓬生麻中，不扶而直；白沙在涅⑯，與之俱黑。蘭槐之根是為芷⑰，其漸之滫⑱，君子不近，庶人不服⑲。其質非不美也，所漸者然也。故君子居必擇鄉，遊必就士，所以防邪辟而近中正也。

【注釋】

①勸學：本篇鼓勵人們勤奮學習。強調教育可以培養人的美德。學習應該「鍥而不舍」，專心一致。同時也告誡人們應重視環境對人的影響。

②已：停止。

③木直中繩：木材挺直，合於木工的墨線。中（ㄓㄨㄥˋ）：適合，恰好對上。

④鞣：通「揉」。拗使直成曲。

⑤有：通「又」。槁（ㄍㄠˇ）：枯乾。暴（ㄆㄨˋ）：「曝」的古字。

⑥礪：磨刀石。⑦參省（ㄒㄧㄥˇ）：檢驗考察。

⑧干、越：皆國名，在今江蘇、浙江一帶。夷、貉：是當時居住在東方和北方的少數民族。⑨靖：安定。共：通「供」，供奉。

⑩介：助。景福：大福。⑪跂（ㄑㄧˋ）：通「企」，踮起腳尖。

⑫疾：急速，猛烈。⑬假：憑藉。

⑭生：同「性」。天賦，資質。

⑮苕（ㄊㄧㄠˊ）：葦花，可作苕帚。

⑯涅：礦物名，古代用作黑色染料。⑰芷：香草名，即白芷。

⑱其：若。漸：浸漬。滫（ㄒㄧㄡˇ）：小便，也可指泔水。

⑲服：佩帶。

【譯文】

君子說：「學習不能夠停止。」靛青是從蓼藍中提煉出來的，但比蓼藍更青；冰是由水凝固而成的，但比水寒冷。木材挺直，符合木工的墨線，經火烘烤彎曲做成車輪，它的曲度與圓相合，即使再烘烤曝曬，它也不能再伸直了，這是因為加工使它這樣的啊。所以木材經過墨斗畫線加工後變直了，金屬製成的刀劍在磨刀石上磨過之後變鋒利了，君子廣泛地學習，而又能每天檢查反省自己，那就會見識高明而行動上不會犯錯誤了。

所以，不登上高高的山峰，不知道天的高度；不親臨深溪，就不知道大地的厚度；不聆聽前代聖王的遺言，則不知道學問的淵博。干國、越國，夷族和貉族的孩子，生下來哭聲都相同，長大後習俗卻不同，這是由於後天的教育的不同，才使他們這樣的啊！《詩》中說：「呵喲，你們君子啊！不要老是貪圖安逸、歇息，要安心對待你的職位，愛好正直的德行。天神知道了這些會賜給你極大的幸福。」精神修養沒有比融於聖賢的道德更高的了，幸福沒有比無災無禍更長久的了。

我曾經整天思考，但不及學習片刻所獲得的教益；我曾經踮起腳瞭望，但比不上登上高處所見之廣闊。登上高處招手，手臂並沒有加

長，但遠處的人能看得見。順著風呼喊，聲音並沒有加強，但聽的人卻聽得很清楚。借助車馬的人，並不是雙腳善於走路，但能夠一日行千里；憑藉舟船的人，並不是善於游泳，但能橫渡江河。君子的生性並不是與別人有所不同，只不過是善於借助外物罷了。

　　南方有一種名叫蒙鳩的鳥，牠用羽毛做窩，再用毛髮編織起來，繫在蘆葦穗子上，大風吹來，葦穗折斷，鳥蛋跌破，幼鳥摔死。牠做的窩不是不完善，而是窩所繫的地方使牠這樣的。西方有一種草，名叫射干，莖長四寸，生長在高山上，面對百丈深淵。它的莖並非能長這麼高，而是它生長的位置使它這樣的。蓬草生在叢麻當中，不去扶持它也挺直；白沙混入黑土中，會變得跟黑土一樣黑。蘭槐的根就是白芷，若把它浸在臭水中，君子不願接近它，普通老百姓也不再佩戴它。它的本質不是不美，只因為被浸在臭水中使它這樣的。所以君子居住時必須選擇居住之所，交遊必須接近賢士，這是防止自己誤入邪途而接近正道的方法。

【延伸閱讀】

　　常言道：「學無止境。」學習是一個艱苦的過程，你必須付出巨大的努力，同時需要具有堅毅的意志，才能獲得成果。

　　俗語說得好：「只要功夫深，鐵杵磨成針。」讓我們看看一些大學者及大政治家是怎樣磨練意志，痛下苦功來求取真知識的。

　　孔子是儒學的創始人，是中國偉大的思想家和教育家。他可以稱為學習的典範，當他得知晉國樂師襄子的琴藝高超時，便不遠萬里到晉國向襄子求教。襄子教孔子彈奏一首樂曲，十多天後，襄子認為孔子已掌握了樂曲的節奏和技法，可以學新曲了。然而，孔子卻要求繼續練習原曲，直至能明白樂曲的主題和深刻意義。又練了一段時間，襄子認為可以了，但孔子認為自己還沒理解樂曲所刻畫的主人翁，所以要求繼續練習這首樂曲。孔子不斷地練習，一個活生生的人物形象，漸漸在音韻中顯現出來……「這不正是施行德政的周文王嗎？」兩人興奮地叫了起來。原來這首曲子正是歌頌周文王的《文王操》！

　　蘇秦，大家也不會陌生，他是戰國時代著名的謀略家和外交家。在

他功成名就之前，也有過一段感人肺腑的奮鬥故事。蘇秦早年曾經讀了不少書，認為自己很有本事，便向各國君主推介自己的政治主張，可是沒有君主願意採納他的建議。失意潦倒的蘇秦回家後，親人認為他沒出息，對他很冷淡。蘇秦大受刺激，發誓從此要好好讀書，充實自己。他精心挑選了一本兵書，日夜鑽研，可是讀到深夜時，就會不由自主地睡著。蘇秦為了驅去睡意，就在書桌上放一把錐子，睏意來時就抓起錐子，刺向自己的大腿，劇烈的疼痛立即驅走睡意，使他又精神百倍地讀書。苦讀一年後，他終於學有所成，得到了六國君主的重用。

　　北宋著名政治家和史學家司馬光，從小就很聰慧機警，他年幼時破缸救友的故事，更是家喻戶曉。他的聰慧與喜愛讀書的個性是分不開的。即使他當了官，仍保持勤於閱讀的好習慣。司馬光白天忙於公事，只好在晚上念書，直至深夜才到臥室睡一會兒，又起來讀書或寫文章。為免自己睡得太久，他用一段圓木頭來代替枕頭。圓木枕很堅硬，與腦袋接觸面小，睡久了便會覺得不舒服，想翻個身，但當頭一離開圓木枕，圓木枕就滾開，頭便會碰撞到床板上。這時司馬光就會清醒過來，回到書房繼續讀書。日子一久，他跟圓木枕產生了感情，還親切地稱它為「警枕」呢！

　　在我們的身邊，有很多人對學習「虎頭蛇尾」，一開始滿有新鮮感，興趣也很大，但是沒過多久就懶散下來，不願意再付出努力了；還有一些人在學習上意志薄弱，遇到外界的誘惑便會半途而廢。這些都是學習的主要障礙，一定要加以克服才行。

二、鍥而不舍，金石可鏤

【原文】

　　物類之起，必有所始；榮辱之來，必象其德。肉腐出蟲，魚枯生蠹。怠慢忘身，禍災乃作。強自取柱，柔自取束。邪穢在身，怨之所構①。施薪若一，火就燥也；平地若一，水就濕也。草木疇生②，禽獸群焉，物各從其類也。是故質的張而弓矢至焉③，林木茂而斧斤至焉，樹成蔭而眾鳥息焉，醯酸而蜹聚焉④。故言有召禍也，行有招辱也，君子慎其所立乎！

　　積土成山，風雨興焉；積水成淵，蛟龍生焉；積善成德，而神明自得，聖心備焉。故不積跬步⑤，無以至千里；不積小流，無以成江海。騏驥一躍⑥，不能十步；駑馬十駕⑦，功在不舍。鍥而舍之⑧，朽木不折；鍥而不舍，金石可鏤⑨。螾無爪牙之利⑩，筋骨之強，上食埃土，下飲黃泉，用心一也；蟹六跪⑪而二螯，非蛇、蟺之穴無可寄託者⑫，用心躁也。是故無冥冥之志者⑬，無昭昭之明⑭；無惛惛之事者⑮，無赫赫之功⑯。行衢道者不至⑰，事兩君者不容。目不能兩視而明，耳不能兩聽而聰。螣蛇無足而飛⑱，鼫鼠五技而窮⑲。詩曰：「尸鳩在桑⑳，其子七兮；淑人君子㉑，其儀一兮㉒。其儀一兮，心如結兮㉓。」故君子結於一也。

　　昔者瓠巴鼓瑟而沉魚出聽㉔，伯牙鼓琴而六馬仰秣㉕。故聲無小而不聞，行無隱而不形㉖。玉在山而草木潤，淵生珠而崖不枯。為善不積邪，安有不聞者乎？

【注釋】

　　①構：造成，結成。②疇：通「儔」，同類，伴侶。

　　③質：箭靶。的：箭靶的中心。

　　④醯（ㄒㄧ）：醋。蜹（ㄖㄨㄟˋ）：同「蚋」，蚊子一類的昆蟲。

　　⑤跬（ㄎㄨㄟˇ）：古時稱人行走，舉足一次為跬，舉足兩次為步，故半步叫「跬」。

⑥騏驥：良馬。⑦十駕：十天的行程。

⑧鍥（ㄑㄧˋ）：刻。舍：放棄。⑨鏤：雕刻。

⑩螾：同「蚓」。⑪跪：腳。⑫蟺（ㄕㄢˋ）：同「鱔」。

⑬冥冥：專默精誠。⑭昭昭：謂明辨事理。

⑮惛惛：謂專心一致。⑯赫赫：形容顯著。

⑰衢道：指歧路。⑱螣蛇：傳說中一種能飛的蛇。

⑲鼫（ㄕˊ）鼠：即「梧鼠」。據說這種鼠有五技，能飛不能上屋，能爬樹不能爬到樹頂，能游泳不能渡谷，能走不能追過人，能挖洞但不能藏身，所以說牠「五技而窮」。窮：困窘。

⑳尸鳩：布穀鳥。據說這種鳥哺育七隻小鳥，早晨從上而下，傍晚從下而上，輪流反覆，平均如一。

㉑淑人：善良的人。㉒儀：法度，標準。一：專一。

㉓心如結兮：指用心專一，像紮起來那樣堅定。

㉔瓠（ㄏㄨˋ）巴：春秋楚國人，善於彈瑟。

㉕伯牙：古代傳說人物，善彈琴。六馬：古代帝王的車駕用六匹馬拉，此指拉車的馬。仰秣：形容馬仰首而聽琴聲的樣子。㉖形：顯露。

【譯文】

　　各種事物的發生，一定有它的根由；榮譽和恥辱的來臨，必定和他德行的好壞相適應。肉腐爛了就生蛆，魚枯死了就生蟲。懈怠疏忽而忘記了自身，災禍就要發生。堅強的東西自然被用作支柱，柔軟的東西自然被用來捆束東西。邪惡污穢的東西存在於自身，是怨恨集結的原因。放上好像是同樣的柴，火總是朝著乾燥的一方燒去；平整的土地水總是向低濕的一邊流淌。草木按類生長，禽獸同類的聚居在一起，萬物都各自依附它們的同類。所以設置了箭靶，箭就向這裡射來；森林的樹木茂盛了，伐木者就拿著斧頭來砍伐了；樹木成陰，群鳥就來這裡棲息；醋酸腐壞了，蚊蟲就飛來聚集。所以說話有時會招來災禍，做事有時會招來恥辱，君子要謹慎地立身處世啊！

　　土堆積起來成了高山，風雨就會在那裡興起；水匯積起來成為深潭，蛟龍就會在那裡生長；累積善行成了有道德的人，自會心智澄明，

而聖人的思想境界也就具備了。所以不半步半步的累積，就無法達到千里之外；不匯集眾多的小溪流，就不能形成江海。駿馬一躍，不能超過十步；劣馬跑十天也可以達到千里。成功的原因在於不停頓地向前走。雕刻東西，如果半途放棄，即使是腐爛的木頭也不能刻斷；如果不停地刻下去，就連金屬和石頭都能雕空。蚯蚓沒有銳利的爪牙和強壯的筋骨，但牠能吃到地上的泥土，喝到地下的泉水，這是因為牠用心專一；螃蟹有六隻腳兩隻螯，但如果沒有蛇或鱔所居住的洞穴就無處藏身，這是因為牠用心浮躁。所以一個人要是沒有潛心鑽研的精神，就不能明辨事理，洞察一切；不專心致志地工作，就不可能有顯赫的成績。徘徊於歧路上的人不能夠到達目的，同時侍奉兩個君主的人，在道義上不能寬容。眼睛不能同時看清楚兩件東西，耳朵不能同時把兩種聲音全都聽明白。騰蛇沒有腳卻能飛行，鼫鼠雖有五種技能，但總是陷於困境。《詩》云：「布穀鳥居住在桑樹上，專心哺育牠的七隻小雛鳥；那些善人君子啊！始終堅持道義專一。堅持道義專一，心像綁束的繩結那樣堅定。」所以君子學習或辦事總是把心志集中在一點上。

從前瓠巴彈瑟時，水底的魚都浮出水面來聽；伯牙彈琴時，馬被琴聲所吸引，抬起頭來咧著嘴聽。所以聲音無論怎樣小，沒有不被聽到的，行為無論怎樣隱蔽，沒有不顯露出來的。寶玉蘊藏在山中，山上的草木都會滋潤；深潭裡生了珍珠，潭邊的崖岸不會乾枯。總是堅持做好事不做壞事，哪有不被世人知道的呢？

【延伸閱讀】

百年大計，教育為本。讀書學習，增長知識不僅對人的文化和智慧水準以及心理性格的成熟具有重要促進作用，而且與人的身心健康也有著密切的關係。

古今凡立大志者，皆有他們獨特的治學方法，今列舉幾個，與大家共勉！

孔子的「學思結合法」：學而不思則罔，思而不學則殆。

子思的「五之法」：博學之，審問之，慎思之，明辨之，篤行之。

　　朱熹的「舉一反三」法：舉一而反三，聞一而知十，及學者用功之深，窮理之熟，然後能融會貫通，以至於此。

　　顧炎武的「新舊法」：每年用三個月復習舊知識，其餘時間學新書。

　　鄭板橋的「好問法」：讀書好問，一問不得，不妨再三問，問一人不得，不妨問數十人，要使疑竇釋然，精理進露。故其落筆晶明洞徹，如觀火觀水也。

　　梁啟超的「分類法」：每日所讀之書，最好兩類：一類是精熟的，一類是涉覽的。

　　魯迅的「摹仿法」：會模仿絕不是劣點，我們正應該學習這「會模仿」的。「會模仿」又加以有創造不是更好嗎？

　　胡適的「四到法」：讀書要四到，眼到、口到、心到、手到。

　　鄧拓的「累積法」：古今中外有學問的人，有成就的人，總是十分注意累積的。知識是累積起來的，經驗也是累積起來的。

　　常言道：「忠厚傳家久，詩書繼世長。」文化與歷史的承傳是不可割斷的，我們向來以五千年悠久的歷史文化傳統而自豪，所以更應該博學、審問、慎思。只有在讀書時對萬事萬物認識研究和獲得知識，才能無形中提高自身道德修養，提高德行和才能之後就會水到渠成地獲得自己應獲得的一切了，英雄何患無用武之地？只怕是：「不患人之不己知，患不知人也。」那不是很可悲嗎？

三、學莫便乎近其人

【原文】

　　學惡乎始[1]？惡乎終？曰：其數則始乎誦經[2]，終乎讀禮；其義則始乎為士，終乎為聖人。真積力久則入，學至乎沒而後止也[3]。故學數有終，若其義則不可須臾舍也。為之，人也；舍之，禽獸也。故書者[4]，政事之紀也；詩者，中聲之所止也[5]；禮者，法之大分，類之綱紀也[6]，故學至乎禮而止矣。夫是之謂道德之極。禮之敬文也[7]，樂之中和也[8]，詩書之博也，春秋之微也[9]，在天地之間者畢矣[10]。

　　君子之學也，入乎耳，箸乎心，布乎四體[11]，形乎動靜。端而言[12]，蝡而動[13]，一可以為法則[14]。小人之學也，入乎耳，出乎口。口耳之間則四寸耳[15]，曷足以美七尺之軀哉？古之學者為己，今之學者為人。君子之學也，以美其身；小人之學也，以為禽犢[16]。故不問而告謂之傲[17]，問一而告二謂之囋[18]。傲，非也；囋，非也；君子如向矣[19]。

　　學莫便乎近其人。禮、樂法而不說[20]，詩、書故而不切[21]，春秋約而不速[22]。方其人之習君子之說[23]，則尊以遍矣[24]，周於世矣。故曰：學莫便乎近其人。

　　學之經莫速乎好其人[25]，隆禮次之[26]。上不能好其人，下不能隆禮，安特將學雜識志[27]，順詩、書而已耳，則末世窮年，不免為陋儒而已！將原先王，本仁義，則禮正其經緯、蹊徑也[28]。若挈裘領[29]，詘五指而頓之[30]，順者不可勝數也。不道禮、憲[31]，以詩、書為之，譬之猶以指測河也，以戈舂黍也，以錐飡壺也[32]，不可以得之矣。故隆禮，雖未明，法士也；不隆禮，雖察辯。散儒也。

【注釋】

　　①惡（ㄨ）：疑問詞，哪。②數：指學習的具體科目。

　　③沒：同「歿」，死。

　　④書：《尚書》的簡稱，是春秋、戰國以前的政治文告和歷史資料的彙編。

　　⑤詩：《詩經》的簡稱，是我國最早的一部詩歌總集。中聲：和諧的樂律。止：存。

　　⑥大分：總綱。類：依禮法條文類推出來的具體律例。

　　⑦敬文：恭敬而有節文。敬，指周旋揖讓儀式。文，指車服等級制度。

　　⑧樂：即《樂經》，六經之一。

　　⑨春秋：春秋時期魯國史官按年記載當時歷史的書。微：此指微言大義。

　　⑩畢：網羅無遺之意。引申為盡，全。

　　⑪箸（ㄓㄨˋ）：同「著」，明曉。布：分佈。四體：四肢。

　　⑫端：通「喘」，微言。

　　⑬蝡（ㄖㄨㄢˇ）：「蠕」的異體字，微動。⑭一：一概。

　　⑮則：才。⑯禽犢：禽和犢。古時常用作饋贈的禮物。

　　⑰傲：傲慢。⑱囋（ㄗㄢˋ）：講話沒有節制。

　　⑲如向：指對答有節，像音響相應。向：同「響」，應聲。

　　⑳法：法則，法度，規章。說：解說，詳細說明原理。

　　㉑故：前代的掌故。切：貼近，接近。

　　㉒約：隱微。速：此指迅速瞭解。

　　㉓方：仿效。第一個「之」：而。

　　㉔以：而。㉕經：通「徑」。

　　㉖隆：尊重。㉗安：語助詞。特：只。雜識志：雜家的書。

　　㉘經緯：指道路。南北為「經」，東西為「緯」。這裡指四通八達。蹊徑：途徑。

　　㉙挈：提，拎。㉚詘：屈。頓：抖擻使整齊。

　　㉛道：實踐。憲：法令。

　　㉜飡：同「餐」。壺：古器名。用以盛酒漿或糧食。

【譯文】

　　讀書從哪裡開始？到哪裡終結？回答是：從讀書的科目來說，是從誦讀《詩》、《書》開始，到讀《禮》為止；論做學問的意義，是從做一個讀書人開始，到成為聖人為止。真心誠意日日累積，力行而

能持久，才能學而有成，學到老死後才停止。所以從學習的科目來說是有盡頭的，若從學習的意義上說，則連片刻也不能停止。做到了這樣的地步，才是堂堂正正的人；半途放棄學習，就成了禽獸。《尚書》是記載古代政事的書；《詩經》是收集了有和諧樂律的詩歌編輯而成的；《禮》是禮法的總綱，也是依禮法條文類推出來的具體律例準則的綱要，所以學習要是達到《禮》的要求才算到了終點。這可以叫做達到了道德的頂點。《禮》的恭敬而有節文，《樂》的中正而又和諧，《詩》、《書》內容的廣博，《春秋》的微言大義的道理，這些典籍把天地間的一切事物都包括殆盡了。

君子的學習，要把所學的東西聽入耳中，牢記在心裡，融會貫通到整個身心，並表現在舉止上。哪怕是極細微的言行，都可以成為別人效法的榜樣。小人的學習，只是從耳中聽進去，從口中說出來。嘴巴與耳朵間的距離不過四寸，又怎麼能使自己七尺之軀的品德得到修養，從而使自己變得完美呢？古時候的學者，學習是為了自己進德修業，現在的學者，學習是為了給別人看的。君子的學習，是用它來完美自己的身心；小人的學習只是為了把學問當作家禽、小牛之類的禮物去取悅於人。所以別人不問，自己卻去告訴別人，這叫做傲慢；別人只問一件事而卻回答兩件事，這叫做不懂節制。傲慢不對，不懂節制也不對，君子回答別人，問一答一，如同迴響應聲一樣。

學習沒有比接近良師、賢人更便利的了。《禮》、《樂》記載了法度、規章而未詳細說明原理，《詩》、《書》記載了前代的掌故而不切近現實，《春秋》詞旨隱約而難於使人迅速理解。只有仿效良師而學習君子的學說，才能培養崇高的品德並獲得廣博的知識，也就周知世事了。所以說學習沒有比接近良師更便利的了。

學習的途徑，沒有比向良師請教更有效更迅速的了，其次是尊崇禮法。如果上不能請教良師，下又不能尊崇禮法，只學些雜家的書，死板地記誦《詩》、《書》，那麼直到老死，也不過是一個學識淺陋的讀書人罷了。如果追溯先王的道德，尋找仁義的根本，那麼學習禮法正是那四通八達的途徑。這就像提起皮衣的領子、彎著五根手指去

抖動它一樣，被理順的絨毛就數不清了。不遵循禮法，只空談《詩》、《書》，就像用手指去測量河的深淺，用長矛之類的兵器舂米，用錐子代替筷子吃飯一樣，是不可能達到目的的。所以尊崇禮法，即使不能夠透徹領會、理解其精義，也不失為一個崇尚禮法的讀書人；不遵崇禮法，即使能夠明察善辯，也不過是一個散漫而不自我約束的讀書人。

【延伸閱讀】

一味地讀書不思考是讀死書的書呆子，只空想而不讀書是陷入玄虛的空想家。書呆子和空想家都不是我們想做的。所以我們既要讀書又要思考。孔子說得好：「朝聞道，夕死可矣。」一定要有一種探索真理的態度和精神。明代人陳鎏說：「讀書須知出入法，始當求所以入，終當求所以出。」學是入書，思是出書，出入有道，學業成也。如果只為讀書而讀書，不求甚解，不如不讀。讀其文，明其理。此則求知的精神，亦是做人的學問。

我國古代學習理論的集大成者，當首推朱熹。他在讀書、著書、講學和總結前人經驗的基礎上，提出了一套較為系統、全面而對後世影響很大的讀書方法，即《讀書之要》，其讀書之法包括循序漸進、熟讀精思、切己體察、著緊用力、居敬持志。

朱熹作為一位大教育家、大學問家，對讀書猶為重視。他曾說：「為學之道，莫先窮理；窮理之要，必在於讀書。」這句話闡述了做學問首先要弄清道理，而弄清道理的關鍵在於讀書。朱熹不僅重視讀書，而且，猶為重視讀書方法，即在有效的時間裡如何才能提高讀書效率。

朱熹繼承了孔子「學而不思則罔，思而不學則殆」的思想，認為思考是讀書治學之根本，讀與思是讀書學習的不可分割的統一體。朱熹曾強調：「學與思須相連，才學這事，須使思量這事合如何。」因此，讀書唯讀不思，必是死讀，即使能記住，仍不是自己的東西，更不能結合實際靈活運用；只思不讀，純係空想，成天想入非非，將會一事無成。

為誰讀書？為什麼學習？學習掌握了知識後又要去做什麼？達到什麼目的？回答這一連串的問題，便道出了你的「學習觀」。

　　不論在什麼時代，不論是什麼人，學習，總會有一個目的性。「讀！讀！讀！書中自有千鐘粟；讀！讀！讀！書中自有黃金屋；讀！讀！讀！書中自有顏如玉。」這句廣為流傳的座右銘是中國古時知識份子的學習觀的真實寫照。

　　在我國歷史上，眾多文人墨客受到古人「太上有立德，其次有立功，其次有立言，雖久不廢，此之謂不朽」觀點的影響，形成了「為立言而學習」的「學習觀」。他們博覽群書，四處尋訪，通宵達旦閱讀，為了實現以「立言」求「不朽」的宿願，著書立說，流芳千古。不論人們學習是出於什麼目的，但是無可否認的，學習都是為了求知。確切地說，學習是為了累積知識，為了開闊視野，為了增長能力，為了追求真理，這才是學習的真正目的所在。

四、思索以通之，為其人以處之

【原文】

　　問楛者①，勿告也；告楛者，勿問也；說楛者，勿聽也；有爭氣者，勿與辯也。故必由其道至，然後接之，非其道則避之。故禮恭，而後可與言道之方；辭順，而後可與言道之理；色從②，而後可與言道之致③。故未可與言而言謂之傲，可與言而不言謂之隱，不觀氣色而言謂之瞽。故君子不傲、不隱、不瞽，謹順其身④。詩曰：「匪交匪舒⑤，天子所予⑥。」此之謂也。

　　百發失一，不足謂善射；千里跬步不至，不足謂善御⑦；倫類不通⑧，仁義不一，不足謂善學。學也者，固學一之也。一出焉，一入焉，塗巷之人也⑨。其善者少，不善者多，桀、紂、盜蹠也⑩，全之盡之，然後學者也。

　　君子知夫不全不粹之不足為美也，故誦數以貫之⑪，思索以通之，為其人以處之⑫，除其害者以持養之，使目非是無欲見也，使耳非是無欲聞也，使口非是無欲言也，使心非是無欲慮也。及至其致好之也⑬，目好之五色，耳好之五聲，口好之五味，心利之有天下。是故權利不能傾也，群眾不能移也，天下不能蕩也。生乎由是，死乎由是，夫是之謂德操。德操然後能定，能定然後能應。能定能應，夫是之謂成人。天見其明，地見其光⑭，君子貴其全也。

【注釋】

　　①楛（ㄎㄨˇ）：比喻事情的不正當或態度的惡劣。
　　②色從：容色表現出樂於聽從。③致：盡，極。
　　④瞽（ㄍㄨˇ）：目盲。順：通「慎」。
　　⑤匪：通「非」，不。交：通「絞」，急。舒：遲緩。
　　⑥予：通「與」，讚許。⑦御：駕駛車馬。
　　⑧倫：道理，次序。類：法。⑨塗：通「途」，道路。
　　⑩桀：夏朝末代君王，名履癸。殘酷剝削，暴虐荒淫。紂：商代最

後的君王。蹠（ㄓˊ）：春秋戰國人，傳統的典籍中都把他當成貪婪的典型，稱他為「盜蹠」。

⑪誦數：反覆朗讀。貫：全部透徹地瞭解。⑫處：立身處世。

⑬致：盡，極。⑭見：同「現」，顯現。

【譯文】

問不正當事情的人，不要告訴他；告訴你不正當事情的人，不要去追問他；談論不正當事情的人，不要去聽他；態度蠻橫的人，不要和他爭辯。必須是按照禮義之道前來請教的人，然後才接待他，不按照禮義之道而來的人，就迴避他。來請教的人禮貌恭敬，然後才可以與他談論道義的學習方法；他的言辭和順，然後才可以和他談論道義的原理；他的容色表現出樂於聽從，然後才可以和他談論道義的最精深涵義。對那些不可以與之談論道義的人，你和他談了，這叫做傲慢；對那些可以與之談論道義的人，你又不和他談，這叫做隱瞞；不觀察對方的表情而與他交談，這叫做盲目。君子不傲慢，不隱瞞，不盲目，而是謹慎地對待前來請教的人。《詩》云：「不過於急切，也不有意急緩，是天子所讚許的。」說的就是這種情況。

射出一百枝箭，只要有一枝沒有射中，就不能叫做善於射箭；趕車千里，只要半步不到，就不能叫做善於駕車；倫理法規不能貫通，仁義之道不能一心一意地奉行，就不能稱之為善於學習。學習這件事，本來就應該一心一意地堅持下去，一會兒不學，一會兒學，那是市井中的普通人，他們之中不好的多，好的少，桀、紂、盜蹠就是這樣的人。完全徹底、盡心盡力地學習，這之後才是個真正的學者。

君子知道，做學問不全面、不純正是不能夠稱之為完美的，所以要反覆誦讀以求全部透徹地瞭解，用心思索以求領會通曉，效法賢師良友，設身處地去實踐。除掉有害的東西，保持優良的品德。對於不正確的東西，不想去看的就不要去看，不想聽的就不去聽，不想說的就不要說，不想思慮的內心不去想。等到極其愛好學習時，就像眼睛喜愛看五色，耳朵喜愛聽五聲，嘴巴喜愛吃五味，心裡追求有利天下一樣。因此權勢不能壓倒他，人多勢眾不能改變他的決心，天下任何

事情不能動搖他。活著循著這條道路，就是到死也堅持這樣，這叫做
道德操守。具備了這樣的道德操守，才能夠堅定不移，能夠堅定不移，
才能與天地相應能堅定不移而且與天地相應，只有這樣做的人，才算
得上真正有成就的人。天顯現出它的明澈，地顯現出它的光亮，君子
的可貴之處在於他的德行的完美無缺。

【延伸閱讀】

　　學習是人生最大的快樂，這是由於人們透過學習可以樹立良好的品
德，增加自己的智慧。

　　人的品德、性格從生下來就各有各的缺陷。有學問、修養的人知道
自己的不足之處，所以用加強學習的辦法來彌補，於是就變成了一個具
有完美品德的人了。普通的人不知道自己的不足之處，而被這種不足支
配著任意作為、隨性行事，所以會造成許多過失。

　　梁元帝當年在會稽時，只有十二歲就已經很好學了。當時他患皮膚
病，手足都不能自如伸屈，在書齋裡掛起帳子防蠅，獨自坐在帳內，銀
甌內藏著紹興酒，不時喝一點，來解除痛楚。隨心地讀史書，一天二十
卷，沒有老師傳授，有時遇到不認識的字、不懂的話，只是自己反覆地
讀，不知道厭倦。他有皇子的尊貴地位，又處於好逸樂的童年時期，尚
且能這樣努力學習，何況其他希望透過學習找到自己位置的普通人呢！

　　有大志向沒有大才幹是不會取得成功的，而大才幹只能從學習和實
踐中得來。學習不是僅停留在記誦上面，而是要探究事物的所以然，融
會貫通，親身實踐。隱居在隆中的諸葛亮一出山就做軍師，淮陰侯韓信
一出道就被任命為大將，這固然是因為他們有蓋世雄才，但他們的才幹
都是平時善於學習和實踐的結果，有遠大抱負的人讀書就應當如此。現
在有些人總說老了，其實學習是一生的事，俗話說：「活到老，學到老」。
孔子說的「五十以學易，可以無大過矣」；曹操年紀老了更努力學習；
曾子七十歲才學，後來名聞天下；荀卿五十歲才到齊國遊學，也成了碩
儒；公孫弘四十多歲才讀《春秋》，竟做了丞相；朱雲也是四十歲才開
始學《論語》和《易經》，而他後來也成了大儒。這些人都是大器晚成
之人。

　　稟賦最優良，精力最旺盛，最有可能有所成就的人，如果不能接受教育而不學無術的話，也只能成為無用的人。學習是為了增長知識，通達事理。學習的目的是為了求益，種種品行能從學習中得到進步。

第二章

修身 ①

人性改造，治氣養心

一、以治氣養生，以修身自強

【原文】

　　見善，修然必以自存也②；見不善，愀然必以自省③，善在身，介然必以自好也④；不善在身，菑然必以自惡也⑤。故非我而當者⑥，吾師也；是我而當者，吾友也；諂諛我者，吾賊也。故君子隆師而親友，以致惡其賊⑦。好善無厭⑧，受諫而能誡，雖欲無進，得乎哉？小人反是，致亂而惡人之非己也；致不肖⑨，而欲人之賢己也；心如虎狼，行如禽獸，而又惡人之賊己也。諂諛者親，諫爭者疏，修正為笑，至忠為賊，雖欲無滅亡，得乎哉？詩曰：「噏噏呰呰⑩，亦孔之哀⑪。謀之其臧，則具是違；謀之不臧⑫，則具是依⑬。」此之謂也。

　　扁善之度⑭，以治氣養生則後彭祖⑮；以修身自名則配堯禹⑯。宜於時通⑰，利以處窮，禮信是也⑱。凡用血氣、志意、知慮，由禮則治通，不由禮則勃亂提僈⑲；食飲、衣服、居處、動靜，由禮則和節，不由禮則觸陷生疾；容貌、態度、進退、趨行，由禮則雅，不由禮則夷固僻違⑳、庸眾而野㉑。故人無禮則不生，事無禮則不成，國家無禮則不寧。詩曰：「禮儀卒度㉒，笑語卒獲㉓。」此之謂也。

　　以善先人者謂之教㉔，以善和人者謂之順㉕；以不善先人者謂之諂，以不善和人者謂之諛。是是、非非謂之知㉖，非是、是非謂之愚。傷良曰讒，害良曰賊。是謂是、非謂非曰直。竊貨曰盜，匿行曰詐㉗，易言曰誕㉘，趣舍無定謂之無常㉙，保利棄義謂之至賊。多聞曰博，少聞曰淺，多見曰閑㉚，少見曰陋。難進曰偍㉛，易忘曰漏。少而理曰治，多而亂曰耗㉜。

【注釋】

　　①修身：本篇闡述了修養身心的重要性、必要性和方法，並著重指出要想迅速提高自己的品德修養，關鍵在於遵循禮義。

　　②修然：整飭的樣子。存：省問。

　　③愀（ㄑㄧㄠˇ）然：形容神色變得嚴肅或不愉快。

④介然：堅貞，堅固的樣子。好：篤好。

⑤菑（ㄗㄞ）：同「災」。災害。⑥非：責怪，責難。

⑦致惡：極端厭惡。⑧厭：同「饜」，滿足。

⑨不肖：不好，不正派。

⑩噏噏（ㄒㄧ）：同「吸吸」，吸取。呰呰（ㄗˇ）：通「訾訾」，詆毀。

⑪孔：甚。⑫臧（ㄗㄤ）：善。

⑬具：通「俱」，都，完全。

⑭扁：通「遍」，普遍，到處。度：法度，法則。

⑮彭祖：傳說故事中長壽的人。

⑯配：匹敵，媲美。堯：陶唐氏，名放勳，古代傳說中的賢明帝王。禹：夏代第一個君主，傳說曾治平洪水。在治水的十三年中，曾三過家門而不入。

⑰時：意同「處」。⑱信：真，確。

⑲勃：通「悖」，謬誤。提僈：弛緩怠惰。僈：通「慢」，怠慢，怠惰。

⑳夷固僻違：倨傲乖邪。㉑庸眾：庸俗。野：粗魯，鄙野。

㉒卒度：完全符合法度。卒：盡。㉓獲：得時，得當。

㉔先：先導；引導。㉕和：和諧；協調。

㉖是是、非非：是即為是，非即為非。知：通「智」。

㉗匿行：隱瞞掩蓋自己的行為。㉘易言：輕率不誠實的言談。

㉙趣舍：進取或退止。趣：通「趨」。

㉚閑：通「嫻」，熟習。此指見識廣博。

㉛偍（ㄊㄧˊ）：行動遲緩。㉜耗（ㄇㄠˋ）：通「眊」，昏亂不明。

【譯文】

　　看見了善事要很整飭地以此檢查自己是否有這種善事；看見了不善的事一定要嚴肅地拿它來反省自己；自己身上有了好的德行，一定要堅定不移地倍加珍惜和保持；自己身上有不良的品行，一定要像被玷污一樣感到厭惡。指出我的缺點和錯誤而又中肯的人，就是我的老師；肯定我而又恰當的人，就是我的朋友；巴結奉承我的人，就是害

我的寇賊；所以君子要尊重老師，親近朋友，極端厭惡那些陷害自己的賊人。愛好的德行而永遠不滿足，接受規勸而能警誡自己的人，即使不想進步，能不進步嗎？小人則與此相反，自己極其放蕩，卻憎惡別人對自己的責備；自己極不正派，卻想要別人說自己賢能；自己的心像虎狼般狠毒，行為像禽獸般無恥，卻又厭惡別人說自己壞。對阿諛奉承自己的人親近，對直言規勸自己改正錯誤的人疏遠，把指正自己的話當作譏笑自己，把忠誠當作損害，這樣的人即使不想滅亡，能不滅亡嗎？詩云：「亂加吸取，相互詆毀，真是莫大的悲哀。良謀善策本很完美，卻偏偏全都遭到嚴加拒絕，謀劃本來不好，反而一一照著辦理。」就是說這種小人。

　　無所往而不善的法則是：調理血氣，保養身體。那麼自己的壽命會僅次於彭祖；努力提高自己的品德修養，自立自強，那麼自己的名聲可與堯、禹媲美。適宜處在顯達的順境，也能夠面對困窘的環境，全靠的是禮法和信義。凡是動用情感、意志，運用智慧及思考處理問題時，遵循禮義就和順通達，不遵循禮義就顛倒錯亂，遲緩怠惰。飲食、衣服、居處及一舉一動，遵循禮義就會和諧有節奏，不遵循禮義就會觸犯禁忌而生病。容貌、態度、進退、行走，遵循禮義就顯得文雅，不遵循禮義就會倨傲乖邪，庸俗粗野。所以，人沒有禮義就不能生存，做事沒有禮義，事情就辦不成，國家沒有禮義則無寧日。詩云：「禮儀完全符合法則，言笑完全得當。」說的就是這種情況。

　　用善行引導別人叫做教導，用善行去附和別人叫做順應，用惡行搶佔別人利益叫做陷害，用不好的言行去附和別人叫做阿諛奉承。是即為是，非即為非叫做明智，把正確的當作錯誤的，把錯誤的當作正確的叫做愚蠢。中傷良士叫做讒言，陷害良士叫做虐害。正確的就說正確，不正確的就說不正確叫做正直。竊取財物叫做偷竊，隱瞞掩蓋自己的行為叫做欺騙，輕率不誠實的言談叫做虛妄，進取或退止沒有定規叫做變化無定，為了保住利益而背信棄義叫做最大的賊。聽到的事情多叫做廣博，聽到的事情少叫做淺薄。見到的事情多叫做熟習，見到的事情少叫做淺陋。難於進取叫做遲緩，容易忘事叫做遺漏。處

理事務簡明扼要而有條理叫做治理、管理，措施繁多而又雜亂無章叫混亂不明。

【延伸閱讀】

　　修身養性，指的是對品格的修練。現代健康觀已從以往的身體無病，擴展到精神、心理以及社會的適應能力等諸方面。換言之，良好的性格也是考察你的健康品質的一大指標。人們總是對佛道醫武等養生之法津津樂道，而對儒家養生之法卻很少提及，陌生得很。其實，儒家養生法最貼近生活，而且直指人心，與佛道醫武有同有異，有其獨特之處。今就儒家的修身養性方法作如下詮釋。

　　儒家養生首重修心養德，認為具備仁德之心的人一定會長壽。即所謂「仁者壽」。那麼，什麼是「仁」呢？孔子說「愛人」。就是說只有內心充滿愛人之心的人才會達到「仁」的境界。孟子也進一步證實道：「仁，人心也」。看來儒家的「仁」即人之本性，是愛心，是人心。

　　只有真正具備了愛心和真心的人，才會具備「仁」的美德。那麼，什麼又是「德」呢？儒家把人比作一棵大樹，德即樹之根，做人之根本，而財富只是樹的枝梢。「德者，本也；財者，末也」。根深才會葉茂，樹才會生長旺盛。品德高尚的人才會得到社會的讚許，世人的尊崇，才會獲得真正的財富，健康長壽。所以儒家認為「仁」為德之本，德為人之本，這才是為人處世的原則。「仁者以財發身，不仁者以身發財」。

　　有錢的人往往首先想到的是怎樣裝飾豪華的房屋，住得舒舒服服，但他們的內心卻是空虛的，而往往又為錢財而憂慮。而道德高尚的人心胸寬廣，性格開朗，做事光明正大從不做違心的事，自然心情愉悅，吃得下睡得著，所以身體自然就好。「富潤屋，德潤身，心寬體胖，故君子必誠其意」。

　　水有載物包容之德，所以德行高尚的人往往以水為鑑，經常勉勵自己，只有這樣才能夠胸懷大志兼善天下。山嶽巋然巍立氣勢雄偉，往往為具有大仁大德的人所鍾愛，只有大山那樣博大胸懷的人才能夠審時度勢立於不敗之地。聰明的人經常活動，既鍛鍊了身體又增強了大腦智慧，淡泊名利的君子都喜歡過恬靜悠閒的生活，無欲無求從不做有違道德的

事，也不讓世俗煩憂的事來束縛自己。所以聰明的人總會心情愉快舒暢，沒有煩惱。

　　凡是胸中充滿愛的人，能為社會和大眾做出貢獻的人，多做善事的人，一定會長壽。子曰：「智者樂水，仁者樂山，智者動，仁者靜，智者樂，仁者壽」。那麼怎樣才能達到「仁者愛人」之心而又能長壽呢？孟子說，一個人要努力保存自己的性善之心，修身養性，加強道德修養，多做一些有益的事，做到仰不愧天，俯不怍地，正確對待天命即自然發展規律，無論壽命長短都要有一顆平常心，具有健康的身體和心態才是修身立命的方法。「存其心，養其性，所以事天也。夭壽不二，修身以俟之，所以立命也」。孟子又說，一個人的禍福不是無端而來的，是由於自己的作為而來的。善者自會多福，惡者多有禍事。所以一個人的禍福無不是自己招來的。「禍福無不自己求之者」。

　　儒家不但重視自身修養，而且還提醒人們在交友和生活方面也要有一個正確的觀念，因為這些方面的負作用也直接影響著人們的精神面貌和身體健康。對於交友方面，孔子說：有益的朋友有三種，有害的朋友也有三種。與正直的人交朋友，與誠實的人交朋友，與知識淵博見聞廣的人交朋友是有好處的。反之，與虛偽做作的人交朋友，與諂媚逢迎的人交朋友，與巧嘴利舌的人交朋友是有害的。子曰：「益者三友，損者三友。友直，友諒，友多聞，益矣。友便辟，友善柔，友便佞，損矣」。

　　對於生活方面孔子也提出：有益的快樂有三種，有害的快樂也有三種。把能夠經常調節生活的樂趣作為快樂；心胸開闊，不妒嫉別人的成功，把讚揚別人的長處作為快樂；把多交能辨是非、肯助人為樂的賢良朋友作為快樂，這是有益的。把驕縱放肆、陰鬱不正直、任性妄為的行為視為快樂；把縱情遊蕩、遊手好閒，飽食終日，無所用心的行為視為快樂；把徹夜宴飲，姿情縱欲，花天酒地，喪失道德的行為視為快樂。這些都是既損害社會又損害己身的行為。子曰：「益者三樂，損者三樂。樂節禮樂，樂道人之善，樂多賢友，益矣。樂驕樂，樂佚遊，樂宴樂，損矣。」孔子不但讚揚了一些有益社會，有益健康的優良作風。也痛斥了一些自私自利、虛偽狡詐的人和影響社會正常秩序的不良行為。警示

人們哪些該做，哪些不該做。只有懂得有所不為，然後才能有所作為。孟子曰：「人有不為也，而後可以有為。」

　　儒家不但重修心也重修身，修心為養性，修身為立命，有了健康的身體才會發揮聰明才智，所以修身養性二者不可缺一。子曰：「君子有三戒，少之時血氣未定，戒之在色。及其壯也，血氣方剛，戒之在鬥。及其老也，血氣既衰，戒之在得」。孔子認為人一生中有三件大事要時時警覺。年輕的時候血氣尚未穩定，要警覺貪戀女色，要惜精保命愛護身體，要有一個健康的身體。壯年的時候血氣方剛，精力旺盛，要警覺爭強好勝，不要為一些小事就爭執不休，甚至拳腳相向，於己於人都不好。年老了血氣衰退，應警覺貪得無饜，要常懷平常心，不計得失，經常保持心理平衡，心情暢快，精神愉悅，這樣才能健康長壽。

　　為什麼古代得道的人能夠健康長壽，是因為他們注重養生，因而長壽，能夠長久地享受人間快樂和美味。他們能早樹立節欲長生的觀點，懂得愛護身體，愛惜精力，所以精力不會枯竭。

二、治氣、養心之術

【原文】

治氣、養心之術：血氣剛強，則柔之以調和；知慮漸深[1]，則一之以易良[2]；勇膽猛戾，則輔之以道順[3]；齊給便利[4]，則節之以動止；狹隘褊小[5]，則廓之以廣大[6]；卑濕重遲貪利[7]，則抗之以高志[8]；庸眾駑散[9]，則劫之以師友；怠慢僄棄[10]，則照之以禍災[11]；愚款端愨[12]，則合之以禮樂，通之以思索。凡治氣、養心之術，其徑由禮[13]，其要得師，其神一好[14]。夫是之謂治氣、養心之術也。

志意修則驕富貴[15]，道義重則輕王公，內省而外物輕矣[16]。傳曰：「君子役物，小人役於物。」此之謂矣。身勞而心安，為之；利少而義多，為之。事亂君而通[17]，不如事窮君而順焉。故良農不為水旱不耕，良賈不為折閱不市[18]，士君子不為貧窮怠乎道。

體恭敬而心忠信[19]，術禮義而情愛人[20]，橫行天下，雖困四夷[21]，人莫不貴；勞苦之事則爭先，饒樂之事則能讓，端愨誠信，拘守而詳[23]，橫行天下，雖困四夷，人莫不任。體倨固而心勢詐[24]，術順墨而精雜汙[25]，橫行天下，雖達四方[26]，人莫不賤；勞苦之事則偷儒轉脫[27]，饒樂之事則佞兌而不曲[28]，辟違而不愨[29]，程役而不錄[30]，橫行天下，雖達四方，人莫不棄。

【注釋】

①知（ㄓˋ）：通「智」。漸深：深沉隱伏。漸：通「潛」，潛伏。

②一：歸於一致，共尊一說。易良：平易和悅。

③道順：符合道義。道：禮儀道義。

④齊給：迅速，敏捷。便利：敏捷。

⑤褊（ㄅㄧㄢˇ）：狹小。⑥廓：開展，擴張。

⑦卑濕：志意浮薄卑下。重遲：遲緩，不敏捷。

⑧抗：舉起，提高。⑨駑散：才質魯鈍懶散。

⑩僄（ㄆㄧㄠˋ）：輕薄。⑪照：同「昭」，使明白。

⑫愚款：愚鈍誠實。愨（ㄑㄩㄝˋ）：誠篤，忠厚。

⑬徑：捷速，直接。⑭一：專一。⑮修：善，美好。

⑯內省：儒家的修養方法，即內心的省察。

⑰通：舊謂處境順利，做官顯達。

⑱賈：商人。折：虧損。閱：本錢。不市：不做買賣。

⑲恭敬：端莊而有禮貌。⑳術：通「述」，遵循。

㉑橫行：廣行，遍行。

㉒四夷：東夷、西戎、南蠻、北狄舊時統稱四夷。此指邊遠的地區。

㉓拘守：謹守法度。詳：審慎，此指明察事理。

㉔倨固：傲慢固執。勢詐：勢利狡詐。

㉕順墨：即慎到和墨翟，慎到是戰國時法家代表人物之一。墨翟是春秋戰國之際的思想家、政治家，墨家的創始人。㉖達：顯貴。

㉗偷儒：苟且偷安。偷：苟且。儒：通「懦」，懦弱。轉脫：逃避脫離。

㉘佞（ㄋㄧㄥˋ）：用花言巧語諂媚人。兌：通「銳」，迅速。不曲：不轉彎，此指不肯謙讓。

㉙辟：通「僻」，不誠實，邪僻。違：邪惡。

㉚程役：通「逞欲」。錄：檢束。

【譯文】

　　調理血氣，修養身心的方法是：若血氣剛強，就用調和柔順的方法調養；若思慮深沉隱伏，應歸於平易和悅；若性情勇猛、剛毅、暴戾，就應遵從禮儀道義；若行動敏捷迅速的，就應動靜相輔相成有節制；若心胸器量很小的，就應擴展心胸寬宏大量；若志意浮薄卑下、遲鈍、愛貪圖小利，就要樹立高尚的志向；常人大多庸庸碌碌、駑鈍懶散，就應結交良師益友；若急慢、輕薄、自暴自棄的，就會招致災禍；若愚鈍誠實、端莊、忠厚，就輔以禮儀音樂，深入思考探究通曉道義。凡是調理血氣、修養思想的方法，沒有比遵循禮義而更快捷迅速的了，沒有比得到良師更重要的了，沒有比所好專一、思慮不雜更玄妙神奇的了。這就是所說的調理血氣、修養思想的方法。

　　志向完美就能傲視富貴，看重道義就能鄙薄王公貴族，內心反省

自己，就覺得外來的財物輕微了。古書上說：「君子役使外物，小人則被外物所役使。」說的就是這個道理。身體勞累但內心感到安適的事，就去做它；利益少但意義重大的事，就去做它。侍奉淫亂的君主而顯達，不如侍奉陷於困窘的君主而順行道義。所以好的農民不因為遭到水災、旱災就不再耕種，好的商人不因為虧本就不再做買賣，有志節之士不因為貧窮而怠慢道義。

體貌恭敬謹慎，內心忠誠守信，遵循禮義而又有仁愛之心，這樣的人走遍天下，即使困處邊遠的地區，人們也沒有不敬重他的；勞累辛苦的事搶先去做，享樂的事卻能讓給別人，端莊、忠厚、誠實、守信，謹守法度而又明察事理，這樣的人走遍天下，即使困處邊遠的地區，人們也沒有不信任他的。外表看上去傲慢固執而內心又勢利狡詐，精於心計但又駁雜污穢，這樣的人走遍天下，即使顯貴四方，人們沒有不輕視他的；勞累辛苦的事就苟且偷安，趁機逃避脫離，享樂的事就用花言巧語諂媚別人，毫不謙讓地迅速去爭奪，邪僻、惡劣又不忠厚，肆意放縱自己的欲望而不檢束，這樣的人走遍天下，即使顯貴四方，人們也沒有不摒棄他的。

【延伸閱讀】

人和大自然是息息相通的，雖然萬物形態各有不同，但它們都和人類是相互感應溝通的，是相互倚持共同生存的。所以，古代修身養性的人和治理天下的人都效法天地。「古人得道者，生以壽長，聲色滋味，能久樂之，奚故？論早定也，論早定則知早嗇，知早嗇則精不竭……人之與天地也同，萬物之形雖異，其情一體也。故古之治身與天下者，必法天地也。」

「食不厭精，膾不厭細。魚餒而肉敗，不食。色惡，不食。臭惡，不食。失飪，不食。不時，不食。割不正，不食。不得其醬，不食。肉雖多，不使勝食氣。唯酒無量，不及亂。沽酒市脯，不食。不撤薑食，不多食」。

孔子不但注重精神修養和形體修養，而且對起居飲食也非常重視。他喜歡做工精細的食品，對菜餚要求刀工嚴格，肉絲要切得細而勻稱，

要達到形、色、味俱佳。這樣能增加食欲，使人看得滿意吃得香。

　　對於放久而腐敗變質的食物絕對不吃，對變了色有異味的食物不吃，對烹飪不得法達不到食用要求的不吃，對過了時降低了菜餚品質的不吃，對不按規格要求胡亂取用的肉不吃，對主菜和調味品不配套的不吃。在宴席上要少吃肉多吃主食，能飲酒但不可喝醉。從集市上隨便買來的酒和熟肉不吃。雖然席上還有佐料，但不貪吃以適度為好。

　　他還認為即使在日常生活中也有許多與養生有關的地方，不但要對飲食提出高要求，而且睡覺姿勢和衣著梳妝也要符合保健要求。「寢不屍，居不容」。睡覺時不要長時間仰面朝天躺著，這樣對內臟活動和呼吸都有障礙，會造成不良後果，應以側臥為宜而且以右側臥為佳。這樣不會使心臟受壓，呼吸也正常。再者在家中應全身心放鬆，給自己一個自由自在的空間，這樣有利於健康。

　　那麼怎樣才能進入養生的最佳要求和狀態呢？首先需要有歡欣的情感即心情愉悅，心靜意寧。而這種情感產生於平和的心態，平和的心態又產生於道，這個道就是大自然。所以我們要接近大自然，瞭解大自然。它雖然是看不見聽不到又無法形容的，可是它確實存在。

　　如果能和這個「道」也就是大自然融為一體來修身養性的人，一定會免除災禍，終享天年，保全天性。「歡欣生於平，平生於道。道也者，視之不見，聽之不聞，不可為狀。有知不見之見，不聞之聞，無狀之狀者，則幾於知之矣……能以一治其身者，免於災，終其壽，全其天」。要達到這個境界首先要有誠意，心誠才能心思端正，只有心思端正而後才能提高自身的道德修養。除了端正內心和具備誠意外，還要認識明確，而達到認識明確的方法就是推究事物的原理。「欲修其身者，先正其心；欲正其心者，先誠其意；欲誠其意者，先致其知，致知在格物」。所以只要有一顆真誠的心去認真思考研究並親身體驗，才會明白其中之奧祕，才能達到「終其天年，保全天性」的效果。

　　荀子講：「治氣養心」。對這個「心」字，一般人不一定能知其更深的玄妙。兩千五百多年前老子著《道德經》云：「心使氣強」。「使氣」的「使」字可以當動詞講，可以理解為運用心調動氣。「心」即是指心意、

念力。運用「心」調氣的煉家才是強者。這個「強」可以是對煉家的讚頌，也可以理解為對「煉氣」高層功夫境界的示意。「煉心」，中國儒家、道家、佛家均有共識，儒家講「格物正心」，道家講「煉心養氣」，佛家講「明心見性」。

唐代著名道家八仙之一的呂純陽有云：千言萬語只不過發現了煉心。丹經《唱道真言》云：『煉心』兩字，乃入聖成仙之一貫之學。」中國歷史上早於孔子的管仲專門著有〈心術篇〉，講心在人體處於君主地位，心的活動保持正道，九竅就可以按照常規工作，能進入到和靜之境界。天在於正，地在於平，人在於安靜，能正能靜，然後才能安下心來，身心安而能耳目聰明，四肢堅固，就能留住精氣。精乃是氣中最精粹的東西，氣通連開來就是生命，有了生命就有了思想，有了思想，就有了知道……

《管子・心術篇》所論對詮釋荀子的「治氣養心」學說是很有啟迪的。

荀子論「治氣養心」後，接著又論述「虛一而靜」。這四個字是很深奧的，不太好理解，不過大道總是至簡的。我認為要理解荀子「虛一而靜」可以參考老子的思想。老子所著的《道德經》中有入木三分的詮釋。他說：「萬物得一以生」，「致虛極，守靜篤」。

中國道家養生內丹修練學講得更明白：「宇宙和人的生命都是在一動一靜中生化，生化的盡頭必然是死亡。」沒有空靈的極點，人也不可能煉成純陽之體。「虛一而靜」是指人透過修練進入空靈大法的通明境界。養生修練就是人高於動物的自我調控修心養性、怡情養氣的能動性。

荀子論「治氣養心」的「心」字深藏玄妙。再觀「治氣養心」的「治」，這裡不妨輯一段道家經典《通玄經》來參悟：「人有順逆之氣生於心，心治則氣順，心亂則氣逆。……得道則心治，失道則心亂」，「一團正氣，一片丹心」，「心正氣順」，「心月孤圓朗中天」，「萬緣脫去心無事，惟有空來性坦然」。另外《性天正鵠》講得好：「欲求學道，先講煉心」。由此可見荀子所論「虛一而靜」理論之深邃。

三、人無法則悵悵然

【原文】

　　行而供翼①，非漬淖也②；行而俯項，非擊戾也③；偶視而先俯④，非恐懼也。然夫士欲獨修其身⑤，不以得罪於比俗之人也。

　　夫驥一日而千里，駑馬十駕則亦及之矣。將以窮無窮，逐無極與⑥？其折骨絕筋，終身不可以相及也。將有所止之，則千里雖遠，亦或遲、或速、或先、或後，胡為乎其不可以相及也？不識步道者，將以窮無窮⑦，逐無極與？意亦有所止之與⑧？夫堅白、同異、有厚無厚之察⑨，非不察也，然而君子不辯，止之也；倚魁之行⑩，非不難也，然而君子不行，止之也。故學曰：「遲彼止而待我⑪，我行而就之⑫，則亦或遲、或速、或先、或後，胡為乎其不可以同至也？」故跬步而不休，跛鱉千里；累土而不輟，丘山崇成⑬；厭其源⑭，開其瀆⑮，江河可竭；一進一退，一左一右⑯，六驥不致。彼人之才性之相縣也⑰，豈若跛鱉之與六驥足哉？然而跛鱉致之，六驥不致，是無他故焉，或為之，或不為爾！道雖邇⑱，不行不至；事雖小，不為不成。其為人也多暇日者，其出入不遠矣。

　　好法而行，士也；篤志而體⑲，君子也；齊明而不竭⑳，聖人也。人無法則悵悵然㉑，有法而無志其義則渠渠然㉒，依乎法而又深其類，然後溫溫然㉓。

【注釋】

　　①供翼：恭敬謹慎。供：恭。②漬：浸，泡。淖：泥沼。
　　③擊戾：牴觸，碰撞。④偶：相對。
　　⑤然：猶「乃」，僅，只。⑥與：表疑問語氣，同「歟」。
　　⑦步道：只可步行，不能通車的小路。
　　⑧意：通「抑」，抑或，還是。
　　⑨「堅白」、「同異」、「有厚無厚」：它們都是戰國時名家學派公孫龍、惠施等人辯論的題目。

⑩倚魁：行為偏僻、放蕩。⑪遲：緩慢。⑫就：趨，從。

⑬崇：通「終」。⑭厭：堵塞。⑮瀆：小溝渠。

⑯一進一退，一左一右：指彼此步調不一致。

⑰縣（ㄒㄩㄢˊ）：同「懸」，懸殊。⑱邇（ㄦˇ）：近。

⑲篤志：志向專一不變。志：識。體：體驗，實行。

⑳齊明：無所不明。齊：皆，全。竭：完，盡。

㉑俇俇然：迷茫不知所措的樣子。

㉒渠渠然：局促不安的樣子。

㉓溫溫然：潤澤的樣子。

【譯文】

　　走路時恭敬謹慎，不是因為怕陷於泥沼；走路時低著頭，不是因為怕碰撞著什麼東西；與別人對視而先屈身，不是因為懼怕對方。讀書人這樣做，只是想獨自修養自己的身心，並不是怕得罪人。

　　千里馬一天能奔跑千里，劣馬跑十天的行程也可以達到。能夠用有限的氣力去走沒有窮盡的路途，趕那無限的行程嗎？劣馬就是跑斷了骨頭，走斷了筋，一輩子也不能達到啊！如果有個終點，那麼千里的路程即使遙遠，也不過是或者慢一點，或者快一點，或者早一點，或者晚一點罷了，為什麼不可以到達目的地呢？不知道走小路的人，是用有限的力量去追逐那無限的目標呢？還是也有一定的範圍和止境呢？對那些「堅白」、「同異」、「有厚無厚」等命題，不是不明察，然而君子不去辯論，是因為有所節制啊！怪異的行為，不是不難做到，然而君子不去做，也是因為有所節制啊！所以學者說：「他緩慢地停下來等待我，我趕上去靠近他，也不過是或者慢一點，或者快一點，或者早一點，或者晚一點，為什麼不能一同到達目的地呢？」半步半步地走個不停，瘸了腿的甲魚也能走千里；堆積泥土不中止，土堆、高山終究能堆成；把水源堵住，又開溝渠讓水流走，即使是長江、黃河也可能枯竭；一會兒前進，一會兒後退，一會兒向左，一會向右，即使是六匹千里馬拉的車也不能到達目的地。人們的才能，質性即使相距懸殊，難道會像瘸了腿的甲魚和六匹千里馬那樣懸殊嗎？然而瘸

了腿的甲魚能夠到達目的地，六匹千里馬拉的車卻不能到達，這沒有其他的原因，只是有的去做，有的不去做罷了！路程即使很近，但不走就不能到達；事情縱然很小，但不做就不能成功。那些遊手好閒不做事的人，他們的成就肯定不能超過常人很遠。

　　喜愛禮法而盡力遵行的，是讀書人；意志堅定而又身體力行的，是君子；無所不明而思慮敏捷又永不枯竭的，是聖人。人沒有禮法，就會迷茫而無所適從，有禮法而不知其意義就會局促不安，遵循禮法而又深知依禮法條文類推出來的具體律例，面容就會如同草木被雨露滋潤一般。

【延伸閱讀】

　　一位風雅淳厚的長者給一位年輕人寫了一個條幅，上書：「靜氣好修身，豁達為養心」。細細品味，慢慢咀嚼，深感意味深長。

　　當今社會，面對五光十色的紛擾，年輕人做到修身養心十分重要，很有必要。說是「修身養性」，但改為養「心」也有深意在。古人云：「養生在養心」，「養心乃養生之道」。所以說，一個人如何養心，使心態永遠保持正常，以達觀的態度處世，以上進的熱情工作，不可小覷！

　　首先一個人要「心寬」。「心寬」乃是「寬容大度」，待人寬容，對人寬厚。一旦人能做到心寬待人對事，對生活中的小事「大肚能容」，且能「讓他三尺又何妨」，則會減少許多煩惱與困惑。

　　其次是「心善」。心地善良者，大多豁達大度。心善按照英國作家毛姆的說法，往往超過美麗，甚至勝過愛情。心善者，樂於助人，真心的人，德高才望重，大善才有大美，這樣的人，誰不景仰？

　　三是「心怡」。怡者樂也。人生在世，必須樂觀向上。切不可消極厭世，悲觀失望。在最難最苦之時，精神總是快樂的，且相信沒有比腳更長的路，沒有比人更高的山，不僅不以一時之得意自得其志，更不以一時之失意自墮其志，從而咬定青山，堅韌不拔。

　　四應「心誠」。待人做事，必須真誠，講究誠信，倘若整天你提防我，我警惕你，互不信任，互相猜忌，你的精神要經受多大折磨？常說人生只有修行好，天下無如吃飯難。但只要以誠對人，以心換心，往往就能

達到你真誠助人、人也真心幫你之效。

　　五要「心靜」。靜是安靜，平靜，寧靜，清靜。人若能真做到心靜如水，則可養神生慧，則可積蓄生命能量。寂靜能育良種，入靜可致高遠。心浮氣躁，出不了成績，做不了大事。

　　六須「心純」。純者真也。純粹，純真，純淨。一個人「心純」，則即沒有雜念，更沒有邪念，如同出水沾露的月季芙蓉，猶如不沾纖塵的秋水文章，這樣的「好心」才是美麗的，其外表也必定是真實的。

　　唐代名醫孫思邈寫過一首詩，其中有兩句是：「心誠意正思慮清，順理修身去煩惱」。這看似說保養，實是講修養也！養心乃養生之內核，認真養心，不僅能益壽延年，更能陶冶性情，文明精神。

四、禮正身‧師正禮

【原文】

　　禮者，所以正身也；師者，所以正禮也。無禮，何以正身？無師，吾安知禮之為是也？禮然而然，則是情安禮也[1]；師云而云，則是知若師也。情安禮，知若師，則是聖人也。故非禮[2]，是無法也；非師，是無師也。不是師法而好自用[3]，譬之是猶以盲辨色，以聾辨聲也，舍亂妄無為也。故學也者，禮法也。夫師，以身為正儀而貴自安者也[4]。詩云：「不識不知，順帝之則。」此之謂也。

　　端愨順弟[5]，則可謂善少者矣；加好學遜敏焉，則有鈞無上[6]，可以為君子者矣。偷儒憚事[7]，無廉恥而嗜乎飲食，則可謂惡少者矣；加惕悍而不順[8]，險賊而不弟焉，則可謂不詳少者矣[9]，雖陷刑戮可也。

　　老老而壯者歸焉[10]；不窮窮而通者積焉；行乎冥冥而施乎無報[11]，而賢不肖一焉[12]。人有此三行，雖有大過，天其不遂乎[13]。

　　君子之求利也略[14]，其遠害也早，其避辱也懼，其行道理也勇。

　　君子貧窮而志廣，富貴而體恭，安燕而血氣不惰[15]，勞勤而容貌不枯[16]，怒不過奪[17]，喜不過予[18]。君子貧窮而志廣，隆仁也[19]；富貴而體恭，殺勢也[20]；安燕而血氣不惰，柬理[21]；勞勤而容貌不枯，好文也[22]；怒不過奪，喜不過予，是法勝私也。書曰：「無有作好[23]，遵王之道；無有作惡，遵王之路。」此言君子之能以公義勝私欲也。

【注釋】

　　①情安禮：指性情自然地習慣於遵禮而行。安：對環境或事物感到安適滿足或習慣。

　　②非禮：不合禮法。

　　③自用：只憑自己的主觀意圖行事，不虛心向人求教。

　　④正儀：榜樣，典範。

　　⑤弟（ㄊㄧˋ）：同「悌」，敬愛兄長，引申為順從長上。

　　⑥鈞：通「均」，平均，同等。　⑦憚（ㄉㄢˋ）：怕，畏懼。

⑧惕（ㄅㄤˋ）悍：放蕩兇暴蠻橫。惕：放蕩。

⑨詳：通「祥」，吉祥。⑩老老：敬老。

⑪冥冥：昏暗，此指不顯耀。⑫不肖：不賢。

⑬遂：通「墜」，毀滅。⑭略：粗略，疏略，不計較。

⑮安燕：安逸。燕：通「晏」，安閒，休息。

⑯勌（ㄐㄩㄢˋ）：同「倦」，疲勞。枯：憔悴。

⑰奪：剝奪，此指處罰。⑱予：通「與」，授與，給予。

⑲隆：尊崇。⑳殺勢：指不因有權勢而威風。殺：消滅。

㉑柬：選擇。㉒文：指禮儀。㉓無：不。

【譯文】

　　禮法，是用來端正自身行為的；老師，是正確闡明禮法的。沒有禮法，用什麼來端正自身的行為呢？沒有老師，又怎能知道禮義是這樣的呢？禮法是這樣規定的就應按這樣的規定去做，這就是性情自然地習慣於遵禮而行；老師這樣說，他就這樣說，這就是知識有如老師。性情自然地習慣於遵禮而行，知識有如老師，這就是聖人了。所以，違背了禮法，就是沒有法度；違背了老師，就是心目中沒有老師。不遵照老師的教導，違背禮法的法度去做，喜好自己另成一套，就好像盲人去辨別顏色，聾子去辨別聲音，除了妄言妄語，胡作非為之外是不會做出什麼好事來的。所以說讀書，就是學習禮法。老師就是要以身作則，而且又要重視使自己習慣於遵禮而行。詩云：「不懂又不知，順應天帝的法則。」就是說的這種情況。

　　端正、忠厚、順從、敬長，就可以稱為好少年了。再加上好學、謙虛、敏捷，那就只有和他同等的人而沒有高出他的人了，這樣的人可以稱為君子。苟且偷安，懦弱怕事，沒有廉恥而又貪圖吃喝，就稱為壞少年，再加上放蕩兇暴蠻橫而又不順服，險惡害人而又不敬長，這就叫做危險的少年了，即使遭受刑法殺戮也是可以的。

　　尊敬老人，那麼青壯年便都會來歸附；不輕侮處境窮困的人，那麼有才能、通達事理的人便都會來聚集；做好事不讓人家知道，施惠不要求人家報答，那麼賢人和不賢的人都會歸向你。人有這三種好德

行，即使有天大的過失，老天恐怕也不會毀滅他吧！

君子求利不斤斤計較，他避開禍害是早有準備的，他避免恥辱是惶懼不安的，他實行道義果敢有勇氣，不怕危險和困難。

君子雖處貧困，但志向遠大；雖身處富貴，但體態容貌恭敬；雖安逸，但精神並不鬆懈懶惰；雖勞累疲乏，但並不憔悴；發怒時不過分地處罰人，高興時不過分地獎賞人。君子雖處境貧困，但志向遠大，是因為他要尊崇仁德；雖身處富貴，但體態容貌恭敬，是因為他不依勢作威；雖安逸，但精神並不鬆懈懶惰，是因為他選擇了有條理的生活準則；雖勞累疲乏，但並不憔悴，是因為他愛好禮儀，注重禮節；發怒時不過分地處罰人，高興時不過分地獎賞人，是因為他奉行禮法而克制住了他的私情。《尚書》上說：「不憑個人喜好辦事，遵循古代聖王的正道；不憑個人厭惡辦事，遵循古代聖王的正路。」就說的是君子能用公理正義去戰勝個人的欲望。

【延伸閱讀】

「事亂君而通，不如事窮君而順」，但並不是每一個人都會幸運地遇到一位亂世明君，像唐朝的顏真卿，遇到的既是亂世，又是有叛逆之心的李希烈，他能夠做的恐怕就是以死明志吧！

李希烈有了叛逆的野心，唐德宗向盧杞徵詢計策，盧杞說：「李希烈是一名年輕驍將，憑藉自己的軍功，驕橫傲慢，他的部將沒有誰敢勸阻他。假如能派一位有儒雅風度的朝廷重臣，奉旨前往宣示聖上的恩澤，並向李希烈講清叛逆朝廷將遭致災禍，歸順朝廷將得到幸福的道理，李希烈必定會洗心革面，幡然悔過，這樣可以不動刀兵就使他歸順。顏真卿是玄宗、肅宗、代宗三朝舊臣，為人忠誠直率，剛毅果決，名聞海內，人人信服，他是出使的最合適人選。」唐德宗認為他說得對，就命令顏真卿到許州去宣示聖旨，安撫李希烈。

詔書頒發後，朝廷官員大驚失色。顏真卿帶著詔書，乘驛車來到東都洛陽，鄭叔則說：「您如果前去許州，一定不會倖免，最好在此稍稍停留，等待命令。」顏真卿說：「這是皇上的命令啊！我怎麼能躲避呢！」便啟程了。李勉給唐德宗上表說：「失去一位元老，這是朝廷的恥辱，

請把顏真卿留下來。」李勉又派人去阻攔顏真卿，但沒有追上。

顏真卿來到許州後，準備宣讀聖旨，李希烈讓他的諸多養子圍著顏真卿謾罵，還拔出刀劍做出要殺死他的樣子。顏真卿寸步不移，臉色不變，巍然挺立。李希烈見此情形，趕忙用身體遮擋住他，揮手命令眾人退下。幾天之後，李希烈準備放顏真卿回去，當時正好李元平在座，顏真卿責備他。李元平面帶愧色，起身離去，又用密信向李希烈告狀。於是李希烈改變主意，把顏真卿留在許州，不讓他回朝。

朱滔、王武俊、田悅、李納分別派遣使者來到許州，向李希烈上表稱臣，勸他稱帝。使者們在李希烈面前行禮，勸李希烈說：「朝廷誅殺功臣，失信天下。都統英明勇武，得自天授，功勳蓋世，已經遭到朝廷的猜忌，將遭致像韓信、白起被殺一樣的災禍。臣等希望都統早日登基稱帝，使天下臣民有所歸附。」李希烈派人把顏真卿叫來，讓他看看四鎮使者，並說：「現在冀、魏、趙、齊四王派使者來叫我稱帝，不謀而合，太師觀看這情勢，難道我只是被朝廷猜忌而無地自容嗎？」顏真卿說：「這是四凶，怎麼能叫四王？你不肯自保為朝廷立下赫赫戰功，做唐朝的忠臣，卻與亂臣賊子相互追隨，難道要與他們一起覆滅嗎？」李希烈聽後很不高興，便把顏真卿扶了出去。

過了一天，顏真卿與四鎮的使者一同參加李希烈舉辦的宴會。四鎮使者對顏真卿說：「久聞太師德高望重，現在都統就要稱帝了，而太師恰恰在此，這是上天賜給都統的宰相啊！」顏真卿怒斥道：「什麼宰相！難道你們不知有個痛罵安祿山而死的顏杲卿嗎？他就是我的哥哥。我今年已八十歲了，只知道遵守臣節而死，豈能被你們誘騙脅從！」四鎮使者聽後，不敢再說什麼。於是李希烈派十個甲士在館舍看守顏真卿，在庭院中挖了一個土坑，說是準備活埋顏真卿。顏真卿知道後，神色怡然，去見李希烈說：「既然我的生死已經決定，何必玩弄花招，趕快一劍刺死我，難道這樣不會使你痛快嗎？」李希烈只好向他道歉。

一天，李希烈派人向顏真卿詢問有關皇帝登基的禮儀，顏真卿說：「我曾任掌管禮儀的官員，所記著的只有諸侯拜見皇帝的禮儀而已！」李希烈後來自稱皇帝，國號大楚，改年號為武成。李希烈派他的將領辛

景臻對顏真卿說：「你不願失氣節，就該自焚！」他命人在顏真卿居住的院中堆積柴薪，在柴薪上澆上油。顏真卿立即走向火堆，辛景臻見嚇不倒他，便趕忙把他制止住。

　　後來，李希烈聽說弟弟李希倩被殺，非常惱怒，派遣中使去蔡州殺顏真卿。中使見到顏真卿後說：「有赦書。」顏真卿拜了兩拜。中使又說：「今天賜你死。」顏真卿說：「老臣辦事無結果，應當處死。不知使者何時從長安出發的？」使者說：「我是從大梁來的，不是從長安來。」顏真卿說：「這麼說來，你們不過是一幫叛賊，怎麼能叫做赦書呢！」於是，顏真卿被勒死了。

　　為什麼君子會有這樣的高風亮節呢？荀子解釋說：君子「內省而外物輕」，也就是說自己的內心有所堅持，有了高尚的信仰，對於外界的一切就毫不在意了。所以，「君子之求利也略，其遠害也早，其避辱也懼，其行道理也勇」。

第三章

榮辱

①

榮辱難免，但可控制

一、憍泄者，人之殃也

【原文】

憍泄者②，人之殃也；恭儉者③，偋五兵也④，雖有戈矛之刺，不如恭儉之利也。故與人善言，暖於布帛⑤；傷人以言，深於矛戟。故薄薄之地⑥，不得履之⑦，非地不安也，危足無所履者⑧，凡在言也⑨。巨塗則讓⑩，小塗則殆⑪，雖欲不謹，若云不使⑫。

快快而亡者，怒也；察察而殘者⑬，忮也⑭；博而窮者，訾也⑮；清之而俞濁者⑯，口也⑰；豢之而俞瘠者⑱，交也⑲；辯而不說者，爭也；直立而不見知者⑳，勝也㉑；廉而不見貴者㉒，劌也㉓；勇而不見憚者㉔，貪也；信而不見敬者，好專行也。此小人之所務，而君子之所不為也。

鬥者，忘其身者也，忘其親者也，忘其君者也。行其少頃之怒，而喪終身之軀，然且為之，是忘其身也；室家立殘，親戚不免乎刑戮，然且為之，是忘其親也；君上之所惡也，刑法之所大禁也，然且為之，是忘其君也。憂忘其身㉕，內忘其親，上忘其君，是刑法之所不舍也㉖，聖王之所不畜也㉗。乳彘觸虎㉘，乳狗不遠遊，不忘其親也。人也，憂忘其身，內忘其親，上忘其君，則是人也，而曾狗彘之不若也。

凡鬥者，必自以為是而以人為非也，己誠是也㉙，人誠非也，則是己君子而人小人也。以君子與小人相賊害也，憂以忘其身，內以忘其親，上以忘其君，豈不過甚矣哉！是人也，所謂以狐父之戈钃牛矢也㉚。將以為智邪？則愚莫大焉㉛。將以為利邪？則害莫大焉。將以為榮邪？則辱莫大焉。將以為安邪？則危莫大焉。

人之有鬥，何哉？我欲屬之狂惑疾病邪，則不可，聖王又誅之。我欲屬之鳥鼠禽獸邪㉜，則不可，其形體又人，而好惡多同。人之有鬥，何哉？我甚醜之。

【注釋】

①榮辱：本篇論述了一系列有關光榮與恥辱的問題，指出什麼是光榮的行為，什麼是恥辱的行為。一個人應如何去做才能成為一個有仁德的人。

②憍（ㄐㄧㄠ）：同「驕」，驕傲，驕矜。泄：通「媟」，輕慢，褻瀆。

③儉：謙遜的樣子。

④五兵：五種兵器。古代所指不一，或指刀、劍、矛、戟、矢或指矛、戟、鉞、盾、弓箭。

⑤布帛：棉織品和絲織品的總稱，此指衣服。

⑥薄薄：形容廣大。⑦履：踩踏。

⑧危足：側足，形容畏懼，不敢正立。⑨凡：皆，都。

⑩塗：通「途」，道路。讓：通「攘」，擾亂。

⑪殆：危險，不安。⑫云：有。⑬察察：分別辨析。

⑭忮（ㄓˋ）：忌恨。⑮訾（ㄗˋ）：亦作「訿」、「呰」，詆謗非議。

⑯俞：通「愈」，更加。

⑰口：指言語，說話。此指言過其實，能說不能做。

⑱豢：餵養牲畜。瘠：瘦。⑲交：指所交的都不正派。

⑳直立：立身正直。見：被。㉑勝：好勝凌人。

㉒廉：指品行方正。貴：重視，崇尚。

㉓劌（ㄍㄨㄟˋ）：刺傷，割傷。㉔憚（ㄉㄢˋ）：怕，畏懼。

㉕憂：作「下」。㉖舍：通「赦」。㉗畜：容留。

㉘乳彘：正在哺乳期間的母豬。㉙誠：果真，如果。

㉚狐父：地名，以產戈著稱，在今江蘇碭山附近。钃（ㄕㄨˋ）：斫。牛矢：牛屎。

㉛莫大：沒有比這個再大。㉜屬：歸屬，屬於。

【譯文】

驕傲和輕慢，是人的禍害。恭敬謙遜能摒除刀、劍、矛、戟、矢的傷害，即使有戈矛的尖刺，也不如恭敬謙遜有力量。所以和人說善意的話，比送衣服給他穿還要溫暖；用惡語傷人，比矛戟刺得還要深。所以在廣大無邊的大地上，卻無路可走，並不是因為地面不安穩，沒有立足

之地，全都在於言語傷害了人啊。大路行人車馬多而擁擠，易出事故，小路偏僻，行人車馬少而又不安全，即使想不謹慎，好像又有什麼迫使他非謹慎不可。

逞一時的快意而招致死亡，是由於憤怒；有分析明辨的能力而受傷殘，是由於忌恨；博學多才而身處困窘，是由於遭遇諛謗非議；想要澄清而更加渾濁，是由於言過其實；用好的食物款待別人而交情更加淡薄，是由於所交的都不正派；善辯而不能說服人，是由於好與人爭論；立身正直而不被人理解，是由於好勝凌人；品行方正而不受人尊重，是由於言語尖刻刺傷別人；勇猛而不被人畏懼，是由於貪心；守信用而不被人尊重，是由於喜歡獨斷專行。這些都是小人所為，而君子所不為的。

好爭鬥的人，是忘記了自己身體的人，是忘記了自己親屬的人，是忘記了自己君主的人。為了發洩一時的憤怒，從而招來喪命之禍，但他還要去做，這便是忘記了自身；一家人馬上就要遭到殺害，親戚也難免因此受刑罰或處死，但他還要去做，這便是忘記了自己的親屬。好鬥是君主所厭惡的，是刑法所嚴厲禁止的，可他還是要去做，這便是忘記了自己的君主。在下忘記了自身，對內忘記了自己的親屬，對上忘記了自己的君主；這是刑法所不能赦免的，是聖明的帝王所不容的。哺乳的母豬不去觸犯老虎，哺乳的母狗不到處遊逛，是由於不忘記自己的親骨肉啊！一個人，在下忘記了自身，對內忘記了自己的親屬，對上忘記了自己的君主，這樣的人就連豬狗也不如啊！

凡是好爭鬥的人，一定總以為自己是對的，別人是錯的。自己果真是對的，別人果真是錯的，那麼自己就是君子而別人就是小人了。以一個君子的身分去和一個小人互相殘殺，在下忘記了自身，對內忘記了自己的親屬，對上忘記了自己的君主，這難道不是大錯而特錯嗎？這樣的人，就是平常所說的拿狐父這個地方生產出來的好戈去砍牛屎的人。這樣做能被認為是聰明的嗎？再也沒有比這更愚蠢的了。能認為是有利的嗎？再也沒有比這更有害的了。能認為是榮耀的嗎？再也沒有比這更恥辱的了。能認為是安全的嗎？再也沒有比這更危險的了。人與人之間有爭鬥，是為什麼呢？我想把它歸屬於瘋狂、迷惑之類的精神病吧！但它

不是，聖明的帝王還是想要懲罰這樣的人。我想把它歸屬於鳥鼠禽獸之類吧？但也不行，他的身軀外貌還是人，而且喜愛的和討厭的也大多和別人相同。人與人之間有爭鬥，是為什麼呢？我非常憎惡這種行為。

【延伸閱讀】

言辭不忍有百害而無一利。言多必失，話一出口，妄下結論，所造成的影響，再用幾百句、幾千句話也彌補不了。

三國時，楊修善於賣弄小聰明，凡事都願意開口點破，使得本來就疑心很重的曹操十分反感。最後，終於因道破「雞肋」的意義，招來殺身之禍。其實，曹操的意思別人未必不懂。楊修自以為聰明，說話不看場合，誤了身家性命。

現實生活中，無論什麼時候，我們都應注意說話的藝術。只圖一時之快，不注意言語的輕重對錯，任性而為，往往會給自己帶來無盡的煩惱！

動不動就發脾氣，終會自己害了自己。容忍心中的怨氣確實不大容易，但只要遇事多思慮一下，又怎能讓一時之氣衝昏頭腦呢？關於這個道理有這樣一則故事：

古時候，有一位大臣受國王派遣到其他國採購本國沒有的物品。大臣來到一國，聽到市場上有一位老者在叫賣「智慧」，感覺新奇，便決定買下。他將五百兩銀子付給老者，老者對他說：「長慮諦思惟，不當卒行怒，今日雖不用，會當有用時。」買到智慧之言的大臣，星夜回家。他怕驚醒妻子，悄悄進屋，不料卻看到床邊有兩雙鞋，心中懷疑，頓起殺心。這時，他卻突然想起自己所買的智慧之言，不覺念叨出聲。聲音驚醒了屋中人，「兒子回來了！兒子回來了！」床上之人喊道。原來是大臣的妻子生病，母親前來照看。明白情況的大臣，不覺大喊：「這智慧之言真是便宜！」試想，如果大臣沒有及時克制自己的怒火，豈不是白誤了親人兩條性命？

權力對於人的誘惑永遠不能消失，一個人權力在握時，金錢美色、

他人的恭敬，即使不想要也難以拒絕。其實，權力最讓人神往的莫過於它給予人的那份被眾人擁捧的感受。人是虛榮的動物，當條件適合時，這種劣根性往往就會曝露無遺。

那些把人拉入泥淖甚至深淵的東西，往往是當初將你推向顛峰的事物。權力就是這樣一種東西。任何社會，權力之爭都是最為殘酷的。正是因此，曾國藩在他的家訓中，反覆告誡子孫要遠離官場是非之地。身居高位的人，或許應該明白爭權奪勢適可而止的道理吧！

仗勢欺人者，說到底自己也是一介平民，卻到處宣稱自己與眾不同，偏要借助於他人的權力，作威作福，欺壓鄉里鄰人。這種人其實是最沒出息和最不懂做人的人，他們不懂得這樣做會產生什麼後果；他們往往只看重眼前的一點利益，殊不知他們得了芝麻，丟了西瓜。那些仗勢欺人者的下場是可悲的。

西漢時，霍去病被漢武帝封為驃騎將軍，為擊破匈奴立下汗馬功勞，其弟霍光官至大司馬並接受武帝遺詔輔佐太子，霍氏家族顯赫一時。然而，霍光貪戀權勢，為人跋扈專橫，又放縱家人仗勢為惡，全然不識進退保身的為人臣子之道。霍氏家族氣焰過盛，招致朝廷上下的不滿，甚至對皇族權力構成了危險，最後終於被滿門抄斬。由此可見，權勢是最靠不住的，仗勢欺人者多行不義必自斃。

二、志意致修，德行致厚，智慮致明

【原文】

　　有狗彘之勇者，有賈盜之勇者，有小人之勇者，有士君子之勇者[①]。爭飲食，無廉恥，不知是非，不辟死傷[②]，不畏眾強，恈恈然唯利飲食之見[③]，是狗彘之勇也。為事利，爭貨財，無辭讓，果敢而振[④]，猛貪而戾[⑤]，恈恈然唯利之見，是賈盜之勇也。輕死而暴，是小人之勇也。義之所在，不傾於權[⑥]，不顧其利，舉國而與之不為改視[⑦]，重死持義而不橈[⑧]，是士君子之勇也。

　　鯈、䰙者[⑨]，浮陽之魚也[⑩]，胠於沙而思水[⑪]，則無逮矣[⑫]。掛於患而欲謹[⑬]，則無益矣。自知者不怨人，知命者不怨天；怨人者窮，怨天者無志。失之己，反之人[⑭]，豈不迂乎哉[⑮]！

　　榮辱之大分、安危利害之常體[⑯]：先義而後利者榮，先利而後義者辱；榮者常通，辱者常窮；通者常制人，窮者常制於人，是榮辱之大分也。材愨者常安利[⑰]，蕩悍者常危害[⑱]；安利者常樂易[⑲]，危害者常憂險；樂易者常壽長，憂險者常夭折[⑳]，是安危利害之常體也。

　　夫天生蒸民[㉑]，有所以取之。志意致修，德行致厚，智慮致明[㉒]，是天子之所以取天下也。政令法[㉓]，舉措時[㉔]，聽斷公[㉕]，上則能順天子之命，下則能保百姓，是諸侯之所以取國家也。志行修，臨官治，上則能順上，下則能保其職，是士大夫之所以取田邑也。循法制、度量、刑辟、圖籍，不知其義，謹守其數[㉖]，慎不敢損益也，父子相傳，以持王公[㉗]，是故三代雖亡，治法猶存，是官人百吏之所以取祿秩也[㉘]。孝弟原愨[㉙]，軥錄疾力[㉚]，以敦比其事業[㉛]，而不敢怠傲，是庶人之所以取暖衣飽食、長生久視以免於刑戮也[㉜]。飾邪說，文奸言[㉝]，為倚事[㉞]，陶誕突盜[㉟]，惕悍憍暴[㊱]，以偷生反側於亂世之間[㊲]，是奸人之所以取危辱死刑也。其慮之不深，其擇之不謹，其定取捨楛慢[㊳]，是其所以危也。

【注釋】

①士君子：舊指有志操和學問的人。②辟：通「避」。

③侔侔（ㄇㄡˊ）然，貪愛的樣子。④果敢：有決斷，敢作敢為。

⑤戾（ㄌㄧˋ）：乖張，暴戾。⑥傾：側，斜，此指屈服。

⑦舉國：全國。⑧橈：屈從。

⑨鯈（ㄔㄡˊ）：魚名，亦稱白鰷。鮴（ㄑㄧㄠˊ）：魚名，即魠魚。

⑩浮陽：漂在水面上以就陽光。⑪肶（ㄑㄩ）：通「阹」，攔遮。

⑫逮：及。⑬掛：牽阻。⑭反：責。

⑮迂：拘泥固執，不切實際。

⑯分：辨別，區分。常體：普通的狀態。

⑰材：同「才」，資質，才能。⑱蕩悍：放蕩兇暴蠻橫。

⑲樂易：歡樂平易。⑳夭折：短命，早死。

㉑蒸民：同「燕民」，眾民，百姓。㉒致：極。

㉓法：守法，此指合於法度。㉔時：時宜，合於時宜。

㉕聽斷：處理裁決政事。㉖數：條文。

㉗持：扶助，支持。㉘祿秩：官吏的俸祿。

㉙弟（ㄊㄧˋ）：同「悌」，敬愛兄長，引申為順從長上。原：通「願」，謹慎老實。

㉚軥（ㄑㄩˊ）錄：形容勤勞。疾：急速，猛烈。

㉛敦比：親身勉力從事。㉜久視：永不衰老，長壽。

㉝文：掩飾，修飾。㉞倚（ㄧˇ）：通「畸」，怪異。

㉟陶誕：虛妄誇誕。陶：通「謠」。突盜：欺凌劫掠。

㊱惕：放蕩。僑暴：驕橫強暴。㊲反側：不正直，不順從。

㊳楛（ㄏㄨˋ）僈：粗疏輕慢。楛：粗劣。僈：通「慢」，輕慢，輕視。

【譯文】

　　有狗和豬式的勇敢，有商人和盜賊式的勇敢，有小人式的勇敢，有士君子式的勇敢。爭奪吃喝，沒有廉恥，不知道對和錯的，不逃避死傷的危險，不畏懼眾人的強暴，貪婪地只看到吃喝，這是狗和豬式的勇敢。做事圖利，爭奪財物，毫不謙讓，敢作敢為而又狠毒，貪婪而又暴戾，只看到利益財物，這是商人和盜賊式的勇敢。輕視生命而

又暴虐，這是小人的勇敢。在道義存在的地方，不屈服於權勢，不顧及自己的利益，把整個國家給他，他也不改變自己的觀點看法，雖然看重生命但堅持正義而不屈從，這是士君子式的勇敢。

　　白鰷、魴魚是喜歡浮在水面上趨向陽光的魚，牠要是擱淺在沙灘上再想得到水，就來不及了。困在災禍之中再想要謹慎，就毫無用了。瞭解自己的人不埋怨別人，曉得自己命運的人不埋怨上天；埋怨別人的人會身陷困窘，埋怨上天的人是沒有志向的。自己有了過失反而怪罪於他人，豈不是太拘泥固執，不切實際了嗎？

　　榮譽和恥辱的根本區別，安危利害的普通狀況是：首先考慮道義而後考慮利益的人會得到榮譽，首先考慮利益而後考慮道義的人會受到屈辱。得到榮譽的人常常處境順利，做官顯達，受到屈辱的人總是身處困窘。通達的人常常制服別人，處於困窘中的人常常被人所制服，這就是榮譽和恥辱的根本區別。有才幹而又忠厚的人常常安全得利，放蕩兇暴蠻橫的人常常遭受到危害。安全得利的人常常歡樂平易，遭受到危害的人常常憂愁，處於危險之中。歡樂平易的人大多長壽，憂愁、處於危險中的人常常短命，這就是安危利害的狀況。

　　上天造就了眾民，每個人都有取得自己生存條件的緣由。志向和心意極其完善美好，德行極其篤厚，智慧和謀略明察秋毫，這是天子能取得天下的原因。政令合乎法度，措施合於時宜，處理裁決政事公正，對上能順從天子的命令，對下能保護百姓，這是諸侯能取得國家的原因。志向和行為完善美好，為官時能善於管理，對上能服從上級的命令，對下能恪守自己的職責，這是士大夫能取得田地封邑的原因。依照法規，尺度量器的標準，刑法、地圖和戶籍來辦事，即使不知道它們的意義，也要嚴格遵守既定條文，謹慎小心地不敢減少或增加，父親把它們傳給兒子，用來侍奉王公，所以夏、商、周三代雖已滅亡，但政策法制依然保存著，這就是各級官吏能夠取得俸祿的原因。孝順父母，尊敬兄長，謹慎老實忠厚，勤勞努力地勞動，以此來盡心竭力地從事自己的事業，不敢懈怠輕慢，這是平民百姓之所以豐衣足食、健康長壽而免刑罰或處死的原因。粉飾異端邪說，美化詐偽的言論，

做怪誕的事，虛妄誇誕，欺凌劫掠，放蕩兇悍，驕橫強暴，憑這些苟且偷生，不循正道，混跡於亂世之中，這就是邪惡詐偽的人之所以自取危險、恥辱和被處以死刑的緣由。他們考慮問題不深入，他們選擇人生的道路不謹慎，他們對事物決定取捨時粗疏、不經意。這就是他們危亡的原因。

【延伸閱讀】

　　人生在世誰不想榮譽恩寵集於一身？但恩寵過盛往往會招來禍端。漢代董賢因長相俊俏得到哀帝寵愛，官至大司馬，操縱朝政。其父、弟及妻父等也都靠他官至公卿，建宅第，造墳墓，費錢以萬萬計。董賢的宅邸也極盡奢華，收斂有四方珍寶。朝中上下甚至太后都對此大為不滿。哀帝死後，董賢很快被罷官，他知道大禍臨頭，即日與妻自殺。由此看來，受到恩寵雖好，但一旦所依憑的勢力倒下，接踵而至的就是禍端。

　　能夠忍受侮辱的人，一定能夠成就一番大事。張良在橋下爬著給老人拾鞋，後修得胸懷天下的智慧；市井小人譏笑韓信從別人胯下爬過，其實他有王侯將相的器量。

　　《說苑‧眾談篇》說能夠忍受恥辱的人會很安全，能夠忍受羞辱的人方能生存。韓安國曾被人與不可復燃的死灰同等看待，可見他受到的侮辱到了什麼程度；儘管范睢曾被人裹在席子裡扔在廁所，可最後被封為應侯。侮辱實在是給人驅趕疾病的毒性藥物，不使病人昏迷又怎麼能治好疾病呢？

　　所以，為別人繫上褲子的人當上廷尉，心甘情願讓別人往自己臉上吐口水，而讓它自己乾掉的人最後居於宰相之位。張良、韓信、韓安國從辱至榮的過程，正說明了忍常人之不可忍，終成大器。

　　「生於憂患，死於安樂」，安逸的生活固然是一種享受，但往往又是致人失敗的開端。明朝作家劉元卿曾有一篇名為《猱》的寓言：猱的體形很小，長著鋒利的爪子。老虎的頭癢，猱就爬上去搔癢，搔得老虎飄飄欲仙。猱不住地搔，並在老虎的頭上挖了個洞，老虎因感覺舒服而未覺察。猱於是把老虎的腦髓當美味吃了個精光。其實現實生活中，類似的情況也很多。如今商場多變數，許多大企業由強變弱，最終慘遭淘

汰；其實，這些企業失敗的根本原因往往相同，即在其最為輝煌的時候，管理者缺少一種憂患意識和危機意識，安而忘危，缺少遠慮，對面臨的危險認識不足、準備不足，才最終導致失敗。

危急面前沉著鎮定，才能取勝。危急情況發生時，人們大多沒有心理準備，所以通常會表現出一定程度的吃驚、恐慌。其實，很多時候事情本身的情況，往往比我們想像的要好得多。是我們自身的情緒以及在這種情緒的支配下所做出的反應，讓事情陷入更為複雜的境地。其實在危險面前，任何人都不可避免會出現焦慮或緊張情緒，這就要看是否能夠自我調節、自我克制了。

淝水之戰時，謝安和張玄下棋時神閒氣定，其心中未必不忐忑或激動；這一點在他聽到捷報、客人告辭後的反應中便可看出：當時的謝安抑制不住心頭的喜悅，舞躍入室，把木屐底部的屐齒都碰斷了。由此看來，面對危急，自我調節，才能最終走出危急，這時能保持果敢、沉著、鎮定的態度，方顯英雄本色。

三、好榮惡辱，好利惡害

【原文】

材性知能①，君子小人一也。好榮惡辱，好利惡害，是君子小人之所同也，若其所以求之之道則異矣。小人也者，疾為誕而欲人之信己也②，疾為詐而欲人之親己也，禽獸之行而欲人之善己也。慮之難知也，行之難安也，持之難立也，成則必不得其所好，必遇其所惡焉。故君子者，信矣，而亦欲人之信己也；忠矣，而亦欲人之親己也；修正治辨矣③，而亦欲人之善己也。慮之易知也，行之易安也，持之易立也，成則必得其所好，必不遇其所惡焉，是故窮則不隱，通則大明④，身死而名彌白⑤。小人莫不延頸舉踵而願曰⑥：「知慮材性，固有以賢人矣！⑦」夫不知其與己無以異也，則君子注錯之當⑧，而小人注錯之過也。故孰察小人之知能，足以知其有餘，可以為君子之所為也。譬之越人安越⑨，楚人安楚，君子安雅，是非知能材性然也，是注錯習俗之節異也⑩。

仁義德行，常安之術也，然而未必不危也；汙僈突盜⑪，常危之術也，然而未必不安也。故君子道其常⑫，而小人道其怪。

凡人有所一同：饑而欲食，寒而欲暖，勞而欲息，好利而惡害，是人之所生而有也，是無待而然者也，是禹、桀之所同也⑬。目辨白黑美惡，耳辨音聲清濁，口辨酸鹹甘苦⑭，鼻辨芬芳腥臊，骨體膚理辨寒暑疾養⑮，是又人之所常生而有也⑯，是無待而然者也，是禹、桀之所同也。可以為堯、禹，可以為桀、跖，可以為工匠，可以為農賈，在勢注錯習俗之所積耳！是又人之所生而有也，是無待而然也，是禹、桀。為堯、禹則常安榮，為桀、跖則常危辱；為堯、禹則常愉佚⑰，為工匠、農賈則常煩勞。然而人力為此而寡為彼，何也？曰：陋也。堯、禹者，非生而具者也，夫起於變故⑱，成乎修為⑲，待盡而後備者也。

人之生固小人，無師無法，則唯利之見耳。人之生固小人，又以遇亂世、得亂俗，是以小重小也⑳，以亂得亂也。君子非得勢以臨之

㉑，則無由得開內焉㉒。今是人之腹，安知禮義？安知辭讓？安知廉恥隅積㉓？亦呥呥而噍㉔。鄉鄉而飽已矣㉕。人無師無法，則其心正其口腹也。今使人生而未嘗睹芻豢稻粱也㉖，惟菽藿糟糠之為睹㉗，則以至足為在此也，俄而粲然有秉芻豢稻粱而至者㉘，則瞯然視之曰㉙：「此何怪也！」彼臭之無嗛於鼻㉚，嘗之而甘於口，食之而安於體，則莫不棄此而取彼矣。今以夫先王之道，仁義之統，以相群居㉛，以相持養㉜，以相藩飾㉝，以相安固耶？以夫桀、蹠之道，是其為相縣也㉞，幾直夫芻豢稻粱之縣糟糠爾哉㉟！然而人力為此而寡為彼，何也？曰：陋也。陋也者，天下之公患也，人之大殃大害也。故曰：仁者好告示人。告之示之，靡之儃之㊱，鈆之重之㊲，則夫塞者俄且通也，陋者俄且僩也㊳，愚者俄且知也。是若不行，則湯、武在上曷益㊴？桀、紂在上曷損？湯、武存，則天下從而治；桀、紂存，則天下從而亂。如是者，豈非人之情固可與如此可與如彼也哉？

【注釋】

①知：通「智」。②疾為誕：肆意妄言。疾：急速，猛烈，竭力。

③修正治辨：善良、正直而且善於處理事物。辨：治理。

④明：顯示，顯著。⑤彌白：更顯耀。彌：更加。

⑥願：傾慕。⑦賢人：勝於人，比一般人好。賢：勝。

⑧注錯：措置、安排處理。注：投。錯：通「措」，安置。

⑨安：習慣。⑩節：適當。⑪汙僈：污穢。僈，通「慢」，汙。

⑫道：通「導」，選擇。⑬禹：古時賢君。桀：古時昏君。

⑭甘：甜。

⑮理：玉石的紋路，此指皮膚上的紋理。養：通「癢」。

⑯常：衍文，應刪去。⑰佚（一ˋ）：通「逸」。

⑱變故：發生意外或事故，災難。⑲修為：修身的實踐。

⑳重：再，多，重複。㉑臨：統管，治理。

㉒無由：無從。開：啟發。內：同「納」，納入。

㉓隅積：局部和整體。

㉔呥呥（ㄖㄢˊ）：嘴嚼的樣子。噍（ㄐㄧㄠˋ）：咬，嚼，吃東西。

㉕鄉鄉：形容吃得很滿足。

㉖貖（ㄔㄨˊ）豢：牛羊犬豕之類的家畜，此指肉食。

㉗菽藿：大豆葉。㉘粲（ㄘㄢˋ）然：精美的樣子。

㉙矎（ㄒㄩㄝˋ）然：驚視的樣子。

㉚臭（ㄒㄧㄡˋ）：同「嗅」。嗛（ㄑㄧㄢˋ）：通「歉」，不滿足。

㉛相：輔助。㉜持養：奉持，保養。

㉝藩飾：修飾，裝飾。藩：遮蔽。

㉞縣（ㄒㄩㄢˊ）：同「懸」，懸殊。

㉟幾：通「豈」，豈止。直：僅僅，只。

㊱靡：順從，隨順。僊（ㄒㄩㄢ）：輕捷靈便的樣子。

㊲鈆：通「沿」，撫循，勸導。重：反覆申明。

㊳僩（ㄒㄧㄢˊ）：胸襟開闊。㊴曷：什麼。

【譯文】

　　資質、秉性、智慧和能力，君子、小人是一樣的。喜愛榮譽，厭惡恥辱，愛好利益，厭惡災禍，這也是君子小人所相同的，而他們用來求取榮譽、利益的途徑和方法就不同了。小人肆意妄言，還想要別人相信自己，竭力去做欺詐的事，還想要別人親近自己，禽獸一般的行為，還想要別人善待自己。他們考慮問題難以明智，做起事來難以穩重妥當，把握事情難以牢固，結果必然不能得到他們喜好的榮譽和利益，必然會遭受到他們所厭惡的恥辱和災禍。至於君子，對人誠實，也希望別人對自己誠實；自己對人忠厚，也希望別人親近自己；自己善良正直而且善於處理事情，也希望別人善待自己。他們考慮問題易於明智，做起事來易於穩重妥當，把握事情易於牢固，結果必然能得到他們喜好的榮譽和利益，不會遭受到他們所厭惡的恥辱和災禍，所以他們困頓時，名聲也不會被隱沒，處境順利，做官顯達時，名聲就會十分顯赫，死後名聲會更加光輝燦爛。小人無不伸長脖子踮起腳跟而羨慕地說：「君子的智慧、思慮、資質、秉性本來就有勝過別人的地方啊！」他們不知道君子與自己並沒有什麼不同的地方，只是君子安排處理得當，而小人的安排處理有錯誤。所以仔細地考察一下小人的智慧和能力，就完全可以知道，他們綽綽有餘地能做到君子所做的

事情。比喻來說，越國人習慣於越國，楚國人習慣於楚國，君子習慣於中原地帶。這並不是智慧、能力、資質、秉性使他們這樣的，而是由於安排處理和習俗的得當與否有所不同而造成的。

為人仁義講德行，是安全的方法，然而不一定不發生危險；污穢、欺凌劫掠，是會遭受危險的，然而不一定就不安全。所以君子選擇他們的正常途徑，而小人選擇他們的怪異途徑。

大凡人都有一樣和相同的地方：饑餓時想要吃東西，寒冷時想要暖和，勞累了想要休息，愛好利益，厭惡災禍，這些都是人生下來就有的本性，無須學習就是這樣的，它們是禹、桀所相同的。眼睛能辨別白黑美醜，耳朵能辨別音聲清濁，口能辨別酸鹹甜苦，鼻子能辨別香腥臊，身體皮膚能辨別冷熱病癢，這些也是人生下來就有的本性，無須學習就是這樣的，它們是禹、桀所相同的。人可以成為堯、禹，也可以成為桀、蹠，可以成為工匠，也可以成為農民和商人，這都在於各人的措置、安排處理和習俗的長期累積。成為堯、禹常常感到安全和榮耀，成為桀、蹠常常感到危險和恥辱；成為堯、禹常常愉快安樂，成為工匠、農民、商人常常煩惱勞累。然而人們多數去做這些危辱煩勞的事而很少去做那些安榮愉快的事，為什麼呢？這是由於知識貧乏的緣故。堯、禹並不是生下來就具備了當聖人、賢君的條件，而是經歷了各種患難和事故，成功修養身心，等到盡知事物的道理，然後才達到德行高尚的境界。

人生下來的時候，本來就是小人，沒有老師的教導，沒有禮法的約束，就只會看到利益。人生下來的時候，本來就是小人，又因碰到了混亂動盪的時代，沾染了壞的習慣，這就會小上加小，混亂上再沾染混亂。君子如果沒有取得權力來統治管理他們，那麼就無從啟發他們的心靈而納於正道。今天這些人哪裡知道什麼禮節道義？哪裡曉得什麼客氣禮讓？哪裡懂得什麼廉潔和恥辱及局部應服從整體的道理呢？只知道不停地貪戀食物，香噴噴地吃個飽罷了。人沒有老師的教導，沒有禮法的約束，那麼他的心正好像他的嘴巴和胃一樣，只求吃個飽就滿足了。今天假定使人們生下來就未曾看到過牛羊豬狗等肉食

和稻米、穀子等細糧，只看到大豆葉和糟糠之類的粗食，那麼就會認為最好的食物就是這些東西了，不久有人拿著精美的肉食和細糧來，他便驚奇地看著這些東西問道：「這是什麼怪東西呀？」他聞了聞，聞不出什麼不好的味道，嚐了嚐，嘴裡甜甜的，吃了它，身體覺得很舒適，那麼就沒有人不拋棄這大豆葉、糟糠之類的粗食而去求取那肉食和細糧的。如果今天用古代聖王的治理方法、仁義的綱領，來幫助人們成群聚居，幫助人們奉持保養，幫助人們得到服飾，那麼就可以幫助人們得到安全和穩定嗎？拿桀、蹠的治理方法與古代聖王的治理方法相比，相差懸殊，它們難道只是肉食細糧和豆葉粗糧的區別嗎？然而人們竭力地去效仿桀、蹠的作風而很少去效仿古代聖王的作風，為什麼呢？是淺陋無知的緣故。淺陋無知，是天下人的通病，也是人們的大災大難。所以說講仁德的人喜歡把道理告訴人們，使人們知道這些道理。把道理告訴他們，使他們知道這些道理，使他們順從，使他們明智，使他們遵循仁德之道，向他們反覆重申，那麼閉塞的人很快就會通曉，淺陋無知的人很快就會胸襟開闊，愚蠢的人很快就會聰明了。假如不這樣做，那麼商湯王、周武王這樣的賢君處在上位又有什麼益處呢？夏桀、商紂王這樣的暴君處在君王的位上又有什麼損害呢？商湯王、周武王在，天下從而得到安定；夏桀，商紂王在，天下從而大亂。出現這樣的情況，難道不是由於人們的性情原本就可以像這樣，也可以像那樣嗎？

【延伸閱讀】

　　勇士有很多種，像豫讓為君主報仇的勇敢，荊軻一去不復返的刺秦之勇，還有項羽力能扛鼎的勇猛，這些都是歷史上有名的勇士。

　　項羽早晨去參見上將軍宋義，就在軍帳中，斬下了他的頭，出來向軍中發令說：「宋義和齊國同謀反楚，楚王密令我處死他。」這時候，將領們都畏懼項羽，沒有誰敢抗拒，都說：「首先把楚國扶立起來的，是項將軍家，如今又是將軍誅滅了叛亂之臣。」於是大家一起立項羽為代理上將軍。項羽派人去追趕宋義的兒子，追到齊國境內，把他殺了。楚懷王無奈，讓項羽做了上將軍，當陽君、蒲將軍都歸屬項羽。

　　項羽誅殺了卿子冠軍，威震楚國，名揚諸侯。他首先派遣當陽君、蒲將軍率領兩萬人渡過漳河，援救鉅鹿。戰爭只有一些小的勝利，陳餘又來請求增援。項羽就率領全部軍隊渡過漳河，把船隻全部弄沉，把鍋碗全部砸破，把軍營全部燒毀，只帶上三天的乾糧，以此向士卒表示一定要決一死戰，毫無退還之心。部隊抵達前線，包圍了王離，與秦軍遭遇，交戰多次，阻斷了秦軍所築甬道，大敗秦軍，殺了蘇角，俘虜了王離。涉間拒不降楚，自焚而死。這時，楚軍強大居諸侯之首，前來援救鉅鹿的諸侯各軍築有十幾座營壘，沒有一個敢發兵出戰。到楚軍攻擊秦軍時，他們都只在營壘中觀望。楚軍戰士無不以一當十，士兵們殺聲震天，諸侯軍人人膽寒。項羽在打敗秦軍以後，召見諸侯將領，當他們進入軍門時，一個個都跪著用膝蓋向前走，沒有誰敢抬頭仰視。自此，項羽真正成了諸侯的上將軍，各路諸侯都隸屬於他。

四、受小共大共，為下國駿蒙

【原文】

　　人之情，食欲有芻豢，衣欲有文繡[1]，行欲有輿馬，又欲夫餘財蓄積之富也，然而窮年累世不知足[2]，是人之情也。今人之生也，方知畜雞狗豬彘[3]，又畜牛羊，然而食不敢有酒肉；餘刀布[4]，有囷窌[5]，然而衣不敢有絲帛；約者有筐篋之藏，然而行不敢有輿馬，是何也？非不欲也，幾不長慮顧後而恐無以繼之故也。於是又節用禦欲[6]、收斂蓄藏以繼之也，是於己長慮顧後，幾不甚善矣哉！今夫偷生淺知之屬，曾此而不知也，糧食大侈[7]，不顧其後，俄則屈安窮矣[8]，是其所以不免於凍餓，操瓢囊為溝壑中瘠者也[9]，況夫先王之道，仁義之統，詩、書、禮、樂之分乎[10]！彼固天下之大慮也，將為天下生民之屬長慮顧後而保萬世也[11]。其㳛長矣[12]，其溫厚矣[13]，其功盛姚遠矣[14]，非孰修為之君子[15]，莫之能知也。故曰：短綆不可汲深井之泉，知不幾者不可與及聖人之言[16]。夫詩、書、禮、樂之分，固非庸人之所知也[17]。故曰：一之而可再也，有之而可久也，廣之而可通也，慮之而可安也，反鉛察之而愈可好也[18]，以治情則利，以為名則榮，以群則和，以獨則足樂意者其是邪[19]？

　　夫貴為天子，富有天下，是人情之所同欲也，然則從人之欲，則勢不能容，物不能贍也[20]。故先王案為之制禮義以分之[21]，使有貴賤之等，長幼之差，知愚、能不能之分，皆使人載其事而各得其宜，然後使愨祿多少厚薄之稱[22]，是夫群居和一之道也。

　　故仁人在上，則農以力盡田，賈以察盡財，百工以巧盡械器，士大夫以上至於公侯，莫不以仁厚知能盡官職，夫是之謂至平[23]。故或祿天下而不自以為多[24]。或監門、禦旅、抱關、擊柝[25]而不自以為寡。故曰：斬而齊[26]，枉而順[27]，不同而一。夫是之謂人倫。詩曰：「受小共大共[28]，為下國駿蒙[29]。」此之謂也。

【注釋】

①文繡：繡畫的錦帛，指衣服。②窮年累世：世世代代。

③畜：飼養禽獸。④刀布：古錢幣。

⑤囷（ㄐㄩㄣ）：圓形的穀倉。窌（ㄐㄧㄠˋ）：地窖。

⑥禦：抵擋，抵禦。⑦大侈：太浪費。

⑧屈：竭，窮盡。安：連詞，於是。

⑨胔（ㄐㄧˊ）：通「骴」，沒有完全腐爛的屍體。

⑩分（ㄈㄣˋ）：義，道理。⑪生民：人民。

⑫沴：古文「流」字。

⑬溫（ㄩㄣˋ）：通「蘊」，積聚，藏蓄。

⑭姚：通「遙」。⑮埶：古「熟」字，熟悉。修：學習，研習。

⑯不幾：不多。⑰庸人：平常人，亦指見識淺陋的人。

⑱俞：同「愈」，更加。⑲意者：抑或，料想。

⑳贍（ㄕㄢˋ）：供給，供養。㉑案：乃，於是。

㉒穀祿：俸祿。㉓至：極，最。㉔或：有的人。

㉕監門：守門人。禦旅：旅店的店員。抱關：守城門的兵士。擊柝（ㄊㄨㄛˋ）：打更。柝：舊時巡夜者擊以報更的木梆。

㉖斬：通「儳」（ㄔㄢˊ），不齊，指有等級差別。

㉗枉：彎曲，委曲。此指人們受禮法的約束。

㉘共：法。㉙駿蒙：庇護。

【譯文】

　　人之常情，吃東西希望有肉食，穿衣服希望有繡著彩畫的錦帛，出行希望有車馬代步，更希望富裕得有多餘的錢財的積蓄。世世代代以來，人們不知滿足，這是人的常情。今天人們活著，知道畜養雞狗豬，又畜養牛羊，可是吃飯時不敢有酒肉；有剩餘的錢，又有穀倉地窖，可是穿衣服不敢穿絲綢；節儉的人有成箱成箱的儲蓄，可是出行不敢用車馬代步。這是為什麼呢？並不是他們不想要這些東西，是他們從長遠考慮，顧及未來，恐怕沒有什麼東西來繼續維持生計的緣故。於是他們節約費用，抑制欲望，收藏財物，儲藏糧食，以便日後繼續維持他們的生活，這種為了自己而從長遠考慮，顧及以後，難道不是

很好的嗎？今天那些苟且偷生、淺陋無知之輩，連這個道理也不知道，
過分地浪費糧食，完全不顧及他們今後的生活，不久就浪費得精光而
陷入貧困，這就是他們不能免於凍餓，拿著要飯的瓢、布袋而成為山
溝中餓死鬼的原因。他們連這個簡單的道理都不懂，更何況那些古代
聖王的治理方法，仁義的綱領，以及詩、書、禮、樂中大義之所在。
那些治理方法、綱領本來就是治理天下的謀略，是要為天下所有人民
從長遠考慮，顧及未來，而永保子孫萬代長治久安的，它源遠流長，
它蘊積深厚，它的豐功偉業永遠地傳下去。如果不是遵循它，熟悉它，
學習研究它，實踐它的君子，是不能夠理解它的。所以說，短繩索不
能汲取深井中的泉水，知道不多的人，不能同他論及聖人的言論。詩、
書、禮、樂的道理和大義，本來就不是淺陋無知的人所能理解的。知
道了其一，就可以知道其二。擁有了它，就可以長期地運用，廣泛地
運用就可以通曉其所有的道理。按照它的道理去謀略，就可以安穩。
反覆遵循考察它，就可以把事情做得更好。用它來調理情緒，就能得
到好處。用它來求得名譽，就會榮耀。用它來和別人相處，就能和睦
融洽。用它來獨善其身則內心充實快樂。想來是不是這樣的呢？

　　地位高貴到成為天子，富裕得擁有天下的財富，這是人之常情所
共同希望的，然而縱容人的欲望，那麼從權勢上來說是不能容忍的，
就物質而言是無法滿足的。所以古代聖王為人們制定禮義來區分他們，
使他們有貴與賤的等級，年長與年幼的差別，聰明與愚蠢，有才能與
無才能的區分，使他們都擔任自己的工作而各得其所，然後使俸祿的
多少、厚薄與他們所擔負的工作相當，這就是人們群居在一起而能和
諧一致的方法。

　　所以仁德的人處在君位上，那麼農民就把他們的力量全都用在耕
種上，商人就把自己對市場的明察全都用在理財上，各種工匠就把自
己的技巧全都用在製造器械上。士大夫以上直至公爵、侯爵沒有一個
不把自己的仁慈、寬厚、聰明才智都用在履行自己的職責上，這就叫
最完美的公平。所以有的人富有天下也不認為自己擁有的多，有的人；
如看門人、侍奉旅客的店員、守城門的兵士、更夫也不認為自己所得

到的少。所以說，有等級差別才能達到整齊，有枉曲才能歸於順從，有職位的不同才能統而為一。這叫做人與人之間的關係和應當遵守的行為準則。《詩》云：「接受小法和大法，庇護各國安天下。」說的就是這個道理。

【延伸閱讀】

　　君子有所為有所不為，當年若是韓信沒有忍受胯下之辱，一怒之下將那惡漢殺了，怎麼還會有後來的封侯拜將的榮耀呢？

　　淮陰侯韓信尚未發跡時，貧窮，既不能被推選去做官，又不能做買賣維持生活，經常寄居在別人家吃閒飯，人們大多厭惡他。他曾經多次前往下鄉南昌亭亭長處吃閒飯，接連數月，亭長的妻子嫌惡他，就提前做好早飯，端到內室床上去吃。開飯的時候，韓信去了，卻不給他準備飯食。韓信也明白他們的用意。一怒之下離去，不再回來。

　　韓信在城下釣魚，有幾位老婦人正在河邊漂洗衣服，其中一位老婦人看見韓信餓了，就拿出飯給韓信吃。幾十天都如此，直到漂洗完畢。韓信很高興，對老婦人說：「將來我一定會重重地您報答老人家。」大娘生氣地說：「大丈夫不能養活自己，我是可憐你這位公子才給你飯吃，難道是希望你報答嗎？」

　　淮陰屠戶中有個年輕人侮辱韓信說：「你雖長得高大，喜歡帶刀佩劍，其實是個膽小鬼。」又當眾侮辱他說：「你要不怕死，就拿劍刺我。如果怕死，就從我胯下爬過去。」韓信沒說話，默默地低下身去，趴在地上，從他胯下爬過去。滿街的人都笑話韓信，認為他膽小。

　　後來韓信當上了楚王，召見曾經分給他飯吃的那位老婦人，賜給她黃金千兩。輪到下鄉南昌亭亭長，賜給百錢，說：「您是小人，做好事有始無終。」召見曾經侮辱過自己，讓自己從他胯下爬過去的年輕人，任用他做了中尉，並告訴將相們說：「這是位壯士。當他侮辱我的時候，我難道不能殺死他嗎？但殺掉他沒有意義，所以我忍受了一時的侮辱而成就了今天的功業。」

在現代，「有所為，有所不為」經過發展演變也有了新的解釋。無論是做人還是在工作生活中，都要懂得取捨；很多時候，貪大求全並不好。根據個人的特點和性格來選擇適合自己的工作方向和目標，也許更能讓你快速適應現代社會的飛速變化。有所得，就必有所失。要想獲得某種超常的發揮，就必須揚棄許多東西。

當你的某種功能充分發揮時，其他功能就可能退化。世間有千千萬萬種行業，哪行做好了都能賺錢。很多人都夢想能擁有一份好工作，這份工作最好既能帶來財富，又能帶來名聲和地位，讓你為別人稱羨。但事實上，在激烈的市場競爭中，已經沒有哪種工作是真正的熱門行業，無論何種工作都無法提供完全的保障。面對形形色色的選擇，你就要把一句話牢記心中，那就是「有所為，有所不為」。

一個男孩考入了一所師範學院，在師範學院裡，他喜歡上了唱歌。馬上就要畢業了，男孩的心卻充滿了困惑。唱歌和當老師都是他喜歡的，他該如何選擇呢？最後，男孩想出了一個折衷的辦法：先當一名教師，在教學之餘練習唱歌，成為一名歌唱家。

男孩把他的想法告訴了父親。父親指了指他面前的兩把椅子，那兩把椅子擺放得很近。父親問：「你能同時坐到那兩把椅子上面嗎？」男孩搖了搖頭，說不能。父親說：「很多時候人們都想同時坐上兩把椅子，可結果只會使自己摔到地上。男孩聽後明白了，儘管艱難，他卻必須做出一個選擇。最終，男孩選擇了他更加喜歡的唱歌。後來，男孩成為了一名著名的歌唱家。他就是帕華洛帝。

總會有太多的原因讓我們迷失方向，總會有太多的理由讓我們難以做出選擇，總會有太多的喜好讓我們徘徊在人生的十字路口。如果你甘願平庸，那盡可以在每把椅子上都坐坐；如果我們選擇的是理想和興趣，那麼，還是儘快像帕華洛帝一樣，讓屁股結結實實地坐到一把椅子上，然後專心致志地勤學苦練吧！

第四章

非相 ①

貴有師法，終乎為聖

一、相人，學者不道也

【原文】

相人，古之人無有也，學者不道也②。

古者有姑布子卿③，今之世，梁有唐舉④，相人之形狀顏色而知其吉凶妖祥⑤，世俗稱之。古之人無有也，學者不道也。

故相形不如論心⑥，論心不如擇術⑦。形不勝心，心不勝術。術正而心順之⑧，則形相雖惡而心術善，無害為君子也⑨；形相雖善而心術惡，無害為小人也。君子之謂吉，小人之謂凶。故長短、小大、善惡形相，非吉凶也。古之人無有也，學者不道也。

蓋帝堯長，帝舜短；文王長⑩，周公短⑪；仲尼長⑫，子弓短⑬。昔者衛靈公有臣曰公孫呂，身長七尺，面長三尺，焉廣三寸⑭，鼻、目、耳具⑮，而名動天下。楚之孫叔敖，期思之鄙人也⑯，突禿長左⑰，軒較之下⑱，而以楚霸。葉公子高⑲，微小短瘠，行若將不勝其衣。然白公之亂也⑳，令尹子西、司馬子期皆死焉㉑；葉公子高入據楚，誅白公，定楚國，如反手爾，仁義功名善於後世。故事不揣長㉒，不挈大㉓，不權輕重，亦將志乎爾。長短、大小、美惡形相，豈論也哉！

且徐偃王之狀㉔，目可瞻焉；仲尼之狀，面如蒙倛㉕；周公之狀，身如斷菑㉖；皋陶之狀㉗，色如削瓜；閎夭之狀㉘，面無見膚；傅說之狀㉙，身如植鰭㉚；伊尹之狀㉛，面無須麋㉜。禹跳，湯偏㉝，堯、舜參牟子㉞。從者將論志意、比類文學邪？直將差長短㉟，辨美惡，而相欺傲邪？

【注釋】

①非相：本篇批判、否定了相面術，認為相面術是唯心主義的東西。同時還論述了道德修養、「法後王」以及有關辯說的問題。

②道：說；講。

③姑布子卿：春秋時鄭國人。曾給孔子和趙襄子看過相。

④梁：即魏。西元前361年，魏惠王遷都大梁（今河南開封），從

此魏也被稱為梁。唐舉：戰國梁人，善相術。曾看過李兌、蔡澤的相。

⑤妖祥：舊指凶兆和吉兆。

⑥論：評定，評論。心：心思，思想。

⑦擇：區別，引申為鑑別。⑧正：正確，指合乎法度。

⑨無害：無損，無妨。

⑩文王：周文王，姓姬名昌，周武王的父親。商朝時周部落的領袖，以賢明著稱。

⑪周公：姬旦，周文王之子，武王之弟，輔助武王滅紂，建周王朝，是著名的賢臣。

⑫仲尼：孔子的字。⑬子弓：孔子的弟子，姓冉，名雍，字仲弓。

⑭焉：通「顏」，額。⑮具：完備。

⑯期思：春秋楚邑，在今河南固始縣西北。鄙人：指居住在郊野的人。

⑰突禿：髮短而頂禿。長左：左手長。

⑱軒：古代一種前頂較高而有帷幕的車子，供大夫以上乘坐。較（ㄐㄧㄠˋ）：車箱兩旁板上的橫木。

⑲葉公子高：姓沈，名諸梁，字子高，楚大夫沈尹戍之子，封地在葉（在今河南葉縣南），故稱葉公。

⑳白公：名勝，楚平王太子建之子，封地在白邑，號白公。西元前479年，他發動政變，襲殺令尹子西、司馬子期，劫惠王，自立為王。後葉公子高起兵，白敗，自縊死。

㉑令尹：春秋時楚國最高的官職。子西：楚平王之子。司馬：官名，掌管軍政。子期：楚平王之子，子西之弟。

㉒事：作「士」。揣：量度，估量。

㉓絜（ㄒㄧㄝˊ）：計量大小。

㉔且：還，況且，又。徐偃王：西周或春秋時徐戎的首領，統轄今淮、泗一帶。

㉕蒙：毛髮多而亂。倛：即古代驅逐疫鬼用的方相，形象兇惡。

㉖菑（ㄗ）：樹木直立而枯死之稱。

㉗皋陶：也稱咎繇。傳說舜之臣，掌刑獄之事。

㉘閎夭：西周初年大臣。㉙傅說：商王武丁的大臣。

㉚植鰭：魚背上的鰭直立起來。㉛伊尹：商湯臣。

㉜須麋：同「鬚眉」。㉝偏：偏枯，即半身不遂。

㉞參牟子：三個瞳仁。牟：瞳仁。

㉟直：僅僅。差（ㄔㄚ）：分別等級。

【譯文】

觀察人的容貌，以測定其貴賤安危，古代的人不做這種事，有學識的人不說這種事。

古時候有個姑布子卿，當今時代魏國有個唐舉；他們觀察人的形態、面色就能知道他的吉凶禍福，社會上的一般人都稱道他們。古代的人並非沒有，而是有學識的人不說而已。

觀察人的形態面色不如考察他的思想，考察他的思想不如鑑別他所作所為的方法。相貌不及思想重要，思想不及行為方法重要。行為方法正確而思想又順應了它，那麼形態相貌即使醜陋，不會妨礙他成為君子；形態相貌即使好看而思想和行為方法惡劣，他就仍是小人。君子可稱為吉祥，小人可以說成是兇惡的。所以人的高矮、大小、美醜等形態相貌的特點，並不是吉凶的徵兆。古代的人並非沒有這樣的情形，有學識的人不說而已。

帝堯個子高，帝舜個子矮；周文王個子高，周公旦個子矮；孔子個子高，子弓個子矮。從前，衛靈公有名臣子叫公孫呂，身高七尺，臉長三尺，額寬僅三寸，鼻子、眼睛、耳朵還算完備，可他的名聲驚動天下。楚國的孫叔敖，是期思地方的鄉下人，髮短而頂禿，左手長，坐在車上還不如車箱兩旁的橫木高，但他使楚國稱霸於諸侯。楚國的葉公子高，個子極矮小瘦弱，行走時好像撐不起自己的衣服似的。白公勝作亂時，令尹子西、司馬子期都死於他手中。葉公子高領兵入楚，佔領了楚國，殺死白公，安定了楚國，他的這一舉動像把手掌翻過來那麼容易，他的仁義功名為後代人所讚美。所以，對於士人，不能只去看其高矮、壯弱、輕重，而要看他有沒有志向，高矮、大小·美醜

等形態相貌的特點，難道能用來評定一個人嗎？

　　況且徐偃王的眼睛可以看到自己的額頭；孔子臉如兇神惡煞的邪鬼一般；周公旦身形好像一棵直立的枯樹；皋陶面色就像削了皮的瓜那樣呈青綠色；閎天臉上鬢鬚多得簡直看不見皮膚；傅說駝背，形如魚背上的鰭直立起來一般；伊尹臉上沒有鬍鬚和眉毛。大禹瘸著腿，走路一跳一跳的，湯王半身不遂，堯和舜的眼睛裡其中有一隻重疊兩個瞳仁。是考察他們的志向意志，比較他們的才華學問呢？還是僅僅區別他們的高矮，辨別美醜，來互相欺騙，彼此傲視呢？

【延伸閱讀】

　　卜筮之術由來已久。因龜有長壽之名，所以為政者常常把自己的命運，寄託在神龜身上，這也是常有之事。

　　相傳在宋元王二年，有人獻給宋元王一隻龜，大家建議元王殺掉龜，元王不忍，派人將其放入江河之中。一日夜裡，元王做了一個夢，夢裡有人對宋元王說：「我被放進河裡，一路順流而下，至泉陽時，被打魚之人豫且給網了上來。我現在身陷危難之中，無計可施。想來想去，還是大王宅心仁厚，所以只得來求助於大王，希望大王能夠幫一幫我。」

　　元王醒來覺得非常奇怪，就召來博士衛平，希望能夠為他解夢。

　　衛平聽了元王的敘述後，起身步出庭外，對天象和周圍景物詳加觀察，又拿出卜卦的器具，進行推算。然後沉思良久，對宋元王說：「大王夢中所見，乃是前日被放逐的神龜，至於進一步的說法，我想還是等到證實之後，再下結論。」元王認為衛平的建議不錯，於是派使者急速趕往泉陽。

　　使者對泉陽縣令說：「不知泉陽有多少專門靠捕魚為生的人，其中是否有個叫豫且的？大王在夢裡夢見一位叫豫且的人，捕得一隻神龜，希望你能迅速查明此事。」

　　泉陽縣令立即派人查訪，治所有五十五戶漁人，而在河的上游，果真有一人名叫豫且。

　　泉陽縣令和元王的使者立即飛馬直奔豫且家中，問豫且：「你近日可曾捕得什麼東西？」

豫且答：「前日半夜時，網得一隻龜，還被我裝在籠子裡。」

使者和陽泉縣令去看過了龜，向豫且講述了元王做夢的經過，豫且不敢有違，把龜交給了元王使者。使者帶著龜，馬不停蹄地趕回都城，將龜獻給元王。

元王接過龜，剛把牠放在地上，龜便伸長了脖子，向元王走出三步，突然止步不前，縮回了脖子。就在人們都莫名其妙時，龜又照著先前的樣子，重複做了幾遍，彷彿有靈性一般。

宋元王驚詫不已，就問衛平：「這隻龜看見我後，伸長了脖子向前走，這是什麼意思呢？牠繼而又止步縮頸，又如何解釋？」

衛平回答說：「這龜被人捉住後，心知性命不保，幸蒙大王所救，伸頸向前，表示感激大王。後又縮脖而回，是想向大王告辭了。」

元王大喜，說：「一隻龜，居然有如此靈性。我們千萬別讓牠失望，這就放牠走吧！」

衛平卻說：「此龜生在很深很深的水裡，長於黃土之上，至今已有三千多歲的高齡，能知天地萬物之道，明察上下千年之事。有人說，龜乃天下之至寶，得龜之人，必然攻無不克、戰無不勝，最終貴為天子。請大王不要放走了牠。只要諸侯知道大王得此神龜，必定會臣服於大王！」

元王說：「神龜既然為靈性之物，降之於上天，深藏於大海。牠在患難之時，認為我仁厚忠信，這才來向我求助。假如我辜負了牠，那麼就和一般的漁人沒什麼兩樣了。漁人貪其肉，寡人貪其力。他們的行為是不仁，我的行為就是無德，又哪裡能有福氣可言呢？我是不忍心留下這隻龜的，還是快叫人放了牠吧！」

衛平又說：「微臣聽說，品德至高之人，行事是不圖回報的，上天降給你的重任，也不應推託。上蒼既然給了人們機會，若不能珍惜，很快就會失去。現在，這隻神龜周遊天下，哪裡都不去，偏偏在宋國出現，正是大王您的福氣，也是宋國民眾的福分。如果大王拒絕接受，還將其放回江河之中，明顯是違背了上天的旨意。如果真是這樣而觸怒天意，給宋國帶來什麼損害的話，大王就會後悔莫及了。」

宋元王說：「損人利己、取人之物而據以為寶，都是強暴行為。有如此行為的人，都不會有好下場。過去的夏桀和商紂，都應驗了這個道理。我絕不願重蹈他們的覆轍，你還是不要再勸了。」

衛平又說：「其實不然，大王不必過於擔心。凡事都應順其自然，不可勉強。這隻神龜，並非大王強自索求而來。牠自己撞上漁人的漁網，又托夢於大王，終為大王所得，應視牠為宋之國寶，大王取之無咎，又何必患得患失呢？」

元王得神龜的消息不脛而走，諸侯聞風而往來相投者，越來越多。偶有人不服，而又有意挑釁的，元王就派兵討伐，皆戰無不勝、攻無不克。宋國終於成為最強盛的諸侯，但不知是否真是神龜相助之功？

二、非容貌之患，聞見之不眾

【原文】

古者桀、紂長巨姣美，天下之傑也[1]，筋力越勁[2]，百人之敵也。然而身死國亡，為天下大僇[3]，後世言惡則必稽焉[4]。是非容貌之患也，聞見之不眾，論議之卑爾！

今世俗之亂君[5]，鄉曲之儇子[6]。其不美麗姚冶、奇衣婦飾[7]，血氣態度擬於女子；婦人其不願得以為夫，處女其不願得以為士[8]，棄其親家而欲奔之者，比肩並起。然而中君羞以為臣，中父羞以為子[9]，中兄羞以為弟，中人羞以為友，俄則束乎有司而戮乎大市[10]，其不呼天啼哭，苦傷其今而後悔其始。是非容貌之患也，聞見之不眾，論議之卑爾！然則從者將孰可也！

人有三不祥：幼而不肯事長，賤而不肯事貴，不肖而不肯事賢，是人之三不祥也。人有三必窮：為上則不能愛下，為下則好非其上，是人之一必窮也；鄉則不若[11]，偝則謾之[12]，是人之二必窮也；知行淺薄，曲直有以相縣矣[13]，然而仁人不能推[14]，知士不能明[15]，是人之三必窮也。人有此三數行者，以為上則必危，為下則必滅。詩曰：「雨雪瀌瀌[16]，宴然聿消[17]。莫肯下隧[18]，式居屢驕[19]。」此之謂也。

人之所以為人者，何已也[20]？曰：以其有辨也[21]。饑而欲食，寒而欲暖，勞而欲息，好利而惡害，是人之所生而有也，是無待而然者也，是禹、桀之所同也。然則人之所以為人者，非特以二足而無毛也，以其有辨也。今夫狌狌形笑[22]，亦二足而無毛也，然而君子啜其羹，食其胾[23]。故人之所以為人者，非特以其二足而無毛也，以其有辨也。夫禽獸有父子而無父子之親，有牝牡而無男女之別[24]。故人道莫不有辨。

【注釋】

①傑：才智過人的人。

②筋力：猶言體力。越：急速，猛烈。勁：強勁有力。

③傮：通「戮」，羞辱。④稽：考核，查考，考證。

⑤亂君：此指犯上作亂的人。

⑥儇（ㄒㄩㄢ）子：輕浮而有小聰明的人。

⑦姚冶：妖豔，多指好的姿態而言。

⑧士：已達結婚年齡而未娶妻的男子。⑨中：中等。

⑩有司：官吏。古代設官分職，事各有專司，故稱有司。

⑪鄉：通「向」，面向，朝著。若：順從。

⑫偝：背向著。譑：欺毀。

⑬曲直：猶是非，善惡。有（一ㄡˋ）：通「又」。縣：同「懸」。

⑭推：讚許，舉薦。⑮知士：足智多謀的人。明：尊。

⑯濛濛（ㄅㄥ）：雨雪旺盛的樣子。

⑰宴：通「曣」，晴朗無雲。聿：語助詞。

⑱隧：通「墜」。⑲式：語助詞。

⑳已：同「以」。為：因。㉑辨：分別，辨別，明察。

㉒狌狌：同「猩猩」。笑：通「肖」，似。㉓戚（ㄗˋ）：大塊的肉。

㉔牝（ㄆㄧㄣˋ）：鳥獸的雌性。牡：鳥獸的雄性。

【譯文】

　　古時候，夏桀、商紂魁梧英俊，被視為才智過人的人材，力大無窮，勇猛過人，足可對抗上百人。可是身遭殺戮，國家敗亡，成為天下最可恥的人，後代人說到壞人壞事，就一定拿他們為例證。這並不是容貌造成的禍患，而是由於孤陋寡聞，言論所為的事極其卑下所造成的啊！

　　當今，社會上犯上作亂的人，窮鄉僻壤中的輕薄之徒，沒有不美麗、妖豔的，他們穿著奇裝異服，打扮得如同婦女一般，情感、言行舉止所表現的神態都酷似女子。婦女沒有一個不希望能得到這樣的人做丈夫，未出嫁的女子沒有一個不希望能得到這樣的人做未婚夫，拋棄自己的親人、家庭而想與他們私奔的女人比肩接踵。但是一般的國君以有這樣的人作為臣子而感到羞恥，一個普通的父親以有這樣的兒子而感到羞恥，一個普通的兄長以有這樣的弟弟而感到羞恥，一個普

通人以有這樣的朋友而感到羞恥。有朝一日，這樣的人被官吏捆綁了去在熱鬧的集市中殺頭，他們無不呼天搶地號啕大哭，都痛心傷感自己今天的下場而後悔自己當初的行為。這並非容貌造成的禍害，而是由於孤陋寡聞，言論所為極其卑下所造成的啊！既然這樣，那麼在以形態相貌論人與以思想行為論人，兩者間你們認為哪種觀點正確呢？

　　人有三種不善的事：年幼的不肯侍奉年長的，卑賤的不肯侍奉尊貴的，不賢的不肯侍奉賢能的。人有三種必然會陷於困窘的行為：當上司的不能愛護下屬，做下屬的喜歡非議上司，這是人必然陷於困窘的第一種情況；當面不順從，背後又欺騙譭謗，這是人必然陷於困窘的第二種情況；知識淺陋，德行不厚，辨別是非、善惡的能力又與別人相差懸殊，但對仁德的人不能舉薦，對足智多謀的人不能尊崇，這是人必然陷於困窘的第三種情況。人如有這種行為，當君王的必然危險，做臣民的必然滅亡。詩云：「大雪紛飛滿天飄，太陽出來便融消。人卻不肯自引退，在位經常要驕傲。」就是說的這種情況。

　　人之所以成為人，是因為什麼呢？答曰：因為人對各種事物有辨別明察的能力。饑餓時想要吃東西，寒冷時想要暖和，勞累了想要休息，愛好利益，厭惡禍害，這些都是人生下來就有的本性，無須學習就是這樣的，它們是與禹、桀所相同的。然而人之所以成為人，並非只是因有兩隻腳而身上沒有長毛，而是因為人對各種事物有辨別明察的能力。現在的猩猩，形狀與人相似，也有兩隻腳，但是君子喝牠的肉羹，吃牠的大塊的肉。所以人之所以成為人，並非只是因他有兩隻腳而身上沒有長毛，而是因為人對各種事物有辨別明察的能力。禽獸有父子關係但沒有父子之間很深厚的感情，有雌雄之分但沒有男女之間的界限區別。所以人的道德規範的根本在於對於各種事物都有界限區別。

【延伸閱讀】

　　迷信是統治愚民的手段之一，在科技不發達的時代，統治者往往會利用人們的迷信，來達到他們不可告人的目的。西門豹就將計就計地剷除了這樣的一撮人。

　　魏文侯時，任命西門豹為鄴縣縣令。他一到任上，便請來該縣年紀既長，又為眾人所尊敬的長者，向他們詢問鄴縣的情況，瞭解百姓的生活狀態。

　　長老們見西門豹態度誠懇，就異口同聲地說：「近些年來，鄴縣因河神娶妻之事，已經害苦了百姓。」

　　西門豹趕緊追問具體情形，長老們又說：「鄴縣的長官、屬吏無端加重老百姓的賦稅，所得超過數百萬之多。他們用從老百姓那裡搜刮來的二、三十萬給河神娶媳婦用，其餘的民脂民膏，就被這些官吏和主持儀式的巫婆一起瓜分了。」

　　西門豹對類似的事情聞所未聞，就問長老們給河神娶妻的經過。

　　長老們說：「當錢財搜刮來後，官府就叫巫婆四處尋訪，只要看到一般老百姓誰家有長得美貌的女孩子，就說應該做河神的老婆，隨即下禮聘娶。

　　「該女子被選中後，即被他們接來，替其洗浴身體，為她做一些好的衣服，然後令她單獨居住。

　　「繼而，人們在河上建造一間漂亮小巧的房子，把女孩安置在小屋內，四周用絲綢圍起來。有美酒佳餚供其食用。

　　「這樣過了十多天，大家又將該女子精心打扮一番，就像是打扮新嫁娘一般。然後，他們為女孩準備一張精美的床，床上鋪設美麗的睡席。讓女孩端坐在床席上，順著水流往下漂。剛開始的時候，床席和女子尚漂浮在河面上，但行出不遠，便漸漸地被河水淹沒了。」

　　西門豹越往後聽，眉頭緊鎖得越厲害，不料眾長老又接著說：

　　「此後，只要是家中有女兒的人家，惟恐女兒被負責給河神娶妻的巫師首領看中，於是就用重金賄賂巫師。而家裡沒有錢的人家，萬般無奈之下，只得帶著女兒遠遠地逃離家園。所以，很長一段時間以來，鄴縣已經窮困不堪、人煙稀少了。

　　「在鄴縣，廣泛流傳著這樣的話，不給河神娶妻，會令河神發怒，但洪災一來，已無人可淹了。」

　　西門豹表面上不動聲色，只是對眾長老說：「到給河神娶媳婦的那

天，請鄴縣的長官、屬吏、巫師一同到河岸上相送。到時別忘了通知我一聲，我也前去相送。」

眾長老不知新來的縣令葫蘆裡賣的是什麼藥，只得答應了西門豹的要求，然後告辭離開。

到了那一天，西門豹如約趕往河岸邊，前來相送的除了鄴縣所有的官吏、富豪、長老之外，還有爭相來看熱鬧的數千百姓。

西門豹在人群裡，發現了主持儀式的巫師。站在前面的是一位七十多歲的老婦人，在她身後，站著十來個穿著特異服裝的女弟子。

西門豹對屬下說：「請將河神的媳婦帶來讓我看一下，看看到底長得如何。」

人們從帷幕裡帶出那位即將送到河上的年輕女子，西門豹湊上去仔細看了一會兒，轉頭對一旁的官吏、巫師及長老們說：「這個女子長得也太醜了些，怎麼能獻給河神為妻呢？麻煩大巫師去跟河神說一聲，就說此女太醜，待尋訪到長得漂亮的女子後，馬上給他老人家送去。」

西門豹的屬下立即過來，將大巫師抬起，投入滾滾的河水之中。

過了一會兒，河面上沒有任何動靜，西門豹又大聲說：「大巫師怎麼去了這麼久都沒有回來呢？讓一個弟子去看一下吧！」

屬下隨即將一名巫師弟子投入河水中。

又過了一會兒，河面上仍無反應。西門豹說：「這師徒二人的行動怎麼這樣緩慢，再叫一個弟子去催一下吧！」

又有一名弟子被投入河中。

如此這般，一共投下了數名巫師弟子，但情形依舊。西門豹又說：「也許是大巫師和弟子都是女人的緣故，不能把事情對河神講清楚。」於是回頭對三位官吏說：「還是麻煩你們走一趟吧。」

三位官吏被投入到河裡之後，西門豹從後背抽出扇子，打開扇子遮於耳旁，俯身傾聽河裡動靜，神情極為肅穆。站在一旁的其他人，早已是膽戰心驚，汗如雨下。

又過了許久，西門豹正身肅立，神情莊重地對其餘官吏說：「所有下去的人都不上來，這如何是好呢？我看還是從你們之中推選一人出

來，到下面去看一下吧！」

　　所有的官吏和長者都嚇得面如死灰，隨即全部跪倒在西門豹面前。他們已經嚇得說不出話來，只顧著連連叩頭，很多人甚至磕頭磕得頭破血流。

　　西門豹說：「不然這樣吧，我們姑且再等一會兒。」

　　伏在地上的人，心中七上八下，仍磕頭不止。

　　又過了一會兒，西門豹轉身說：「好了，大家都起來吧，看今天的情形，恐怕是河神設下酒宴款待他們，他們喝醉酒後回不來了。我們大家暫且回去等候河神的答覆吧！」

　　為河神娶妻的鬧劇草草收場，但自此以後，再也沒有人敢提為河神娶妻的事情了。

　　西門豹藉此大加整治鄴縣，美名被天下人爭相傳誦。

三、辨莫大於分，分莫大於禮

【原文】

辨莫大於分[1]，分莫大於禮，禮莫大於聖王。聖王有百，吾孰法焉[2]？故曰：文久而息[3]，節族久而絕[4]，守法數之有司極禮而褫[5]。故曰：欲觀聖王之跡，則於其粲然者矣[6]，後王是也。彼後王者，天下之君也，舍後王而道上古，譬之是猶舍己之君而事人之君也。故曰：欲觀千歲則數今日；欲知億萬則審一二；欲知上世則審周道；欲知周道則審其人所貴君子。故曰：以近知遠，以一知萬，以微知明，此之謂也。

夫妄人曰[7]：「古今異情，其所以治亂者異道。」而眾人惑焉。彼眾人者，愚而無說，陋而無度者也[8]。其所見焉，猶可欺也，而況於千世之傳也！妄人者，門庭之間[9]，猶可誣欺也，而況於千世之上乎！

聖人何以不可欺？曰：聖人者，以己度者也。故以人度人，以情度情，以類度類，以說度功[10]，以道觀盡[11]，古今一也。類不悖[12]，雖久同理，故鄉乎邪曲而不迷[13]，觀乎雜物而不惑，以此度之。五帝之外無傳人[14]，非無賢人也，久故也；五帝之中無傳政，非無善政也，久故也；禹、湯有傳政而不若周之察也[15]，非無善政也，久故也。傳者久則論略，近則論詳。略則舉大，詳則舉小。愚者聞其略而不知其詳，聞其小而不知其大也。是以文久而滅，節族久而絕。

凡言不合先王，不順禮義，謂之奸言，雖辯，君子不聽。法先王，順禮義，黨學者，然而不好言，不樂言，則必非誠士也。故君子之於言也，志好之，行安之，樂言之。故君子必辯。凡人莫不好言其所善，而君子為甚。故贈人以言，重於金石珠玉；觀人以言[16]，關於黼黻文章[17]；聽人以言，樂於鐘鼓琴瑟。故君子之於言無厭。鄙夫反是[18]，好其實不恤其文，是以終身不免埤汙傭俗[19]。故易曰：「括囊[20]，無咎無譽。」腐儒之謂也。

凡說之難[21]，以至高遇至卑，以至治接至亂，未可直至也，遠舉則病繆，近世則疾傭。善者於是閒也，亦必遠舉而不繆[22]，近世而不傭，

與時遷徙，與世偃仰㉓，緩急、嬴絀㉔，府然若渠匽，檃栝之於己也㉕，曲得所謂焉，然而不折傷。

【注釋】

①分：名分，名位及其應守的職分。②法：效法。

③文：指禮法條文。④節族：節奏。族：通「奏」。

⑤極：遠。褫（ㄔˇ）：解除廢弛。⑥粲然：明白，明亮。

⑦妄人：無知妄作的人。⑧度：揣測，考慮。

⑨門庭：門前空地，此比喻至近。

⑩說：學說。功：功勞，功績。

⑪盡：全部，都。⑫悖：違背，違反。

⑬鄉：通「向」，面向，朝著。邪曲：不正。

⑭五帝：相傳古代有五帝，其說不一。這裡指伏羲（太皞）、神農（炎帝）、黃帝、堯、舜。

⑮察：昭著，明顯。⑯觀：給人看。

⑰黼（ㄈㄨˇ）黻（ㄈㄨˊ）文章：古代禮服上的彩色花紋，黑白相間的叫黼，黑青相間的叫黻，青與白相配合為文，赤與白相配合為章。

⑱鄙夫：庸俗鄙陋的人。

⑲埤汙：指操行鄙惡。埤：通「卑」，低下。

⑳括：結，束。㉑說：用話勸說別人使聽從自己的意見。

㉒繆（ㄇㄧㄡˋ）：通「謬」，錯誤。㉓偃仰：猶俯仰，隨俗應付。

㉔嬴：通「贏」，滿，有餘。絀：此指不足。

㉕府：通「俯」。匽：通「堰」，壩。檃（ㄧㄣˇ）栝：彎曲竹木等使平直或成形的器具。

【譯文】

對各種事物都有界限和區別，沒有比確定名分更重要的了，確定名分沒有比遵循反映一定等級制度的禮法更重要的了，遵循禮法沒有比效法聖王更重要的了。聖王有數以百計，我們效法哪一個呢？答曰：禮法條文因年代久遠而湮沒無聞了，古樂的節奏因年代久遠而失傳了，

掌管禮法條文的官吏也因禮法制定的年代久遠而使禮法漸漸廢弛了。所以說，想要觀察聖王治理國家的政績，就要觀察其中最明白、明亮的聖王，這就是後王，所謂的後王就是當今統治天下的君王，放棄後王而去大談上古的聖王，這就像拋棄了自己的君主去侍奉別國的君主。所以說，想要觀察千年前的事，就要仔細審察今天的事；想要知道億萬件事，就要仔細研究一兩件事；想要知道上古的社會狀況，就要仔細研究周王朝治理國家的原則和方法；想要知道周王朝治理國家的原則和方法；就要審察他們所尊崇的君子。依照近世可以知道遠古，從一件事可以知道上萬件事，由細微之處可以知道事情的廣大。說的就是這種情況。

那些無知的人說：「古代與現代情況不一樣，古時安定，當今混亂，是因為古今治理國家的原則和方法不同。」一般人感到困惑不解，那些一般的人愚昧而不能辨說，淺陋而不能揣測考慮。他們親眼所見的，尚且可以欺騙他們，更何況那些千年前的傳聞呢！這些妄人的人，對眼前發生的事，尚且可以欺騙，更何況那些千年前的事呢！

聖人為什麼不可被欺騙呢？回答是：聖人是能根據自己的切身體驗去揣測、考慮事物的人。所以，他能根據現代人的情況去揣測、考慮古代人的情況，能根據現代人的情感去揣測、考慮古代人的情感，能根據現代的某類事物去揣測、考慮古代同類的事物，能根據流傳至今的學說去揣測、考慮古代人的偉業功績，能根據事物的普遍規律去觀察古代的一切，因為古代和現代的情況是一樣的。同類而不互相違背的事物，即使時間相隔久遠，但道理、規律是相同的，所以聖人面對邪辟不會被迷惑，觀察複雜的事物不會被蒙蔽，因為他能用道理、規律去衡量它們。在古代伏羲、神農、黃帝、堯、舜這五位帝王之前，沒有流傳到後世的名人，並非那時沒有賢德的人，只是時間久遠的緣故。在這五位帝王之中沒有流傳到後世的政事，並非那時沒有好的政績，只是時間久遠的緣故。夏禹、商湯都有政績流傳下來，但不如周朝的清楚詳細，並不是他們沒有好的政績，只是時間久遠的緣故。流傳的事時間久遠，那麼講起來就簡略，近代的事講起來就詳盡。簡略

的事就只能提及其大概，詳盡的事就可以列舉其細節。愚蠢的人聽到那簡略的事而不知其詳盡的細節，聽到那詳盡的事而不知其大概的情況。因此禮法條文因年代久遠而湮沒了，古樂的節奏因年代久遠而失傳了。

　　凡是言說不符合古代聖王之道，不遵循禮義的，叫做「奸言」，即使能言善辯，君子也不會聽從。效法古代聖王，遵循禮義，親近學者，可是不喜好談論它們，不樂於談論它們，就必定不是個真誠的學士。所以君子對於正確的言論，內心裡喜歡它，行動上完全遵循它，樂於談論它，所以君子一定要能言善辯。凡是人沒有不喜歡談論自己所喜好的東西，而君子更是如此。所以拿好話贈送給別人，比金石珠玉還貴重；把善言拿給別人看，比讓他看到色彩斑斕的衣服還要美好；讓人聽到好話，比讓他聽到鐘鼓琴瑟還要快樂。所以君子對於言談從不厭倦。庸俗鄙陋的人與此相反，他們只喜歡注重實惠而不顧及文采，因此一輩子免不了卑污、庸俗。所以《周易》說：「就像束住了的口袋，既沒有責怪，也沒有讚譽。」說的就是這種迂腐的儒生。

　　大凡勸學的難處是：用最高深的道理去對待那些最卑下的人，用最能將國家治理好的措施去接觸最可能把國家搞亂的人。不能直截了當達到目的，舉遠古的事容易出現瑕疵產生謬誤，舉近代的事又容易庸俗一般化。善於言談的人在這中間，一定要舉遠古的事不出現瑕疵產生謬誤，舉近代的事又不庸俗一般化，能隨著時代的發展而變動，隨著世俗的變化而巧妙地應付。是說得和緩些還是說得急切些，是說得多一些還是說得少一些，都能應付自如，如同阻攔流水的渠壩，矯正竹木的工具那樣控制自己，委婉地把所要說的話講給對方聽，但又不挫傷他。

【延伸閱讀】

　　人一生大致說來有四個時期：幼年時期、青年時期、壯年時期、老年時期。在各個階段，人的生理和心理都有一定差異，有些方面甚至非常顯著。表現在人的膚色上則有明暗不同的各種變化。這就如同一株樹，初生之時，色薄氣錐，以稚氣為主；生長之時，色明氣勃；到茂盛之時，

色豐而豔；及其老時，色樸而實。人與草木俱為天地之物，而人更鍾天地之靈氣，少年之時，色純而錐；青年之時，色光而潔；壯年之時，色豐而盛；老年之時，色樸而實，這就是人一生幾個階段氣色變化的大致規律。人的一生不可能有恒定不變的氣色，以此為準繩，就能辨證地看待人氣色的不同變化，以「少淡、長明、壯豔、老素」為參照，可免於陷入機械論的錯誤中去。

一般來講，仁慈厚道之人，有溫和柔順之色；勇敢頑強之人，有激奮亢厲剛毅之色；睿智慧哲之人，有明朗豁達之色。

齊桓公上朝與管仲商討伐衛的事，退朝後回後宮。衛姬一望見國君，立刻走下堂一再跪拜，替衛君請罪。桓公問她什麼緣故，她說：「妾看見君王進來時，步伐高邁，神氣豪強，有討伐他國的心志。看見妾後，臉色改變，一定是要討伐衛國。」

第二天，桓公上朝，謙讓地引進管仲。管仲說：「君王取消伐衛的計畫了嗎？」桓公說：「仲公怎麼知道的？」管仲說：「君王上朝時，態度謙讓，語氣緩慢，看見微臣時面露慚愧，微臣因此知道。」

齊桓公與管仲商討伐莒，計畫尚未發佈卻已舉國皆知。桓公覺得奇怪，就問管仲。管仲說：「國內必定有聖人。」桓公歎息說：「白天來王宮的役夫中，有位拿著木杵而向上看的，想必就是此人。」於是命令役夫再回來做工，而且不可找人頂替。

不久，東郭垂到來。管仲說：「是你說我國要伐莒的嗎？」他回答：「是的。」管仲說：「我不曾說要伐莒，你為什麼這麼說？」他回答：「君子善於策謀，小人善於臆測，所以小民私自猜測。」管仲說，「你從哪裡猜測的？」

他回答：「小民聽說君子有三種臉色：悠然喜樂，是享受音樂的臉色；憂愁清靜，是有喪事的臉色；生氣充沛，是將用兵的臉色。前些日子臣下望見君王站在台上，生氣充沛，這就是將用兵的臉色。君王歎息而不呻吟，所說的都與莒有關。君王所指的也是莒國的方位。小民猜測，尚未歸順的小諸侯唯有莒國，所以說此話。」

有這麼一類人，他們在其他方面的才能也許平平，但在鑑人心性方

面，卻一看就準，百不差一。他們善於品鑑人才，而且不是憑哪一點來鑑察，而是從心術、性情、氣質、品德、言語、行為、思想、形象等多方面考察，能夠考察得細緻入微，令人只有點頭，只有佩服。實際上，歷史上許多著名人物都是品鑑人才的高手。善於識別人才、選拔人才，是他們事業成功的祕訣。

春秋時期，梁國只是一個小國，但梁惠王雄心勃勃，想有一番大的作為，因此頻頻召見天下高人名士，像孟子等名士都是他的座上嘉賓。

有人多次向梁惠王推薦淳于髡，因此，梁惠王連召見他三次，每一次都摒退左右，與他傾心密談。但前兩次淳于髡都沉默不語，令梁惠王很難堪。事後梁惠王責問推薦人：「你說淳于髡有管仲、晏嬰的才能，哪裡是這樣！要不就是我在他眼中是一個不足與言的人。」

那人以此言問淳于髡，淳于髡笑笑，說：「確實如此。我也本想與梁惠王傾心交談。但在第一次，梁王臉有驅馳之色，想著驅馳奔跑一類的娛樂之事，所以我就沒說話。第二次，梁王臉有享樂之色，想著聲色一類的娛樂之事，所以我也沒有說話。」

那人將此話告訴梁惠王，梁惠王大吃一驚，嘆服淳于髡有聖人之明。據梁惠王自供，第一次與淳于髡相見，恰有人送上一匹駿馬，梁惠王躍躍欲試。第二次，恰有人獻上一組新曲和舞女，他急著想去聽。

後來他們安排了第三次見面，連談三晚，淳于髡最終沒有接受梁惠王的相國之職。

四、度己則以繩‧接人則用抴

【原文】

　　故君子之度己則以繩，接人則用抴①。度己以繩，故足以為天下法則矣。接人用抴，故能寬容，因眾以成天下之大事矣。故君子賢而能容罷②，知而能容愚‧博而能容淺，粹而能容雜，夫是之謂兼術。詩曰：「徐方既同，天子之功。」此之謂也。

　　談說之術：矜莊以蒞之，端誠以處之，堅強以持之，譬稱以喻之，分別以明之，欣驩芬薌以送之③，寶之，珍之，貴之，神之，如是則說常無不受。雖不說人④，人莫不貴，夫是之謂為能貴其所貴。傳曰：「唯君子為能貴其所貴。」此之謂也。

　　君子必辯，凡人莫不好言其所善，而君子為甚焉。是以小人辯而險，而君子辯言仁也。言而非仁之中也，則其言不若其默也，其辯不若其吶也⑤；言而仁之中也，則好言者上矣，不好言者下也。故仁言大矣。起於上所以道於下⑥，政令是也；起於下所以忠於上，謀救是也。故君子之行仁也無厭。志好之，行安之，樂言之，故言君子必辯。小辨不如見端⑦，見端不如見本分⑧。小辯而察，見端而明，本分而理。聖人、士君子之分具矣⑨。

　　有小人之辯者，有士君子之辯者，有聖人之辯者。不先慮，不早謀，發之而當，成文而類⑩，居錯遷徙⑪，應變不窮，是聖人之辯者也。先慮之，早謀之，斯須之言而足聽⑫，文而致實，博而黨正⑬，是士君子之辯者也。聽其言則辭辯而無統，用其身則多詐而無功，上不足以順明王，下不足以和齊百姓，然而口舌之均，噡唯則節⑭，足以為奇偉偃卻之屬⑮，夫是之謂奸人之雄。聖王起，所以先誅也。然後盜賊次之。盜賊得變，此不得變也。

【注釋】

　　①抴（一ˋ）：通「枻」，短槳，船工也用以接引乘客登舟。
　　②罷：軟弱無能。③驩：同「歡」。芬薌：芳香。薌：同「香」。

④說：通「悅」。⑤呐：同「納」。說話遲鈍或口吃。

⑥道：通「導」。⑦見（ㄒㄧㄢˋ）：同「現」，顯現。

⑧本分：恰如其身分地位。⑨分：名分，職分。⑩類：法。

⑪居錯：通「舉措」，舉起與安置，即採取措施，此指措辭。遷徙：變易。

⑫斯須：須臾，一會兒。⑬黨：通「讜」，直言。

⑭嚕（ㄓㄢ）：本作「詹」，亦作「譫」，話多。唯：唯諾，卑恭順從。節：猶「適」，恰好。

⑮偃卻：同「偃蹇」，傲慢。

【譯文】

　　所以君子用道德的準繩來要求自己，對人就像梢公用船槳接引乘客登舟那樣。用道德的準繩要求自己，所以完全能夠成為天下人效法的榜樣。對人就像梢公用船槳接引乘客登舟那樣誠心，所以能夠寬容對人，也就能依靠眾人來成就治理天下的大業了。所以君子有才能、德行好而能容納無能的人，聰明而能容納愚昧的人，博學多聞而能容納孤陋寡聞的人，品德純潔而能容納品行駁雜的人，這就叫做相容並蓄。《詩》云：「徐國已經來歸順，這是天子的功勞。」就是說的這個道理。

　　言談的方法是：以慎重嚴肅的態度面對被勸說的人，以端正真誠的心對待他，用堅定剛強的意志扶持他，用比喻稱引的方式開導他，用分析辨別的方法使他明瞭，熱情和氣地贈送給他，使自己所講的話顯得寶貴、珍異、重要、神妙。像這樣那麼自己所講的往往不會不被接受，即使不討人喜歡，人們也沒有不尊重的，這叫做使自己所崇尚的東西得到崇尚。古書上說：「只有君子才能使自己所崇尚的東西得到崇尚。」就是說的這種情況。

　　君子一定是能言善辯的，凡是人沒有不喜歡談論自己所喜好的東西，而君子更是如此。小人講的是險詐的事，而君子辯說講的是仁愛之道。說起話來與仁愛之道不合，那麼他能言善辯還不如他沉默不語，他能言善辯還不如他笨嘴拙舌。說起話來合乎仁愛之道，那麼喜好言

談的人就是上等的，不喜好言談的人就是下等的。所以合乎仁愛之道的言論很重要。產生於君主而指導臣民的，就是政策與命令；來自於臣民而用來效忠於君主的，就是建議與規勸。所以君子奉行仁愛之道從不厭倦，心裡喜歡它，行動上完全遵循它，樂於談論它，所以說君子一定是能言善辯的。辯論細節不如找出其頭緒，找出頭緒不如確定固有的名分。辯論細節能查出問題，找出頭緒能明白清楚，抓住固有的名分能得到辯說的根本意義，聖人、士君子的身分就具備了。

有小人的辯說，有士君子的辯說，有聖人的辯說。不預先考慮，不早作謀劃，講出來就很得當，有文采又符合禮法，措辭、變化話題，都能隨機一一應對而不會窮於應答，這是聖人的辯說；預先考慮，及早謀劃，片刻的言談也值得一聽，既有文采又非常實在，既淵博又是正直的話，這是士君子的辯說。聽他講話言辭善辯但沒有系統，任用他做事則詭詐多端而無成效，對上不能順從英明的帝王，對下不能和百姓和諧一致。可是他講話得體，或口若懸河，滔滔不絕，或唯唯諾諾，調節恰當，是以靠辯說而自高自大和傲慢，這種人可說是奸雄。聖王當權，首先要殺掉這種人，然後再懲處盜賊。盜賊還能夠轉變，而這種人是不可能轉變的。

【延伸閱讀】

「氣」和「色」是中國古代哲學獨有的概念。「氣」，既是指生命體內流轉不息的綜合性物質，又是指生命的原動力，或稱生命力。它無形無質，無色無味，卻是一種實實在在的客觀存在，在體內如血液一樣流動不息，氣旺者可外現，能為人所見。而「色」則是「氣」的外在表現形式之一。它是顯現於人體表面的東西，就人體而言，就是膚色。人們日常說某某人面部發黑，有不順之事，就是指色而言。中國醫學都認為，「氣」與「色」密不可分，「氣」為「色」之根，「色」為「氣」之苗，「色」表現著「氣」，「氣」決定著「色」。「氣」又分為兩種，一為先天所稟之「氣」，一為後天所養之「氣」，即孟子所說的「我善養吾浩然之氣」。「氣」概如此，「色」自然也有先天所稟之「色」與後天所養之「色」的區別。古人把「氣」和「色」這兩個哲學概念拿來

判斷人的優劣。「氣色」既有後天所養者，它們一定是在不斷運動變化的，所以又有「行年氣色」之說。

扁鵲是戰國時代著名的醫生，技藝高超，有起死回生的本領。有一次他路經齊國，蔡桓公知道後，便派人以賓客之禮接待他。

一見到蔡桓公，扁鵲立即對他說：「據我的觀察，您已經生病了，不過好在病症只在於皮肉交會之間，若能及早醫治，就不會有危險。」

可是蔡桓公笑了笑說：「我沒有病。」

等扁鵲離開後，他還對左右說：「沒想到扁鵲這個名醫，竟為了想謀利，而誣指一個健康的人有病。」

過了五天，扁鵲又來請見，向蔡桓公說：「您的疾病已蔓延到了血脈，如不醫治，會十分嚴重。」但蔡桓公不信，還是回說他沒有病。又過了五天，扁鵲再度向蔡桓公說：「您的病變已經侵入內臟了，若再不醫治，恐怕將十分危險。」

這時蔡桓公有點兒不高興了，認為扁鵲又來危言聳聽，於是不理睬他。

再過五天之後，扁鵲前去求見蔡桓公，一見到他，扁鵲一句也不多說，急忙告退。蔡桓公覺得很納悶，便派人去詢問扁鵲退走的原因。

扁鵲說：「病情在皮肉之間時，用推拿就可以治好；病情在血脈之中時，用針砭就可以治好；若病情進入臟腑之內，用藥方慢慢調理，也可以治好。但如今桓侯的病情已深入骨髓裡，就是連掌管生命的神，也要束手無策，又何況是我呢？因此索性也不勸他再醫治了。」

果然五天後，蔡桓公臥病在床，命人趕快去請扁鵲來救治時，扁鵲已經離開了齊國。最後蔡桓公一病不起，溘然長逝了。

真正有功力的中醫，從一個人的氣色、眼神等處就可以知道這個人的身體狀況，譬如扁鵲。這裡講的色，是一個人的面色；氣，是生命力的一種表現和稱謂。氣還是道家修練的一個術語。圍棋中也講「氣」，棋子如果無氣，意味著死亡；人如果無氣，也就歸於黃泉了。

第五章

儒效①

始乎誦經，致誠慎獨

一、大儒之效

【原文】

大儒之效：武王崩，成王幼，周公屏②成王而及③武王以屬④天下，惡天下之倍⑤周也。履⑥天子之籍⑦，聽天下之斷，偃然⑧如固有之，而天下不稱貪焉。殺管叔，虛⑨殷國，而天下不稱戾焉。兼制天下，立七十一國，姬姓獨居五十三人，而天下不稱偏焉。教誨開導成王，使諭於道，而能揜跡於文、武。周公歸周，反籍⑩於成王，而天下不輟事周，然而周公北面而朝之。天子也者，不可以少當也，不可以假攝⑪為也。能則天下歸之，不能則天下去之。是以周公屏成王而及武王以屬天下，惡天下之離周也。成王冠⑫，成人，周公歸周反籍焉，明不滅⑬主之義也。周公無天下矣。鄉有天下，今無天下，非擅也；成王鄉無天下，今有天下，非奪也，變勢次序節然也。故以枝代主而非越也⑭，以弟誅兄而非暴也⑮，君臣易位而非不順也。因天下之和，遂文武之業，明枝主之義，抑亦變化矣，天下厭然⑯猶一也。非聖人莫之能為，夫是之謂大儒之效。

秦昭王問孫卿子⑰曰：「儒無益於人之國？」孫卿子曰：「儒者法先王，隆禮義，謹乎臣子而致貴其上者也。人主用之，則勢在本朝而宜；不用，則退編⑱百姓而愨，必為順下矣。雖窮困、凍餧，必不以邪道為貪。無置錐之地，而明於持社稷之大義。嚾呼而莫之能應，然而通乎財萬物，養百姓之經紀⑲。勢在人上，則王公之材也；在人下，則社稷之臣，國君之寶也。雖隱於窮閻漏屋⑳，人莫不貴之，道誠存也。仲尼將為司寇，沈猶氏不敢朝飲其羊，公慎氏出其妻，慎潰氏逾境而徙，魯之粥牛馬者不豫賈，必蚤㉑正以待之也。居於闕黨，闕黨之子弟罔不分㉒，有親者取多，孝弟以化之也。儒者在本朝則美政，在下位則美俗。儒之為人下如是矣。」

王曰：「然則其為人上何如？」孫卿曰：「其為人上也廣大矣！志意定乎內，禮節修乎朝，法則、度量正乎官，忠、信、愛、利形乎下。行一不義，殺一無罪，而得天下，不為也。此君義信乎

人矣，通於四海，則天下應之如讙㉓。是何也？則貴名白㉔而天下願㉕
也。故近者歌謳而樂之，遠者竭蹙㉖而趨之。四海之內若一家，通達之
屬，莫不從服，是之謂人師㉗。詩曰：『自西自東，自南自北，無思不
服。』此之謂也。夫其為人下也如彼，其為人上也如此，何謂其無益
於人之國也？」昭王曰：「善！」

　　先王之道，仁之隆也，比㉘中而行之。曷謂中？曰：禮義是也。道
者，非天之道，非地之道，人之所以道也，君子之所道也。

　　君子之所謂賢者，非能遍能人之所能之謂也；君子之所謂知者，
非能遍知人之所知之謂也；君子之所謂辯者。非能遍辯人之所辯之謂
也；君子之所謂察者，非能遍察人之所察之謂也，有所止㉙矣。相高下
㉚，視墝㉛肥，序五種㉜，君子不如農人；通財貨，相美惡，辯貴賤，
君子不如賈人；設規矩，陳繩墨，便備用㉝，君子不如工人；不恤㉞是
非、然不然之情，以相薦撙㉟，以相恥㊱怍，君子不若惠施、鄧析。若
夫謫德㊲而定次，量能而授官，使賢不肖皆得其位，能不能皆得其官，
萬物得其宜，事變得其應，慎、墨不得進其談，惠施、鄧析不敢竄其
察，言必當理，事必當務，是然後君子之所長也。

【注釋】

　　①儒效：這篇文章透過論述「大儒」與「俗儒」，著重闡述了大儒
的社會效用以及怎樣才算是一個大儒。

　　②屏：屏棄。③及：兄死弟繼為及。④屬：統屬，統治。

　　⑤倍：通「背」，背叛。⑥履（ㄌㄩˇ）：踐，登上。

　　⑦籍：位。⑧優然：安然。⑨虛：使成廢墟。

　　⑩反籍：歸還王位。⑪假攝：代行職權。

　　⑫冠：古代男子二十歲時施行加冠禮，表示成人。

　　⑬滅：通「蔑」，蔑視。

　　⑭枝：枝子，指嫡長子以外的兒子。周公是武王之弟，故稱枝子。越：
僭越。

　　⑮誅兄：指殺管叔。⑯厭然：安然，指社會安定不亂。

　　⑰秦昭王：即秦昭襄王，名稷，戰國時秦國的國君。孫卿子：即荀況。

　　⑱編：編戶，戶口編列在名冊上。餧（ㄨㄟˋ）給人或牲口吃東西。

⑲財：通「裁」，管理。經：綱紀。

⑳閭：通「巷」。漏：同「陋」。㉑蚤：通「早」。

㉒罔：通「網」。不：通「罘」（ㄈㄨˊ），捕獸的工具。罔不分：分配捕獲的魚獸。

㉓讙（ㄏㄨㄢ）：通「喧」、「誼」，形容齊聲回答。

㉔白：明顯。㉕願：仰慕。原為「治」，據文義改。

㉖竭蹶：形容用盡全力，不辭勞苦。

㉗師：表率，楷模。㉘比：順，按照。

㉙止：限度，原為「正」，據文義改。

㉚相：觀察。相高下：察看田地地勢的高低。

㉛墝（ㄑㄧㄠ）：貧瘠的土地。

㉜序：次序，安排。五種：黍、稷、豆、麥、麻。

㉝備用：指工具和器具。

㉞恤：顧慮。㉟薦：通「踐」，踐踏。撙：挫抑、壓抑。

㊱怍（ㄗㄨㄛˋ）：慚。

㊲譎（ㄐㄩㄝˊ）德：判斷其德行之大小。譎：比較，判斷。

【譯文】

　　大儒的作用：周武王死了，太子成王年紀還小，周公旦撇開成王，繼承武王的事業而統治天下，這是擔心天下的人會趁成王年幼背叛周朝。周公登上了天子的地位，處理天下政事，安然自在，好像這王位本來就屬於周公旦的，可是天下的人並不認為周公貪取王位。周公又把鼓動殷遺民叛亂的管叔殺了，使殷國都城成了廢墟，可是天下的人並不認為這是暴戾的行為。周公全部控制天下，把天下分為七十一國，諸侯國姬姓的佔了五十三國，但天下的人並不認為這是偏私。周公教導成王，使他懂得治國之道，而且能繼承周文王和周武王的事業。周公把周朝的天下歸還給成王，可是天下諸侯並沒有終止臣服於周，周公也回到臣位，朝拜成王。天子，不能由年幼的人來承擔，也不能由他人代行其事。能勝任天子職位的人，天下的人就會歸順他，不能勝任，天下的人就會悖離他。所以，周公撇開成王，繼承武王的事業而

統治天下，這是深恐天下的人會悖離周朝。成王到二十歲時，已成年了，周公把周朝的天下和王位歸還給成王，這是為了表明繼承王位不能違背嫡長子繼承制的禮義法度。周公過去掌握天下的政權，現在沒有了，這不叫禪讓。成王以前沒有掌握天下的政權，現在有了，這不叫篡奪。地位次序的變化就是這樣啊！所以，用嫡長子以外的「枝子」代替嫡長子的王位這不算超越禮規，弟弟誅殺兄長不能算殘暴，周公與成王互易其位，這也不是不順從禮法。憑藉天下安定祥和的局面，完成了文王和武王的功業，表明「枝子」和嫡長子之間的禮義，雖然有了這樣的變化，天下仍安然跟從前一樣。這非聖人不能做到，這就是大儒的作用。

　　秦昭王問孫卿子道：「儒家對治理國家有沒有好處呢？」孫卿子答道：「儒者效法古代聖王，尊崇禮義，謹慎地做臣子。能使君主受人尊重。君主任用他，他在朝廷內會做一個稱職的臣子。不任用他，他就退居民間，編入戶籍冊中，做一個誠實、順服的老百姓。即使貧困，受凍挨餓，一定不會用歪門邪道去謀取不義之財。貧窮得沒有安身之處，也明瞭維護國家大義。他的呼聲沒有誰回應，但是他通曉管理萬物、撫育百姓的綱紀。如果地位在人之上，就能成為天子、諸侯之材；地位在人之下，則是國家的棟樑之臣、國君的珍寶。即使隱居在窮困的街巷和破舊的房子裡，人們也沒有不尊重他的，因為他身上確實具有高尚的道德。

　　孔子將出任魯國的司寇時，奸商沈氏不敢在早晨把羊餵飽飲足上市出售，怕老婆的公慎氏休棄了淫亂的妻子，窮奢極欲的慎潰氏也越過魯國國境逃走了，在魯國出售牛馬的商人，不再以欺騙手段抬高價格，他們必定提早亮出正價等待顧客。孔子住在家鄉闕黨時，闕黨子弟將捕獲的魚獸進行分配，子弟中有父母的人就分得多一些。這是因孔子用孝悌來教化他們。儒者在朝廷任職，就能使朝政完善，作為老百姓時，能使風俗淳樸。儒者作為臣民的時候就是如此。

　　秦昭王說：「那麼，儒者地位在人之上又怎樣呢？」孫卿子答道：「儒者在人之上，那作用可就更大了！內心有堅定的意志，用禮義制

度修治朝廷，用各種度量標準來整頓官府，使忠誠、信實、仁愛、利他的品德在百姓中蔚然成風。絕不為了獲得天下做一件不合禮義的事情，錯殺一個無罪的人。這種禮義如果受到人們的信用，傳遍四海，那麼天下的人就會齊聲回應他。這是為什麼呢？就因為他尊貴的名聲使天下的人仰慕。所以處在他近處的人會歌頌他、歡迎他；處在遠處的人將不辭辛勞去投奔他。這樣，四海之內如同一家人，凡是舟車、人跡達到的地方，沒有誰不服從，這就叫為人楷模。《詩經》上說：『從西到東，從南到北，沒有不順服的。』就是說的這個意思。他們處在人之下是那樣，處在人之上是這樣，怎麼說這些大儒對於治理國家沒有好處呢！」昭王說：「妙！」

古代聖王之道，是「仁」的最高展現，是按照恰當的標準而行動的。什麼叫做恰當的標準呢？就是禮義。這個「道」，不是指天、地的道，而是人們應該遵循的原則，君子應遵循的原則。

君子所說的「賢」，並不是說能全面做到每個人所能做到的一切事情；君子所說的「智」，並不是說能夠全面知道每個人所知道的知識；君子所說的「辨」，並不是說能夠全面明辨每個人所能明辨的事物；君子所說的「察」，並不是說能夠全面明察每個人所能明察的問題。上述賢智辨察都是有一定的限度的。觀察地勢的高低，識別土質的貧瘠肥沃，按順序安排黍、稷、豆、麥、麻的種植，君子在這些方面就比不上農民；流通財貨、鑑定貨物的優劣，爭討價格的高低，君子在這些方面就比不上商人；設置圓規曲尺，陳設墨線墨斗，熟練運用工具，君子在這些方面就比不上工人；不顧是非的實際情況，相互踐踏、踩壓、譏羞，君子在這些方面就比不上惠施、鄧析。至於判斷一個人的德行而確定他的等次，衡量人的才能而授予一定的官職，讓有德的人和沒有德的人都能各得其所，有才能的和沒有才能的人都能得到相應的官職，萬物都能得到適宜的處置，事情能順應突然變化，即使慎到和墨翟也無法發表他們的議論，惠施、鄧析不能滲透他們的詭辯，說話一定要符合道理，做事符合要求，做這些才可以算是君子的特長。

【延伸閱讀】

　　周公是儒家學派推崇的人物之一，孔子曾經哀歎自己沒有夢見周公很久了，並據此來推斷自己將不久於世。那麼，周公到底有什麼樣的人格魅力呢？

　　成王年紀小，周朝又剛剛平定天下，周公擔心諸侯背叛周朝，就代理成王管理政務，主持國事。管叔、蔡叔等弟兄懷疑周公篡位，聯合武庚發動叛亂，背叛周朝。周公奉成王的命令，平復叛亂，誅殺了武庚、管叔，流放了蔡叔。讓微子繼承殷朝的後嗣，在宋地建國。又收集了殷朝的全部遺民，封給武王的小弟弟封，讓他做了衛康叔。晉唐叔得到一種二苗同穗的禾穀，獻給成王。成王又把它贈給遠在軍營中的周公。周公在東方接受了米穀，頌揚了天子賜禾穀的聖命。起初，管叔、蔡叔背叛了周朝，周公前去討伐，經過三年時間才徹底平定，所以先寫下了《大誥》，向天下陳述東征討伐叛逆的大道理。接著又寫下了《微子之命》，封命微子繼續殷後。寫下了《歸禾》、《嘉禾》，記述和頌揚天子贈送嘉禾。寫下《康誥》、《酒誥》、《梓材》，下令封康叔於殷，訓誡他戒除嗜酒，教給他為政之道。這些事件的經過記載在《魯周公世家》中。周公代行國政七年，成王長大成人，周公把政權交還給成王，自己又回到群臣的行列中去。

　　當初，成王幼小時，有病了，周公就剪下自己的指甲沉入河中，向神禱告說：「王年幼沒有主張，冒犯神命的是旦。」也把那祈禱冊文藏於祕府，成王的病果然痊癒。到成王臨朝後，有人說周公壞話，周公逃亡到楚國。成王打開祕府，發現周公當年的祈禱冊文，感動得淚流滿面，即迎回周公。

　　周公在豐京患病，臨終時說：「一定要把我埋葬在成周，以表明我不敢離開成王。」周公死後，成王也謙讓，最後把周公葬於畢邑，伴隨文王，來表示成王不敢以周公為臣。周公去世那年秋後，莊稼尚未收割，一場暴風，禾稼倒伏，大樹連根拔起。王都的人十分害怕。成王和眾大夫穿好朝服打開金縢之書，看到周公願以己身代武王去死的冊文。太公、召公和成王於是問史官和有關人員，他們說：「確有此事，但過去周公命令我們不許說出去。」成王手執冊文而泣，說：「今後不要再篤行占

卜了！過去周公為王室辛勞，但我年幼不理解。現在上天發威來彰明周公之德，我應設祭迎其神，亦合於我們國家之禮。」成王於是舉行郊天之禮，果真天下雨，風向反轉，倒伏之禾全部立起。太公、召公命國人，凡倒下的大樹都扶起培實土基，當年大豐收。於是成王特准魯國可以行郊天和廟祭文王之禮。魯國所以有周天子一樣的禮樂，是因為褒獎周公的德行啊！

二、有益於理者，立之

【原文】

　　凡事行，有益於理者立之，無益於理者廢之，夫是之謂中事。凡知說，有益於理者為之，無益於理者舍之，夫是之謂中說。事行失中謂之奸事，知說失中謂之奸道。奸事、奸道，治世之所棄而亂世之所從服也。若夫充虛之相施易也①，「堅白」、「同異」②之分隔也，是聰耳之所不能聽也，明目之所不能見也，辯士之所不能言也，雖有聖人之知，未能僂指③也。不知，無害為君子；知之，無損為小人。工匠不知，無害為巧；君子不知，無害為治。王公好之則亂法；百姓好之則亂事。而狂惑戇陋④之人，乃始率其群徒，辯其談說，明其辟稱⑤，老身長子⑥，不知惡也。夫是之謂上愚，曾不如相雞狗之可以為名也。詩曰：「為鬼為蜮，則不可得！有覥面目，視人罔極。作此好歌，以極反側。⑦」此之謂也。

　　我欲賤而貴，愚而智，貧而富，可乎？曰：其唯學乎！彼學者，行之，曰士也；敦慕⑧焉，君子也；知之，聖人也。上為聖人，下為士君子，孰禁我哉！鄉也，混然⑨塗之人⑩也，俄而並乎堯、禹，豈不賤而貴矣哉！鄉也，效⑪門室之辨，混然曾不能決也，俄而原⑫仁義，分是非，圖回⑬天下於掌上而辨白黑，豈不愚而知矣哉！鄉也，胥靡⑭之人，俄而治天下之大器舉在此，豈不貧而富矣哉！今有人於此，屑然藏千溢之寶⑮，雖行貳⑯而食，人謂之富矣。彼寶也者，衣之，不可衣也；食之，不可食也；賣之，不可僂售⑰也。然而人謂之富，何也？豈不大富之器誠在此也？是杅杅⑱亦富人已，豈不貧而富矣哉！

　　故君子無爵而貴，無祿而富，不言而信，不怒而威，窮處而榮，獨居而樂，豈不至尊、至富、至重、至嚴之情舉積此哉！故曰：貴名不可以比周⑲爭也，不可以夸誕⑳有也，不可以勢重脅也，必將誠此然後就也。爭之則失，讓之則至，遵道㉑則積，夸誕則虛。故君子務修其內而讓之於外，務積德於身而處之以遵道。如是，則貴名起如日月，天下應之如雷霆。故曰：君子隱而顯，微而明，辭讓而勝。詩曰：

「鶴鳴於九皋㉒，聲聞於天。」此之謂也。

　　鄙夫反是，比周而俞㉓少，鄙爭而名俞辱，煩勞以求安利其身俞危。詩曰：「民之無良，相怨一方。受爵不讓，至於己斯亡。」此之謂也。

　　故能小而事大，辟之是猶力之少而任重也，舍粹㉔折無適也。身不肖而誣賢，是猶傴身㉕而好升高也，指其頂者愈眾。胡明主譎德而序位，所以為不亂也；忠臣誠能然後敢受職，所以為不窮也。分不亂於上，能不窮於下，治辯㉖之極也。詩曰：「平平左右，亦是率從。」㉗是言上下之交㉘不相亂也。

【注釋】

　　①施：通「移」。相施易：相互轉化。

　　②堅白：戰國時名家公孫龍的一個重要命題，即「離堅白」。同異：戰國時名家惠施的一個重要命題，即「合同異」。

　　③僂（ㄌㄡˊ）指：屈指可數，指很快就能說明道理。

　　④戇（ㄍㄤˋ）陋：呆笨、愚蠢。

　　⑤辟：同「譬」，比喻。稱：稱引，引證。

　　⑥老身長子：自己衰老了，兒子也長大了，指一輩子。

　　⑦蜮：短狐，傳說能含沙射人。覥（ㄊㄧㄢˇ）：形容臉上的表情。

　　⑧敦慕：勤勉。⑨混然：混沌的樣子。

　　⑩塗之人：普通老百姓。⑪效：考察。

　　⑫原：探索其根源。⑬圖回：運轉。

　　⑭胥（ㄒㄩ）：空疏。靡：沒有。

　　⑮溢：同「鎰」，古代重量單位，二十四兩為鎰。

　　⑯貳（培）：乞、討。⑰僂：通「屢」，快速。

　　⑱杅杅（ㄩˊㄩˊ）：廣大，充足。⑲比周：結黨營私。

　　⑳誇誕：虛誇欺詐。㉑遵道：遵循正確的原則。

　　㉒皋（ㄍㄠ）：沼澤地。㉓俞：同「愈」，更加。下同。

　　㉔粹：通「碎」。

　　㉕傴（ㄩˇ）身：曲身駝背。身：原為「伸」，據文義改。

㉖辯：通「辨」，治。㉗率：順從，服從。

㉘交：皆，俱。

【譯文】

凡是做一件事情，對於原則有好處，就做；對於原則沒有好處的，就不做，這就叫做辦事正確。凡是知識學說，對於原則有好處的，就實行；對於原則沒有好處的，就捨棄，這就叫正確對待學說。辦事離開了正確的軌道，就叫奸邪之事；知識學說離開了正確的軌道，就叫奸邪之道。奸邪之事與奸邪之道，在安定的社會被人們厭棄，但在混亂的社會卻會有人隨從順服。至於虛實的相互轉化，「離堅白」、「合同異」之說的區分剖析，即使是耳聰的人也聽不明白，目明的人也看不出究竟，善辯的人也不能說清楚，即使具有聖人的智慧，也不能像彎曲指頭計數那樣輕易說得清。不懂得這些，無損於他是個君子。懂得這些，也不能說他不是個小人。工匠不懂得這些，無損於他成為能工巧匠；君子不懂得這些，無損於他治理國家大事。天子諸侯喜好奸事、奸道，就會作亂法度；老百姓喜好奸事、奸道，就會弄亂事情。狂妄糊塗呆笨愚蠢的人，帶領他們的徒眾，申辯他們的奇談怪論，並用譬喻和引證來闡明，即使到了人老了大之時也不知厭惡，這就叫做最愚蠢的人，還不如相雞識狗的人可以獲得的名聲。《詩經》上說：「鬼怪，還是妖精？無影無形看不清！你的面貌儼然是人，你的表現卻沒有定準。在此詠歌，揭穿你反覆無常的原形。」就是說的這個意思。

我想由卑賤變得高貴，由愚昧變得智慧，由貧困變得富有，可以嗎？回答道：大概只有學習吧！那些學習的人，能付諸實行的，叫做士，忠實仰慕的，就叫做君子，能理解它的實質的，就叫做「聖人」。既然上等的可成為聖人，次等的可成為士人君子，那麼誰能阻止我的願望呢？先前，還只是一個無知的普通百姓，頃刻間便可跟堯、禹齊名，這難道不是由卑賤變得高貴嗎！先前，專察門戶與房子的區別也稀裡糊塗不能做出決斷，頃刻間能探究仁義的根源，分辨是非，處理天下的大事像分辨手掌上黑白顏色那麼簡單，這難道不是由愚昧變得智慧嗎？過去一個一無所有的人，頃刻間治理天下的大權全部到了他

手中，這難道不是由貧困變得富有嗎？現在在此有這樣一個人，他貯藏有上千的金銀財寶，即使靠行乞生活，人們也會說他富有。那種財寶，不能夠穿，不能夠吃，又不能夠迅速出售。但是人們還是說他富有，這是為什麼呢？這難道不是因為巨大的財富確實在這裡嗎？這麼說，學識淵博也就成為富人了，這難道不是由貧困變得富有了嗎！

　　所以君子沒有官位也會高貴，沒有俸祿也會富有，不用說話也能取信於人，不用發怒也會有威嚴，處境窮困依然榮耀，處境孤獨仍然快樂，君子那些最高貴、最富有、最莊重、最嚴肅的情操難道不都是從學習中得來的嗎？高貴的名聲不能用結黨營私的方式去爭奪，不能靠虛誇欺詐的手段去佔有，也不能靠權勢地位的威脅去獲得，必定要靠真正刻苦學習才能得到。如果去爭奪名聲反而會失去，謙讓反而會得到，遵循「道」的原則就能保持高貴的名聲，虛誇欺詐就得不到高貴的名聲。所以，君子務必要致力於自身品德的修養，而在外在表現上要謙讓待人，務必要使高貴的品德積於自身，遵循「道」的原則來處世。這樣，高貴的名聲就有如日月那樣顯明，天下的人也將齊聲回應，如同雷鳴一般。所以說，君子隱居而名聲顯著，地位卑微卻榮耀顯赫，謙讓仍能勝過他人。《詩經》上說：「仙鶴在遙遠的沼澤引吭高歌，聲音響徹整個天空。」說的就是這個意思。

　　鄙賤的人與此相反，他們結黨營私求取名譽反而名譽更少。用不正當的手段爭奪名譽反而得到更為羞恥的名聲。以憂煩辛勞去求取安逸與利益，反而自身更加危險。《詩經》上說：「有些人不善良，總是埋怨另一方。受任官位不謙讓，涉及私利禮義忘。」說的就是這種人。

　　能力不大偏要做大事，譬如力量小偏要去挑重擔一樣，除了斷骨折腰再沒有別的出路了。自己的品德惡劣卻吹噓自己為賢人，就好像駝背的人總想著升高一樣，這樣，指著他的頭譏笑他的人就會更多。英明的君主根據人的德行按次序授予一定的官位，就是為了不亂等級名分。忠實的臣子確實有才能，然後才敢接受所任的職位，就是為了使自己不陷於困窘。君主安排等級名分不混亂，臣子按能力接受官職

不陷入窘境，這就是治理政事的最高境界了。《詩經》中說：「君主對左右的人都安排公正，那麼人人都會順從。」這就是說，上下的關係不會錯亂了。

【延伸閱讀】

品德高尚的人讓人敬仰，羊祜就是其中之一。他不僅令自己的百姓仰慕，也讓敵國的百姓懷念，這就十分難得了。峴山上的墮淚碑見證了這樣一個高尚的人。

巨平侯羊祜被改封為南城郡侯，羊祜堅決推辭不接受。羊祜被授予官職和爵位時，經常避讓，他的至誠之心遠近馳名，所以他被特別許可不接受分封他的官爵。羊祜經歷了兩代帝王，一直掌管關鍵的部門。凡是他參與謀劃商議的事情，他都會把草稿燒掉，不使世人知道。由羊祜舉薦而做了官的人，自己都不知道是誰舉薦的。羊祜常常說：「朝廷授人官職，但是卻讓別人向你個人謝恩，這樣的事情是我所不敢做的。」

羊祜致力於整治道德信義以使吳人歸順。每次與吳國交戰，都要約定日期才開戰，從不做乘其不備、突然襲擊的打算。將帥當中有要獻詭詐計謀的人，羊祜總是讓他喝甘醇的美酒，令其酒醉不能說話。羊祜的軍隊外出在吳境內行走，割了穀子做口糧，會記下所取的數量，作為日後償還的憑據。羊祜每次與部眾在長江一帶打獵，通常只限於晉的領地，如果禽獸先被吳人殺傷而後被晉兵所得，就要送還吳人。於是吳國邊境的百姓對羊祜心悅誠服。羊祜與陸抗在邊境相對峙，雙方的使者常奉命來往。陸抗送給羊祜的酒，羊祜喝起來從不生疑。陸抗病了，向羊祜求藥，羊祜把成藥送給他，陸抗也馬上服下。許多人諫阻陸抗，陸抗說：「羊祜怎麼會用毒藥殺人？」

陸抗對守邊的士兵說：「別人專門行恩德，我們專門做惡事，這就相當於不戰而屈。現在雙方各自保住疆界就可以了，我們不要再想著佔小便宜。」吳主聽說雙方邊境交往和諧，便以此事責難陸抗，陸抗說：「一邑一鄉都不可以不講信義，更何況大國呢！我如果不這樣做，反而顯揚了羊祜的恩惠，對羊祜毫無損傷。」

羊祜病重，薦舉杜預代替他。武帝任命杜預為鎮南大將軍、都督荊

州諸軍事。羊祜去世，晉武帝哭得特別哀傷。那天天氣很冷，晉武帝流下的眼淚沾在鬍鬚和鬢髮上，立刻結成了冰。羊祜留下遺言，不要把南城侯印放入棺木。晉武帝說：「羊祜堅持謙讓已經有很多年了，現在人死了，而謙讓的美德還在。如今就按他的意思辦，恢復他原來的封號，以彰明他高尚的美德。」荊州的百姓們聽到羊祜去世的消息，便為他罷市，群聚在裡巷哭泣，哭聲接連不絕。就連吳國守衛邊境的將士們也為羊祜的死而流淚。羊祜喜歡遊峴山，襄陽的百姓們就在峴山上建廟立碑，一年四季都祭祀他。望著這座碑的人沒有不落淚的，所以人們稱這座碑為墮淚碑。

三、行法志堅，不以私欲亂所聞

【原文】

以從俗為善，以貨財為寶，以養生為己至道，是民德也。行法志堅①，不以私欲亂所聞，如是，則可謂勁士矣。行法志堅，好修正其所聞，以矯飾②其情性。其言多當矣，而未諭也，其行多當矣，而未安也，其知慮多當矣，而未周密也。上則能大其所隆③，下則能開道不己若者。如是，則可謂篤厚君子矣。修百王之法，若辨白黑；應當時之變，若數一二；行禮要節④而安之，若運四枝；要時立功之巧，若詔⑤四時；平正和民之善，億萬之眾而搏⑥若一人。如是，則可謂聖人矣。

井井兮其有理也，嚴嚴⑦兮其能敬己也，介介⑧兮其有終始也，猒猒⑨兮其能長久也，樂樂兮其執道不殆也，照照⑩兮其用知之明也，修修⑪兮其統類之行也，綏綏⑫兮其有文章也，熙熙⑬兮其樂人之臧也，隱隱⑭兮其恐人之不當也。如是，則可謂聖人矣，此其道出乎一。

曷謂一？曰：執神而固。曷謂神？曰：盡善挾⑮治之謂神。曷謂固？曰：萬物莫足以傾之之謂固。神固之謂聖人。聖人也者，道之管⑯也。天下之道管是矣，百王之道一是矣。故詩、書、禮、樂之道歸是矣。詩言是，其志也；書言是，其事也；禮言是，其行也；樂言是，其和也；春秋言是，其微⑰也。故「風」之所以為不逐者⑱，取是以節之也；「小雅」之所以為小雅者，取是而文之也；「大雅」之所以為大雅者，取是而光之也；「頌」之所以為至者，取是而通之也。天下之道畢是矣。鄉是者臧，倍是者亡。鄉是如不臧，倍是如不亡者，自古及今，未嘗有也。

客有道曰：「孔子曰：『周公其盛乎！身貴而愈恭，家富而愈儉，勝敵而愈戒⑲。』」應之曰：「是殆非周公之行，非孔子之言也。」武王崩，成王幼，周公屏成王而及武王，履天子之籍，負扆⑳而立，諸侯趨走堂下。當是時也，夫又誰為恭矣哉！兼制天下，立七十一國，姬姓獨居五十三人焉，周之子孫，苟不狂惑者，其不為天下之顯諸侯。孰謂周公儉哉！武王之誅紂也，行之日以兵忌㉑，東面而

迎太歲㉒，至氾而氾㉓，至懷而壞㉔，至共頭而山隧㉕。霍叔懼曰：「出三日而五災至，無乃不可乎？」周公曰：「刳㉖比干而囚箕子，飛廉、惡來知政，夫又惡有不可焉！」遂選馬而進，朝食於戚，暮宿於百泉，旦厭㉗於牧之野。鼓之而紂卒易鄉，遂乘殷人而誅紂。蓋殺者非周人，因殷人也。故無首虜之獲，無蹈難之賞，反而定三革，偃五兵，合天下，立聲樂，於是武、象起而韶、護廢矣㉘。四海之內，莫不變心易慮以化順之。故外闔㉙不閉，跨天下而無蘄㉚。當是時也，夫又誰為戒矣哉！

造父㉛者，天下之善御者也，無輿馬則無所見其能；羿者㉜，天下之善射者也，無弓矢則無所見其巧；大儒者，善調一天下者也，無百里之地則無所見其功。輿固馬選矣，而不能以至遠，一日而千里，則非造父也；弓調矢直矣，而不能以射遠中微，則非羿也；用百里之地而不能以調一天下、制強暴，則非大儒也。

【注釋】

①行法：行動合符法度。志：原為「至」，據文義改。

②矯飾：矯正、修飾。③隆：所尊崇的。

④要節：以節義約束自己。⑤詔：通「紹」，詔告。

⑥摶（ㄊㄨㄢˊ）：聚集。原為「博」，據文義改。

⑦嚴嚴：威嚴的樣子。

⑧介介：形容堅定不移。原為「分分」，據文義改。

⑨猒猒（一ㄢˋ一ㄢˋ）：安靜的樣子。⑩照照：同「昭昭」，光明。

⑪修修：通「條條」，端正的樣子。

⑫綏綏（ㄙㄨㄟ）：從容不迫的樣子。

⑬熙熙：和樂的樣子。⑭隱隱：憂慮的樣子。

⑮挾（ㄐㄧㄚˊ）：通「浹」，周全、周到。

⑯管：樞要。⑰微：微妙，指文句簡單而含有深刻的意義。

⑱風：〈國風〉，和下文的〈小雅〉、〈大雅〉、〈頌〉都是《詩經》內容分類的名稱。逐：放蕩。⑲戒：戒備。

⑳扆（一ˇ）：古代宮殿中門和窗之間的屏風。

㉑兵忌：古代一種迷信的說法。認為某些日子或某種情況下，出師

不利。

㉒迎：逆，沖犯。太歲：星名，即木星，古代稱為歲星，又叫太歲。木星約十二年繞天一周，每年在天上有一定的方位。古代迷信說法，認為沖犯這個方位，就會遭到災禍。

㉓汜（ㄙˋ）：當作「汜」，即河南汜水。

㉔懷：地名，懷城。壞：崩壞。

㉕共頭：山名，今河南輝縣。隧：同「墜」，山崩。

㉖刳（ㄎㄨ）：從中間破開挖空，這裡指剖腹。

㉗旦厭：原為「厭旦」，據上下文義改。

㉘武、象：周武時音樂的名稱。韶：舜時的音樂名稱。護：商湯時的音樂名稱。㉙闔：門戶。

㉚蘄：通「圻」，邊界，疆界。

㉛造父：傳說是給周穆王駕駛車馬的車夫。

㉜羿：即后羿，也稱夷羿。夏東夷族有窮氏首領，善於射箭，曾奪取太康的君位。

【譯文】

　　以依從習俗為妥善，以貨物錢財為珍寶，以保養身體為自己最高的道，這是普通老百姓的德行。行為合乎法度，意志堅定，不因個人私欲擾亂所學到的東西，如果這樣就可以叫做剛強的人了。行為合乎法度，意志堅定，喜歡改正自己所學到的東西，用來矯正自己原有的性情。所說的話多半是正確的，但不完全曉諭明白。所做的事多半是正確的，但不完全妥當。所考慮的事多半是正確的，但不是周密無缺。對上推崇他所尊崇的人，對下開導不如自己的人。如果這樣，就可以叫做忠誠老實的君子了。遵循歷代帝王的法度，如同分辨白與黑那樣容易，順應時代的變化，如同數簡單數字那樣輕鬆，行動符合禮節而且視為習慣，如同運動身體四肢一樣自如，巧妙地把握立功時機，就像瞭解四季變更那樣準確，能夠穩定政局，安定百姓，把億萬人團結得像一個人，這樣就可以稱為聖人了。

　　整齊啊！他是那樣有條有理。威嚴啊！他是那樣嚴於律己。堅定

啊！他是那樣始終如一。安然啊！他是那樣地長久不息。頑強啊！他
是那樣地執行原則不息慢。光明啊！他是那樣的清楚地運用智慧。端
正啊！他的行為多麼符合禮義法度。從容啊，他是多麼文采洋溢。和
樂啊！他是那麼喜愛別人的善美。憂慮啊！他是那樣地擔心別人做錯
事。這樣，這種人就可以叫做聖人了，這是因為他的道產生於「一」。

　　什麼叫做「一」？堅定牢固的掌握「神」就是「一」。什麼叫做
「神」呢？以完備周全的方法治理國家就叫「神」。什麼叫做「固」
呢？任何事物都不能使他傾塌就叫做「固」。「執神而固」就叫做聖
人。所謂聖人就是「道」的總匯。天下的「道」就是總匯到這個「一」
裡，歷代帝王的「道」也都集中在這個「一」裡。所以《詩》、《書》、
《禮》、《樂》的「道」都歸在這個「一」裡了。《詩》中所說的表
達了聖人的志向；《書》所說的反映了聖人的政事；《禮》中所說的，
表達了聖人的行為；《樂》所說的表達了聖人的和諧精神；《春秋》
所說的，闡述了聖人的微言大義。所以，〈國風〉之所以不是放蕩的
作品，是它所選取詩篇以「道」來節制它；〈小雅〉之所以成為小雅，
是因它所選取的詩篇以「道」來修飾它；〈大雅〉之所以為大雅，是
因它所選取的詩篇能以「道」來光大它；〈頌〉之所以達到了詩的頂峰，
是因它採取的詩篇能以「道」的精神來貫穿它。天下之道全都集中在
這個「一」裡，順著這個做的人，就會得到好的結果，違背這個去做
的必然會遭到滅亡。順著這個「一」而行不能得到好的結果，違背這
個「一」而行不被滅亡，從古到今，不曾出現過。

　　有個客人說：「孔子說：『周公的品德多麼高尚啊！他處於高
貴的地位卻更加謙恭，他家庭富有卻更加節儉，戰勝了敵人卻更加戒
備。』」我卻答道：「這大概不是周公的德行，也不是孔子的看法。」
武王死後，成王尚年幼，周公撇開成王，繼承了武王的事業，當他登
上天子的尊位，背靠屏風站立時，諸侯小步急走於殿堂之下。那時，
他又需要對誰恭敬呢！當全面統治天下以後，建立了七十一個諸侯國，
姓姬的在其中就獨佔五十個，周王室的子孫，只要不是癲狂糊塗的人，
沒有一個不是天下顯貴的諸侯的。誰又能說周公謙讓、節儉呢？武王

出兵誅滅紂王，行軍那天逢出師不利的兵忌之日，面向東方衝犯了太歲星座，兵到汜水又遇江水氾濫，到了懷城又遇城牆倒塌，到了共頭山。又有山崩。武王的弟弟霍叔害怕地說：「出兵三天就遇到了五次災難，莫非不能去討伐紂王嗎？」周公卻說：「紂王將叔叔比干剖腹，又將叔叔箕子囚禁，讓奸臣飛廉、惡來執政，這又有什麼不能出兵討伐的呢！」於是他組成整齊的馬隊繼續進發，在戚地吃了早飯，晚上在百泉宿營，第二天黎明時大軍已經逼近牧野。剛一擊鼓進攻，紂王的兵卒就掉轉方向，於是，周軍憑藉了殷人的力量殺掉了紂王。原來殺紂王的人不是周軍，是殷人。所以，周軍沒有斬獲的頭顱和俘虜，沒有衝鋒陷陣的賞賜，返軍之後停止製造盔甲，不用兵器，統一了天下。設置了音樂，於是周樂興起，廢棄了舜湯時的音樂。四海之內，沒有不轉變思想，順服於周朝的。因此，達到了外戶不閉，佔有整個天下而不用設疆界的境界。這時，又要戒備誰呢？

　　造父，是天下最擅長駕馭車馬的人，但如果沒有車馬，也就無法顯現他的才能；后羿，是天下最擅長射箭的射手，但如果沒有弓箭，也就無法顯現他的技巧；大儒，是最善於使天下的百姓協調一致的人，如果沒有百里之地也就無法顯示他的功績。如果車子堅固，又有經過挑選的良馬，可是不能憑靠這些達到遠處，日行千里，那麼這人也就不是造父；弓調順了，箭又很直，可是不能用它來射中遠方微小的目標，那他也不是后羿；擁有百里之地，但不能使百姓協調一致，不能制服強暴，那麼這人也算不了大儒。

【延伸閱讀】

　　古時候，作為一個英明的統治者往往將人治和法治結合起來運用。人治是指以統治者的人格作為基礎的，當統治出現危機時，屈尊自責就成為他們喚起同情，爭取支持的手段。

　　宋徽宗宣和七年，金兵大舉南下，逼臨宋境。徽宗對此束手無策，於是向大臣請教計策。宇文虛中獻計道：「今日宜先降詔罪己，更革弊端，俾人心天回，則備禦之事，將師可以任之。」於是，徽宗委託守文虛中草擬了一份「罪己詔」，批評自己「言路壅蔽，面諛日聞」的錯誤，

並表示要廣開言路、興利除弊。於是沸騰的民怨稍有平復，但實際上，宋朝朝廷仍舊腐敗墮落。

這類「罪己詔」在許多時候往往是行之有效的，因為以天子之身而屈尊自責，必將更加堅定百姓「皇上聖明」的信念。特別是在一個封建愚昧氣息充斥的國度裡，百姓的怨怒往往是只反貪官而不反皇帝，這樣的一個「罪己詔」很容易使百姓寬宥他們犯下的罪惡。所以晉人習鑿齒曾議論道：「承認過失而使事業興盛，這是最聰明不過的做法。如果推諉過失，只宣揚自己的成功，不提及自己的失誤，以致上下離心，人才流失，那才是最蠢的做法。」

這種看似勇於承認錯誤，實則為「障眼法」的伎倆，往往極具欺騙性，因而也就為歷代許多統治者施用。

孔子說過「見賢思齊」，「見不賢而內自省也」，看到別人有毛病就反省自己，孔子大概是中國第一個善於反省的大師，而孟子也是一個善於反省的大師。作為孔孟之道的信徒，曾國藩最佩服孔孟的反省之術。對於自己的錯誤要勇於承認並改正，對於由自己造成的失敗要敢於自責，曾國藩正是在這樣的一個背景下來「逐日檢點」的，由於此舉關係進德修業的大事，所以他才能自己要求得那樣嚴格，不可有一天的怠慢。而手下諸將受其影響也都願意承擔失敗的責任，統帥如果有了這種自責的精神，那麼打勝仗就是必然的了。

中國歷史上，許多帝王都懂得以仁為治的道理，也多次運用於自己的統治之中。

唐太宗去世前夕，曾故意把已經負有輔佐太子重任的宰相李勣貶官。

他告訴太子道：「李勣是有能力輔佐你的，但他是我手下的功臣，是前朝元老，難免會擺出桀驁不馴的樣子，使你難於駕馭於他，所以我才故意貶謫他。你繼位後，可即刻讓他官復原職，他便會對你感恩戴德，忠實地效命於你。」

果然，太宗逝世後，太子李治繼位的當日，就讓李勣復任宰相，由此，李勣對新皇的感激之情溢於言表，從此忠心耿耿，不復二心。

四、通於神明，參於天地

【原文】

　　彼大儒者，雖隱於窮閻漏屋，無置錐之地，而王公不能與之爭名；在一大夫之位，則一君不能獨畜，一國不能獨容，成名況乎諸侯，莫不願得以為臣；用百里之地，而千里之國莫能與之爭勝，笞棰①暴國，齊一天下，而莫能傾也，是大儒之徵②也。其言有類，其行有禮，其舉事無悔，其持險、應變曲當，與時遷徙，與世偃仰，千舉萬變，其道一也，是大儒之稽③也。其窮也，俗儒笑之；其通也，英傑化之，嵬瑣逃之，邪說畏之，眾人愧之。通則一天下，窮則獨立貴名。天不能死，地不能埋，桀、蹠之世不能汙，非大儒莫之能立，仲尼、子弓是也。

　　故有俗人者，有俗儒者，有雅儒者，有大儒者。不學問，無正義，以富利為隆，是俗人者也。逢衣淺帶④，解果⑤其冠，略法先王而足亂世，術繆學雜，不知法後王而一制度，不知隆禮義而殺⑥詩書；其衣冠行為已通於世俗矣，然而不知惡者，其言議談說已無以異於墨子矣，然而明不能別；呼先王以欺愚者而求衣食焉，得委積足以掩其口⑦，則揚揚如也；隨其長子，事其便辟⑧，舉其上客，億然⑨若終身之虜而不敢有他志，是俗儒者也。法後王，一制度，隆禮義而殺詩書；其言行已有大法矣，然而明不能齊法教之所不及，聞見之所未至，則知不能類⑩也；知之曰知之，不知曰不知，內不自以誣，外不自以欺，以是尊賢畏法，而不敢怠傲，是雅儒者也。法後王，統禮義，一制度，以淺持博，以今持古，以一持萬，苟仁義之類也，雖在鳥獸之中，若別白黑，倚⑪物怪變，所未嘗聞也，所未嘗見也，卒然⑫起一方，則舉統類而應之，無所儗怎⑬，張法而度之，則晻然⑭若合符節，是大儒者也。故人主用俗人，則萬乘之國亡；用俗儒，則萬乘之國存；用雅儒，則千乘之國安；用大儒，則百里之地久而後三年，天下為一，諸侯為臣；用萬乘之國，則舉錯而定，一朝而伯⑮。

　　不聞不若聞之，聞之不若見之，見之不若知之，知之不若行之，

學至於行之而止矣。行之，明也[16]，明之為聖人。聖人也者，本仁義，當是非，齊言行，不失毫釐，無它道焉，已[17]乎行之矣。故聞之而不見，雖博必謬；見之而不知，雖識必妄；知之而不行，雖敦[18]必困。不聞不見，則雖當，非仁也。其道百舉而百陷也。

故人無師無法而知，則必為盜；勇，則必為賊；云能，則必為亂；察，則必為怪；辯，則必為誕。人有師有法而知，則速通；勇，則速威；雲能，則速成；察，財速盡；辯，則速論。故有師法者，人之大寶也；無師法者，人之大殃也。

人無師法，則隆性[19]矣；有師法，則隆積[20]矣。而師法者，所得乎積，非所受乎性，性不足以獨立而治。性也者，吾所不能為也，然而可化也；積也者，非吾所有也，然而可為也。注錯習俗，所以化性也；並一[21]而不二，所以成積也。習俗移志，安[22]久移質。並一而不二則通於神明，參於天地矣。

【注釋】

①笞（彳）棰：打擊。②徵：效驗，特徵。

③稽：稽核，這裡指考核的標準。

④逢：大。淺帶：寬鬆的腰帶。

⑤解（ㄒㄧㄝˋ）果：同「蟹螺」（ㄍㄨㄛˇ），中間高，兩旁低。

⑥殺：降低，貶低。⑦掩其口：餬口。

⑧便辟（ㄆㄧㄢˊㄅㄧˋ）：親信寵幸的小臣。辟：通「嬖」，寵愛。

⑨億然：安然，甘心情願的樣子。原為「傿然」，據文義改。

⑩類：類推。

⑪倚：通「奇」，奇怪。⑫卒然：倉猝、匆促。

⑬儗您（ㄧˊㄗㄨㄛˋ）：通「疑作」，疑惑不解。

⑭晻然：完全相合的樣子。晻：通「奄」。

⑮伯：通「白」，顯著、顯赫。⑯明：明達事理。

⑰已：止。⑱敦：內容充實。⑲隆性：推崇人的本性。

⑳積：後天教育、學習所形成的積習。㉑並一：專一。

㉒安：語首助詞。

【譯文】

　　大儒，雖然隱居在偏僻的街巷、破爛不堪的房屋中，自己無立錐之地，可是王公大人都不能同他爭奪名望。雖然他所管轄的僅百里的地方，可是擁有千里大國的人不能與他爭強競勝。打擊暴虐的國家，統一了天下，而且沒有誰能推翻他，這就是大儒所具有的特徵。他的言談、行為合乎禮義，做事不猶豫，能很恰當地處理危機，應付突發事件。能隨著時代的變化而變化，隨著社會的發展而發展，不論外界千變萬化，他所堅持的「道」始終如一，這就是大儒的考核標準。當他處於困境時，庸俗的儒生會譏笑他。當他顯達的時候，英雄豪傑會順從他，奸邪卑鄙的人會逃離他，持邪惡學說的人會害怕他。眾人對過去不瞭解他而感到慚愧。當他顯達時就能夠統一天下，處於窮困時，就能獨自豎立起高貴的名聲。天不能使他死，地不能將他埋，即使夏桀、盜蹠等暴君當道的社會也不能玷污他，如果不是大儒，就不能和他並立，而孔子、子弓就是這樣的人。

　　所以，有俗人，有俗儒，有雅儒，有大儒。不學習，無正義，推崇富有、私利，這是庸俗的人。穿著寬大的衣服，束著寬寬的腰帶，戴著中間高兩旁低的帽子，粗略地效法古代聖王，這足以擾亂天下。學術荒謬雜亂，不懂得效法後王統一制度，不懂得尊崇禮義而貶低詩書。他們所穿的衣帽和行為已與世俗同流合污了，但還不知道厭棄。他們的言論已與墨子所說的沒有什麼區別了，但是他的智慧不能加以區別。用吹捧先王來欺騙愚蠢的人以乞求衣食，得到一點積蓄足以餬口就得意洋洋。跟隨顯貴，侍奉他們的親信，奉承他們為座上賓，甘心情願作為他們的終生奴僕，而不敢有任何別的志向，這種人即為俗儒。效法後王，統一制度，尊崇禮義，貶低詩書，他的言行已經符合最高法度了，然而他的智慧還不能解決法度和教育沒有涉及到的問題，以及見聞所沒有達到的事物，即使有智慧也還不能觸類旁通。知道就說知道，不知道就說不知道，對內不欺騙自己，對外不欺騙別人，按照這樣去尊重賢明，敬畏法度而不敢懈怠傲慢，這種人即為雅儒。效法後王，總括禮義，統一制度，能從淺顯之事推知廣博之事，能從今

天的事情推知遠古的事情，能從單一之事推知萬事萬物。如果符合仁義的事物，即使在鳥獸之中，也能如同辨別白與黑那樣把它辨認出來。有些離奇詭變的事物，從未聽過，也不曾見過，突然出現了，能拿禮義來應對而沒有什麼疑惑與慚愧的表現，張揚法度來衡量它，如同符節一樣相合，這就是大儒。所以，君主用庸俗的人執政，那麼兵車萬乘的大國也會被滅亡；任用俗儒執政，兵車萬乘的大國僅可保存；用雅儒執政，兵車千乘的國家能保平安；任用大儒執政，即使是百里之地的小國，最長不過三年就可以統一天下，使諸侯都來稱臣。若任用大儒治理萬乘之國，合理的措施使國家安定，不用多久就能稱霸天下。

　　不聽不如聽，聽了不如親眼看見，看見了不如知道，知道了不如付諸實行。知行一致就登上頂峰了。實行了，就能明白事理，明白了，就能成為聖人。聖人，視仁義為根本，恰當的判斷是非，言行一致，絲毫不差，這沒有方法，就在於把學到的知識切實地去實行。所以聽到了而沒有親眼看見，即使知道得廣博，必定會出現錯誤。看見了而不知道，即使能記住也必有虛妄。知道了但不付諸實行，即使內容充實也將會陷入困境。沒有聽見也沒有看見，即使做對了，也不能算是仁，把這種不聞不見偶然做對了的情況當作一種根本方法來做事，做一百次就會失敗一百次。

　　人若是沒有老師的教化，沒有法度而具有智慧，就必定會做出盜匪的事情；具有勇氣，那麼必定會做出竊賊的事情；具有才能，就必定會作亂；能明察，就必定會發表奇談怪論；若善辯，就一定會詭辯。人如果有老師的教化，有法度而具有智慧，就能很快顯達；具有勇氣，就能很快樹立威嚴；有才能，就能很快做出成績；能明察，就能很快明白事理；善辯，就能很快做出判斷。所以，有老師的教化和有法度的人，就會成為人類的財富；沒有老師的教化和沒有法度的人，就會成為人類的災禍。

　　人如果沒有老師的教化和學習法度，就會任性而為；如果有老師教化和學習法度，就會重視後天的積習。而老師的教化和學習法度本身也是由於後天教化和積習得來的，不是由先天本性中自然得來的，

本性不能夠自己治理自己。本性，不是我們人為能形成的，但是本性可以加以改變；積習，不是我們先天固有的，但是可以經過學習得來。習慣風俗可以改變人的思想，長久地受風俗習慣的影響就會改變人的素質。只要專心一致，不要三心二意，就能擁有治理天下的最高智慧，能與天地的作用相配合。

【延伸閱讀】

古人曰：剛柔之道在於剛可壓柔、柔可克剛。若太柔即靡，太剛則折。所以得天地之道，宜剛柔相濟，不可偏廢。

一個人如果懂得剛柔之道，則會事半功倍，恰到好處。

清朝末年，朝政掌握在西太后手中，她是清政府的實際統治者，但是清末的江山卻是靠曾國藩維持的。

曾國藩比慈禧大二十四歲，早死三十六年，可以說他為官一生，榮辱升降都是由一個女人控制著。曾國藩可以算得上是清王朝的一個忠臣了，但是任何一個註定滅亡的朝代，那些企圖力挽狂瀾的所謂忠臣其實都是很成問題的。曾國藩也一樣。他可以說是清末「功蓋天下而主不疑」的社稷棟樑。他是用什麼方法逃過「功高震主」的悲劇結局的呢？尤其是在西太后那樣陰狠毒辣的鐵腕下？

曾國藩作為一個漢人，受到滿清政府的賞識，開始走的就是上層路線。最初他在京城做官時，只是禮部的一個小官員，他想辦法結交了一位親王。太平天國剛起事時，親王向咸豐舉薦曾國藩說：「此人膽大心細，才堪大用。」咸豐於是召見了他。曾國藩覲見皇上，可是殿裡空空的，不見一個人影，只是在上首有一把皇帝坐的椅子，下面有一錦墩。帶領他的太監叫他等候。他向皇位三跪九拜之後，就規規矩矩坐在錦墩上靜候，等了一個多時辰，始終不見皇帝出來。最後一個太監出來通知他，說皇帝今天有事，改日再召見。曾國藩只好對著那把空椅子再拜之後便回去。保薦他的親王詢問他接見的情況，曾國藩一一告知。親王問他在殿裡有沒有看見什麼東西。曾國藩仔細回想，除了皇位和錦墩，確實沒有看到什麼。這位親王一聽，說了聲「糟了！」就趕緊跑進宮裡，找到當值的太監，送上紅包。結果打聽出來皇帝座位後面的牆上，掛了

一張很小的字條，上面寫的是朱子治家格言。親王回來告訴了曾國藩，並對他說，前日向皇帝保舉時說他「膽大心細」。果然過了幾天，咸豐召見曾國藩時問起他這張字條的事。這時曾國藩當然早有準備，回答得令咸豐非常滿意。不久就讓他回湖南老家組練湘軍，把剿滅太平天國的重任寄託在他身上。

曾國藩沒有辜負清室的期望，他從 1853 年組建湘軍，用了九年時間，終於打垮了已經佔領了半壁河山，幾乎奪得全國政權的洪秀全。在他全線告捷，清王朝又可以呼一口長氣的時候，咸豐因縱欲身亡，政權落在了西太后手中。而曾國藩當時正如日中天，功高蓋世，達到了人生事業的頂峰。若按封建社會的常規，接下來所面臨的必然是「敵國破，功臣亡」的結局。然而曾國藩對此早有準備，他以一套又一套太極拳的柔勁就把所有險情化解了。

後世有人說，曾國藩所以被稱為中興名臣、一代聖相，共有十三套大本領，其中十一套沒有流傳下來，傳世的只有兩套：寫了一部相書《冰鑑》，再就是大量的日記和家書。

大致瀏覽曾國藩的處世哲學，始終是以「內用黃老，外用儒術」為其總則，亦即「能柔能剛，能弱能強。舒之彌四海，捲之不盈懷」。當他對付最高統治集團時，用的是柔術；當他鎮壓太平天國時，就剛強之至，毫不心慈手軟。他訓練出來的湘軍子弟兵，都是驕兵悍將，攻克南京後，他縱兵燒殺，以至「秦淮河屍首如麻」，「子女玉帛悉入湘軍」，致使「金銀如海、百貨充盈」的南京人財為之一空。尤其是他的弟弟曾國荃，把太平天國宮中的財寶全部侵吞，以致引起了左宗棠等人的不滿。不過清政府對曾國藩的燒殺搶劫倒不怎麼放在心上，唯一提防的只是曾國藩會不會用手中的軍權謀反。在他第一次攻陷武漢，消息傳到北京後，咸豐大為高興，情不自禁讚揚了曾國藩幾句。當時身邊的近臣就說：「如此一個白面書生，竟能一呼百應，未必是國家之福吧！」咸豐聽了，臉上的笑容馬上消失，久久沉默不語。

面對這種大禍即將臨頭的險惡局面，曾國藩立即又打了一套漂亮的「太極拳」。他首先用「禦」勁退出一部分軍權，並裁減四萬湘軍。又

用「封」勁把南京的防務讓給旗兵，由他發全餉。用搶來的錢財建貢院，提拔江南士人，一下子就封住了朝野的鑠金之口。此計一出，果然朝廷上下交口稱譽。曾國藩不但沒招致禍患，反而更加取得了清廷的信任，賜一等侯爵，雙眼花翎。至此，曾國藩榮寵一時。

五、言有壇宇，行有防表

【原文】

故積土而為山，積水而為海，旦暮積謂之歲，至高謂之天，至下謂之地，宇中六指①謂之極，塗之人百姓，積善而全盡謂之聖人。彼求之而後得，為之而後成，積之而後高，盡之而後聖。故聖人也者，人之所積也。人積耨耕而為農夫，積斲②削而為工匠，積反③貨而為商賈，積禮義而為君子。工匠之子莫不繼事，而都國之民安習其服。居楚而楚，居越而越，居夏而夏，是非天性也，積靡④使然也。

故人知謹注錯，慎習俗，大積靡，則為君子矣；縱性情而不足問學，則為小人矣。為君子則常安榮矣，為小人則常危辱矣。凡人莫不欲安榮而惡危辱。故唯君子為能得其所好，小人則日徼⑤其所惡。詩曰：「維此良人，弗求弗迪；維彼忍心，是顧是復。民之貪亂，寧為茶毒⑥。」此之謂也。

人論⑦：志不免於曲私，而冀人之以己為公也；行不免於汙漫⑧，而冀人之以己為修也；甚愚陋溝瞀⑨，而冀人之以己為知也，是眾人也。志忍私然後能公，行忍情性然後能修，知而好問然後能才，公修而才，可謂小儒矣。志安公，行安修，知通統類，如是則可謂大儒矣。大儒者，天子三公⑩也。小儒者，諸侯士大夫也，眾人者，工、農、商賈也。禮者，人主之所以為群臣才、尺、尋、丈檢式⑪也，人倫盡矣。

君子言有壇宇⑫，行有防表⑬，道有一隆⑭。言道德之求，不下於安存，言志意之求，不下於士；言道德之求，不二後王⑮。道過三代謂之蕩⑯，法二後王謂之不雅。高之、下之，小之、巨之，不外是矣，是君子之所以騁志意於壇宇、宮庭也。故諸侯問政，不及安存，則不告也；匹夫問學，不及為士，則不教也；百家之說，不及後王，則不聽也。夫是之謂君子言有壇宇，行有防表也。

【注釋】

①六指：即上、下、東、南、西、北。②斮（ㄓㄨㄛˊ）：斫，砍。
③反：通「販」。④積靡：長期積習。⑤徵：通「邀」，招致。
⑥荼（ㄊㄨˊ）毒：毒害。⑦論：通「倫」。⑧汙漫：污穢，骯髒。
⑨甚：原為「其」，據文義改。溝瞀（ㄇㄡˋ）：愚昧無知。
⑩三公：即司馬、司空、司徒。這三者是古代帝王以下地位最高的
官。
⑪檢式：法度。
⑫壇：古代舉行祭祀、誓師時用土築的高台。宇：屋邊。壇宇在這
裡引申為界限。
⑬防：堤防。表：標誌。防表，此指標準。
⑭一隆：有所專重。⑮不二後王：不悖離後王。
⑯蕩：浩渺難以憑信。

【譯文】

　　泥土堆積起來能成為高山，水流匯積起來能形成大海，每天的時
間累積起來就叫做年，最高的地方叫做天，最低的地方叫做地，宇宙
中上、下、東、西、南、北六個方向叫做極，普通的老百姓累積善行
達到極盡完美的程度就可以叫做聖人。人只有不斷求取才能有收穫，
不斷實行才會成功，不斷的累積經驗才會提高，達到完美的程度才能
成為聖人。所以，聖人也就是普通人日復一日地累積善行而達到的。
人累積起鋤草耕田的經驗而成為農夫，累積起砍削的經驗而成為木匠，
累積起販賣貨物的經驗而成為商人，累積起禮義的經驗而成為君子。
工匠的兒子沒有不繼承父業的，而城市的百姓習慣於他們的職業。居
住在楚國的人就有楚國的風俗習慣，居住在越國的人，就有越國的風
俗習慣，居住在中原地帶的人，就有中原地帶的風俗習慣。這都不是
先天的本性，而是後天的累積、磨練而成為這樣。

　　所以，如果人們懂得行為謹慎，認真地對待風俗習慣，重視長期
的磨練，就能成為君子了。如果放縱自己的性情而不去努力學習，就
會成為小人。成為君子就能常常安寧和榮耀；成為小人，就常常遇到
危險和遭到羞辱。所有的人都希望得到安寧和榮耀，而厭惡危險和羞

辱。只有君子才能夠得到他所喜好的東西，小人就只能每天招致他所厭惡的事。《詩經》上說：「有這麼多賢良的人，你不找他，不任用他。對那些狠毒的人，你卻反覆地照顧他愛護他。人心思亂啊，誰願意甘心忍受殘害。」說的就是這個。

　　人的等類是：思想上沒有除掉私心雜念，卻希望別人把他看成大公無私；行動上沒有去掉骯髒卑鄙，卻希望別人把他看成美好善良；十分淺陋無知，卻希望別人說他很有智慧，這就是一般的人。思想上抑制私心雜念然後才能公正；行動上抑制放縱的性情，然後才能有高尚的品德；有智慧而又虛心好學，然後才能多才多藝，做到這些，可稱為小儒了。思想上習慣於公正，行動上習慣於善良、美好，有智慧能通曉各類事務的基本原則，這樣，就可以叫做大儒了。大儒，可以擔任天子身邊的司馬、司空、司徒王公的要職。小儒，可以擔任諸侯、大夫或士人。一般民眾，就只能成為工匠、農民、商人了。禮，是君主用來衡量群臣優劣的標準，人的等類全在這裡了。

　　君子的言論有一定的界限，行為有一定的標準，言行的根本原則有所專重。如果有人來求教關於政治的問題，起碼要告訴他安定國家的道理；如果有人求教於關於意志的問題，起碼要告訴他做士的道理；如果有人求教關於道德方面的問題，就要告訴他不能悖離後王的道理。夏、商、周三代以前的道，渺茫難信。法度悖離了後王，就叫做不正確。在上面的，在下面的，小的方面，大的方面，都不超出這些，君子就是在這個界限和範圍內發揮自己的思想。所以，諸侯詢問政治方面的問題，如不涉及國家的安危存亡，就不告訴他；普通人來詢問學習方面的問題，如不涉及做士的道理，就不教導他；百家的學說，如不涉及後王如何治理國家的，就不去聽他。這就叫做君子說話有一定的界限，行動有一定的標準。

【延伸閱讀】

　　大儒的作用就是「在本朝則美政，在下位則美俗」。荀子在這裡還論述了聖人、君子、雅儒、小儒、俗儒、俗人、眾人、鄙夫幾類人的德行，並強調了學習與法度的重要性。

　　荀子首先駁斥了秦昭王「儒生對於治理國家沒有什麼好處」的觀點，接著用孔子將要做司寇，國內一些不法份子都望風而逃的事例，說明儒者若是在朝廷之上就能美化政策，使國家得到治理，若是在闕黨之中，就能教化百姓，使他們遵從君主的政令。

　　在這篇文章中，荀子還談到了認識論的觀點。孔子、孟子都認為聖人是生而知之、無所不知的人，他們制定了禮儀制度，發明了禮樂、文字、弓箭等，並把這些教給了百姓，才使整個文明興盛起來。這種觀點將聖人置於一個高不可攀的地位，普通的老百姓只能根據聖人的教導來學習，基本上是不可能達到聖人的境界的。然而，荀子則認為人人都能成為大禹一樣的聖人，這是因為「聖人者，人之所積而致」，聖人是普通人經過學習的累積而成的。「使塗之人伏術為學，專心一志，思索孰察，加日縣久，積善而不息，則通於神明，參於天地。」所以，所謂的聖人君子並不是全知全能的，也會有所不知。耕田種地，君子不如一個農民；買賣貨物，君子不如一個商人；製造器具，君子不如一個工匠。君子比普通人高明的地方，就在於根據一個人的才能來授予官職，應付各類事件，「言必當理，事必當務」，這才是君子所擅長的。

第六章

王制①

義立而王，王者富民

一、為政：賢能不待次而舉

【原文】

請問為政？曰：賢能不待次②而舉，罷③不能不待須而廢，元惡不待教而誅，中庸民不待政而化。分未定也則有昭繆④。雖王公士大夫之子孫也⑤，不能屬於禮義，則歸之庶人。雖庶人之子孫也，積文學，正身行，能屬於禮義，則歸之卿相士大夫。故奸言、奸說、奸事、奸能、遁逃反側之民，職⑥而教之，須而待之，勉之以慶賞，懲之以刑罰，安職則畜⑦，不安職則棄。五疾⑧，上收而養之，材而事之，官施而衣食之，兼覆無遺。才行反時者死無赦。夫是之謂天德，王者之政也。

聽政之大分⑨：以善至者待之以禮，以不善至者待之以刑。兩者分別，則賢不肖不雜，是非不亂。賢不肖不雜則英傑至，是非不亂則國家治。若是，名聲日聞，天下願，令行禁止，王者之事畢矣。凡聽⑩，威嚴猛厲而不好假道⑪人，則下畏恐而不親，周閉而不竭⑫。若是，則大事殆乎弛，小事殆乎遂⑬。和解調通，好假道人而無所凝止之，則奸言並至，嘗試之說鋒⑭起。若是，則聽大⑮事煩，是又傷之也。

故法而不議，則法之所不至者必廢。職⑯而不通，則職之所不及者必墜。故法而議，職而通，無隱謀，無遺善，而百事無過，非君子莫能。故公平者，聽之衡也，中和者，聽之繩也。其有法者以法行，無法者以類舉，聽之盡也。偏黨而無經⑰，聽之辟也⑱。故有良法而亂者有之矣；有君子而亂者，自古及今，未嘗聞也。傳曰：「治生乎君子，亂生乎小人。」此之謂也。

分均則不偏⑲，勢齊則不壹，眾齊則不使。有天有地而上下有差，明王始立而處國有制。夫兩貴之不能相事，兩賤之不能相使，是天數也。勢位齊，而欲惡同，物不能澹⑳則必爭，爭則必亂，亂則窮矣。先王惡其亂也，故制禮義以分之，使有貧、富、貴、賤之等，足以相兼臨㉑者，是養天下之本也。書曰：「維齊非齊。」此之謂也。

馬駭輿，則君子不安輿；庶人駭政，則君子不安位。馬駭輿，

則莫若靜之；庶人駭政，則莫若惠之。選賢良，舉篤敬，興孝弟，收孤寡，補貧窮，如是，則庶人安政矣。庶人安政，然後君子安位。傳曰：「君者，舟也；庶人者，水也。水則載舟，水則覆舟。」此之謂也。故君人者，欲安則莫若平政愛民矣；欲榮則莫若隆禮敬士矣；欲立功名則莫若尚賢使能矣，是君人者之大節也。三節者當，則其餘莫不當矣。三節者不當，則其餘雖曲當[22]，猶將無益也。孔子曰：「大節是也，小節是也，上君也。大節是也，小節一出焉，一入焉，中君也。大節非也，小節雖是也，吾無觀其餘矣。」

成侯、嗣公[23]聚斂計數之君也，未及取民[24]也；子產取民者也，未及為政也；管仲為政者也，未及修禮也。故修禮者王，為政者強，取民者安，聚斂者亡。故王者富民，霸者富士，僅存之國富大夫，亡國富筐篋、實府庫。筐篋已富，府庫已實，而百姓貧，夫是之謂上溢而下漏。入不可以守，出不可以戰，則傾覆滅亡可立而待也。故我聚之以亡，敵得之以強。聚斂者，召寇、肥敵、亡國、危身之道也，故明君不蹈也。

王奪之人[25]，霸奪之與[26]，強奪之地。奪之人者臣諸侯，奪之與者友諸侯，奪之地者敵諸侯。臣諸侯者王，友諸侯者霸，敵諸侯者危。

用強者，人之城守，人之出[27]戰，而我以力勝之也，則傷人之民必甚矣。傷人之民甚，則人之民惡我必甚矣。人之民惡我甚，則日欲與我鬥。人之城守，人之出戰，而我以力勝之，則傷吾民必甚矣。傷吾民甚，則吾民之惡我必甚矣。吾民之惡我甚，則日不欲為我鬥。人之民日欲與我鬥，吾民日不欲為我鬥，是強者之所以反弱也。地來而民去，累多而功少，雖守者益[28]，所以守者損，是以大者之所以反削也。諸侯莫不懷交接怨而不忘其敵，伺強大之間，承[29]強大之敝，此強大之殆時也。

知強大者不務強也，慮以王命，全其力，凝其德。力全則諸侯不能弱也，德凝則諸侯不能削也，天下無王，霸主則常勝矣。是知強道者也。

彼霸者不然，辟田野，實倉廩，便備用[30]，案謹募選閱材伎之士[31]，然後漸[32]慶賞以先之，嚴刑罰以糾之。存亡繼絕，衛弱禁暴，而無兼併之心，則諸侯親之矣。修友敵之道以敬接諸侯，則諸侯說之矣。

所以親之者，以不并也。并之見^{③③}，則諸侯疏矣。所以說之者，以友敵也。臣之見，則諸侯離矣。故明其不并之行，信^{③④}其友敵之道，天下無王，霸主則常勝矣。是知霸道者也。

　　閔王毀於五國^{③⑤}，桓公劫於魯莊^{③⑥}，無它故焉，非其道而慮之以王也。

【注釋】

　　①王制：此篇是展現荀況政治思想的重要著作。詳細論述了王霸、安存、危殆、滅亡的情況和王者、霸者、強者的區分。

　　②次：次序。③罷：通「疲」，指無才德之人。

　　④昭繆：同「昭穆」，父為昭，子為穆。這裡指「賢能」與「罷不能」應像「昭穆」那樣分出上下次序。

　　⑤也：原脫，據下文「雖庶人之子孫也」句例補。

　　⑥職：事，指安排職事。⑦畜：養。

　　⑧五疾：指啞、聾、瘸、斷手和侏儒。

　　⑨聽政：處理政事。⑩聽：聽政。

　　⑪假：寬容。道：誘導。⑫竭：盡。

　　⑬遂：通「墜」，廢棄。⑭鋒：通「蜂」，蜂擁。

　　⑮聽大：所聽太多。⑯職：職權。⑰經：原則。

　　⑱辟：同「僻」，邪僻。⑲偏：屬，指上下統屬關係。

　　⑳澹（ㄕㄢˋ）：通「贍」，滿足。㉑相兼臨：相互制約。

　　㉒當：得當，恰到好處。

　　㉓成侯、嗣公：都是戰國時衛國國君，嗣公是成侯的孫子。

　　㉔取民：指籠絡人民。㉕奪：爭取，奪取。

　　㉖與：交好。㉗出：一說是「士」字之偽。下同。

　　㉘益：增加。㉙承：乘。

　　㉚便備用：使兵革器具便於使用。

　　㉛材伎：武藝高強的人。㉜漸：深，重。

　　㉝見，現。㉞信：伸。

　　㉟閔王：即齊閔王，戰國時齊國國君，曾被燕、趙、魏、秦、韓五

國打敗。

　　㊱桓公：即齊桓公，春秋時齊國國君。

【譯文】

　　請問，怎樣治理國家？答道：有才德的人要破格任用，無德無才的人要立刻罷免。首惡份子不用對他進行教悔就應處死，普通老百姓不等到對他用刑賞時就應該進行教化。等級名分未定之前就已以「父昭子穆」來分別上下次序。即使是王公大人的子孫，如果不符合於禮義規範，就只能歸入普通人一類看待。即使是普通人的子孫，只要他們不斷學習，使自己的品行端正，能合於禮義，也就應該把他們歸於卿相士大夫。對持有違反禮義的言論、邪說的人，對做事邪惡、奸詐虛偽的人，以及逃亡流竄、不守本分的人，應給他們安排一定的職業，並給予一定的教育，需要給與時間等待他們改過，做了好事，就用獎賞來勉勵他們，做了壞事，就用刑罰來懲罰他們，這樣之後，如果安於職守就留用，不安於職守就罷免他們。對聾、啞、瘸、斷手和發育不全的侏儒等人，官方應收留他們，根據他們的能力安排他們一定的工作，由官方施予他們衣食，要照顧到所有的人，不要有遺漏。對於那些才能和行事違反時勢的人應堅決處死，絕不赦免。這就叫做最高的道德，這就是王者的治國措施。

　　處理政事的關鍵在於：用禮節對待那些道德高尚的人，用刑罰對待那些卑下的人。對善與不善兩者區分清楚，那麼賢人和不肖的人便不會混淆，是與非便不會混亂不清。賢人與不肖的人沒有混雜，那麼英雄豪傑就會來到這裡；是與非分明，國家將得到很好的治理。如果這樣，名聲就會一天天顯赫，天下的人都會景仰羨慕，號令必行，有禁必止。那麼王者的政事就很完備了。凡處理政事，態度威猛嚴肅而殘酷，又不善於寬容待人，那麼臣下就會畏懼而不敢和你親近，會將實情隱瞞而不敢知無不言。如果這樣，那麼大事就會近於廢弛，小事就會近於廢棄。如果接受意見態度隨和，待人寬容卻沒有一定的分寸，那麼奸邪的言論都會一併而來，各種試探性的說法也將蜂擁並至。如果這樣，所要聽斷的事情就會太多，要處理的事情就會很繁雜，這同

樣會傷害政事。

　　有了法令而不加以討論，那麼法令中沒有明確規定到的地方，就一定會出差錯。彼此的職權範圍互不溝通，那麼職權達不到的地方，就會出現漏洞。有了法令又能公開討論，職權範圍相互溝通，人們不隱瞞好的計謀，不遺漏善見，於是許多事情就會沒有差錯，只有君子能做到這些。公平是處理政事的標準，寬嚴適當是處理政事的準繩。有法令規定的事情，要依法去辦理；沒有法令規定的事情，要按照法令以類相推去處理，這是處理政事最好的辦法。偏私而沒有原則，處理政事就會不公正。有好的法令而政治混亂的，這種情況是存在的；有了君子而政治混亂的，這種情況從古到今還不曾聽說過。古書上說：「國家的安定出於君子，國家的混亂出於小人。」說的就是這個意思。

　　名分相等，就會不分上下而無法統屬。權勢地位相同，就不可能統一，大家地位都一樣就誰也不能役使誰了。有了天地，就有了高低的差別。聖明的君王一開始當政，就有一套治國的等級制度。兩人同樣尊貴就誰也不能侍奉誰，兩人同樣卑賤，也不能互相役使，這是自然的法則。權勢與地位相同，喜好與厭惡相同，於是物資就不能滿足需求，必然會出現互相爭奪，爭奪就必然會出現混亂，混亂就必然會陷入窮困。先王厭惡這種動亂，所以制定了禮義來分別等級，使人們有貧富、貴賤的差別，這樣就可以使各方面互相制約，這就是養育天下的根本原則。《尚書》上說：「要做到齊就必須是不齊。」說的就是這個意思。

　　馬驚了，君子就不能安穩地坐在車內；百姓反抗統治，君子就不能安穩地坐在王位上。如果馬驚了，就沒有比使牠安靜更好的方法了；百姓要反抗統治，就沒有比給他們恩惠更好的方法了。選拔賢良的人，提拔忠實而又嚴肅認真的人，提倡孝順父母，敬重兄長，收養孤寡，救助貧窮，如果這樣，老百姓就能安於政事。老百姓安於政事，然後君主的王位才坐得安穩。古書上說：「君如船，百姓如水。水能使船安穩地行駛，也可以使船沉沒。」說的就是這個意思。所以，作為君主要想王位坐得安穩，沒有比改善政治，愛護人民更重要的；要想國

家強盛而有聲望，沒有比尊崇禮義、敬重有才能的士人更重要的；要想建立功名，沒有比推崇品德高尚、任用有才能的人更重要的，這些是君主治國的重要原則。這三條原則做得恰當，其餘的就沒有不恰當的了。這三條原則如果不恰當，那麼其餘的即使做得很恰當，仍然沒有什麼用處。孔子說：「大的原則對，小的原則也對，這是上等的君主；大的原則對，小的原則有對有不對，這是中等的君主；大的原則不對，我也不用看其餘的了。」

　　衛國君主成侯、嗣公是搜刮民財、精於算計的國君，而得不到民心；鄭國的子產能獲得民心，但不善於處理政事；管仲是一個善於處理政事的人，但不懂得實行禮義。所以，能實行禮義的君主，才能一統天下，善於處理政事的人能使國家強盛，能獲得民心的君主可使國家安定，搜刮民財的君主，國家必亡。統一天下的王者使人民富足，富國強兵的霸主使有軍功的人富足，剛夠保存下來的國家使官吏富足，亡國之君只富了私囊，充實了國庫。私囊富了，國庫滿了，而百姓貧窮，這就叫做上位者的財富多得要溢出來了，基層的百姓卻一貧如洗。這樣，對內不能守住自己的王位，對外不能進行戰鬥，那麼垮台滅亡也就立刻要來到了。自己聚斂財物而招致滅亡，敵人獲得這些財物就更加強大。斂財聚物，這是招來寇盜、養肥敵人、滅亡國家、危及自身的絕路。所以明智的君主是不會走這條道路的。

　　王者爭取人心，霸者爭取的是交好鄰國，好戰的強國奪取別國的土地。爭取人心的王者使諸侯臣服，爭取友鄰國家的霸者與諸侯為友，奪取別國土地的則與諸侯為敵。能使諸侯臣服的人就可以稱王，與諸侯為友的就可以稱霸，與諸侯為敵的國家必然危險。

　　對好逞強的君主，別國的人固守城池必定嚴密，別國的士卒必定努力作戰，而我方要靠強力戰勝別國，那麼殺傷別國的百姓必然很多。殺傷別國的百姓很多，那麼人家的百姓必然會很痛恨我方的君主，人家的百姓十分痛恨我方，就每天想與我們戰鬥。人家固守城池，人家的士卒迎擊出戰，而我方要靠強力去戰勝他們，那麼他們殺傷我方的百姓也一定很多。殺傷我方百姓很多，那麼我方百姓很痛恨我方的君

主，因而每天都不想為本國去作戰。別國的百姓每天都想與我方作戰，而我國百姓每天都不想為我方去戰鬥，這就是強國所以變弱的原因了。國土雖多了，但民眾卻離開了，勞累雖多，但功績很少，雖然所守的國土增多了，但守土的人民減少了，這是強國反而被削弱的原因。於是各諸侯國無不互相訂立盟約，聯合那些怨恨黷武的國家，不忘自己的仇敵，窺伺著強國的可乘之機，趁著強國陷入苦境之時去進攻它，這就是強國危殆的時候了。

懂得強國之道的君主不專用強力勝人，大抵都將王天下當成自己的使命，使自己的實力更強大，鞏固自己的政治地位。當國力強大以後，其他諸侯國便不能使它變弱了，當政治鞏固以後，其他諸侯國便不能削弱它了。當天下沒有稱王稱霸的君主時，那麼強國就將常勝不敗了，這就是強國之道。

那些霸主不是這樣，而是開墾田野荒地，充實糧倉，加強軍備，以便使用，並謹慎地招募和選擇武藝高強的人，然後用厚重的獎賞引導他們，用嚴刑重罰糾正他們。保存將要滅亡的國家，使已滅亡的國家的後代能繼續祭祀自己的祖先，保衛弱小的國家，制止那些兇猛的國家的進攻，表現出自己沒有兼併別國的野心，那麼各國諸侯就會親近他了。實行與諸侯國相交好的原則，用恭敬的態度交結各國諸侯，那麼諸侯各國就會樂於與他交往。

諸侯們和他親近的原因，是因為他沒有吞併別國的野心。如果表現出了吞併別國的野心，諸侯們必然會與他疏遠了。所以，表明他沒有吞併諸侯的野心，信守睦鄰友好的原則，如果天下沒有稱王稱霸的君主，那麼行霸道的國家就常勝不敗了。這就是稱霸的道理。

戰國時，齊國國君齊閔王曾被燕、趙、魏、秦、韓五國聯軍打敗。春秋時，齊桓公與魯莊公訂盟，曾受魯莊公的臣子曹沬的脅迫，這沒有別的原因，就因齊閔王與桓公實行的不是王天下之道卻想稱王天下。

【延伸閱讀】

「君者，舟也；庶人者，水也。水則載舟，水則覆舟。」這是對君

民關係最著名的比喻，歷史證明，得民心者得天下。所以英明的君主都會把人民的利益放在自己的利益之上，不會輕易地去加重苛捐雜稅來損害人民的利益。南北朝時期的北魏皇帝拓跋嗣就是一位愛民的君主。

北魏一連幾年發生霜旱災害，收成不好，雲中、代郡一帶的老百姓有很多都餓死了。太史令王亮、蘇坦向北魏國主拓跋嗣進言道：「按著讖書的說法，我們魏國應把都城建在鄴城，那樣的話，百姓才可以富足歡樂。」

拓跋嗣向各位大臣徵求對這事的意見，博士祭酒崔浩、特進京兆周澹說：「把都城遷到鄴地，可以解救今年的饑荒，但卻不是長久之計。現在，一旦遷都，便要留下軍隊戍守舊都，這樣只能分出一部分人向南遷移，這些人不可能住滿幾個州的土地，只好與漢人混居住在各郡各縣。這樣，我們人少的實情就會曝露，恐怕四方的鄰國也都會因此產生輕視我們的想法。況且我們的百姓，不習慣那裡的水土，得病、受傷、死亡的人一定很多。再者，舊都的守兵減少之後，屈丐、柔然等國就會有攻打我們的想法，假如他們率領全國的軍隊前來進攻，雲中、平城一定會有危機。現在我們居住在北方，假如崤山之東的地區有什麼變亂，我們派遣輕裝騎兵向南進攻，把部隊分佈在林野中間，誰能知道我們人數的多少？老百姓看見我們的征塵就會敬服，這就是我們國家之所以用威力制服漢人的真正原因。明年春天到來之後，雜草生長起來，家畜吃飽之後，牛奶乳酪便可以供應上了，再加上蔬菜水果，便可以維持到秋天糧食成熟的季節，我們面臨的這些暫時困難便可以克服了。」

拓跋嗣說：「現在國庫徹底空了，已經沒有辦法再等到來年的秋天，如果明年秋天又出現饑荒，我們將怎麼處理呢？」

崔浩等回答說：「應該把最貧窮饑餓的人家挑選出來，讓他們去太行山以東的地區謀生。如果明年再發生饑荒，到時候再想辦法，只是現在不可遷都。」

拓跋嗣高興地說：「只有你們二人與我的想法一致。」於是挑選百姓中最貧寒的人家前往太行山以東的三個州去謀生，並派左部尚書統率軍隊鎮守魯口，召集安撫他們。拓跋嗣本人也親自耕種農田，又命令勸

勉指導人們從事農業和種桑養蠶的勞動。第二年，莊稼豐收，人民於是富足安定。

　　「天下者，天下人之天下也」，古人早已悟出了民主政治的精髓，一個國家是以人民為尊貴，而非君主、統治者為尊貴的，這是近代人民主權論在遠古的先聲。「民為貴、君為輕、社稷次之」，君主只是為人民所認可的管理者，是「人民的公僕」，中國這種傳統的民本主義思想起源於先秦戰國，對後來的政治家認識國家的實質起到了很大的作用。明智的統治者應該知道只有以民為貴、以民為主，才能政通人和、長治久安。

二、以類行雜，以一行萬

【原文】

　　彼王者不然，仁眇[①]天下，義眇天下，威眇天下。仁眇天下，故天下莫不親也。義眇天下，故天下莫不貴也。威眇天下，故天下莫敢敵也。以不敵之威，輔服人之道，故不戰而勝，不攻而得，甲兵不勞而天下服，是知王道者也。知此三具者，欲王而王，欲霸而霸，欲強而強矣。

　　王者之人，飾動[②]以禮義，聽斷以類[③]，明振毫末，舉措應變而不窮，夫是之謂有原，是王者之人也。

　　王者之制，道不過三代，法不貳後王。道過三代謂之蕩，法貳後王謂之不雅[④]。衣服有制，宮室有度，人徒有數，喪祭械用皆有等宜。聲則凡非雅聲者舉廢；色則凡非舊文者舉息；械用則凡非舊器者舉毀。夫是之謂復古，是王者之制也。

　　王者之論，無德不貴，無能不官，無功不賞，無罪不罰。朝無幸位，民無幸生。尚賢使能，而等位不遺[⑤]；折願[⑥]禁悍，而刑罰不過。百姓曉然皆知夫為善於家而取賞於朝也，為不善於幽而蒙刑於顯也。夫是之謂定論，是王者之論也。

　　王者之法[⑦]，等賦[⑧]，政事，財[⑨]萬物，所以養萬民也。田野什一，關市幾而不徵，山林澤梁以時禁發而不稅。相地而衰政[⑩]，理道之遠近而致貢，通流財物粟米，無有滯留，使相歸移[⑪]也。四海之內若一家，故近者不隱其能，遠者不疾其勞，無幽閒隱僻之國，莫不趨使而安樂之。夫是之謂之師，是王者之法也。

　　北海則有走馬吠犬焉，然而中國得而畜使之。南海則有羽翮、齒革、曾青、丹干焉[⑫]，然而中國得而財之。東海則有紫紶[⑬]魚鹽焉，然而中國得而衣食之。西海則有皮革、文旄[⑭]焉，然而中國得而用之。故澤人足乎木，山人足乎魚，農夫不斵削、不陶冶而足械用，工賈不耕田而足菽粟。故虎豹為猛矣，然君子剝而用之。故天之所覆，地之所載，莫不盡其美、致其用，上以飾賢良，下以養百姓而安樂之。夫是

之謂大神⑮。詩曰：「天作高山，大王荒⑯之。彼作矣，文王康之。」⑰此之謂也。

以類行雜，以一行萬，始則終，終則始，若環之無端也，舍是而天下以衰矣。天地者，生之始也；禮義者，治之始也；君子者，禮義之始也。為之，貫之，積重之，致好之者，君子之始也。故天地生君子，君子理天地。君子者，天地之參也，萬物之總也，民之父母也。無君子，則天地不理，禮義無統，上無君師，下無父子，夫是之謂至亂。君臣、父子、兄弟、夫婦，始則終，終則始，與天地同理，與萬世同久，夫是之謂大本。故喪祭、朝聘、師旅一也。貴賤、殺生⑱、與奪一也。君君、臣臣、父父、子子、兄兄、弟弟一也。農農、士士、工工、商商一也。

水火有氣而無生，草木有生而無知，禽獸有知而無義。人有氣、有生、有知亦且有義，故最為天下貴也。力不若牛，走不若馬，而牛馬為用，何也？曰：人能群，彼不能群也。人何以能群？曰：分。分何以能行。曰：義。故義以分則和，和則一，一則多力，多力則強，強則勝物，故宮室可得而居也。故序四時，裁萬物⑲，兼利天下，無它故焉，得之分義也。故人生不能無群，群而無分則爭。爭則亂，亂則離，離則弱，弱則不能勝物。故宮室不可得而居也，不可少頃舍禮義之謂也。

能以事親謂之孝，能以事兄謂之弟，能以事上謂之順，能以使下謂之君。君者，善群也。群道當則萬物皆得其宜，六畜皆得其長，群生皆得其命。故養長時則六畜育，殺生時⑳則草木殖，政令時則百姓一，賢良服。

聖王之制也，草木榮華滋碩之時則斧斤不入山林，不夭其生，不絕其長也；黿鼉、魚鱉、鰍鱣孕別之時，罔罟毒藥不入澤，不夭其生，不絕其長也；春耕、夏耘、秋收、冬藏四者不失時，故五穀不絕，而百姓有餘食也；洿池淵沼川澤謹其時禁，故魚鱉優多，而百姓有餘用也；斬伐養長不失其時，故山林不童㉑，而百姓有餘材也。

【注釋】

①眇：高遠。②飭：通「飾」，整飭、約束。

③聽斷：處理決斷。④不雅：不正。

⑤遺：差錯。

⑥折：抑制，原為「析」，據上下文義和《韓詩外傳》引文改。

⑦法：原脫。⑧等賦：按等級規定賦稅。

⑨財：通「裁」，利用。⑩衰：差別。政：通「征」。

⑪歸移：互相交換、輸送。

⑫羽翮：羽毛。齒革：象牙和犀牛皮。曾青：又稱銅精，即碳酸銅，一種繪畫用的顏料。丹干：丹砂，即硫化汞。

⑬紫紩：細麻布。

⑭文旄：染上色彩的旄牛尾，旗杆上的裝飾物。

⑮大神：大治。⑯荒：大。⑰康：安定。

⑱殺生：處死與赦免。⑲序：次序。裁：成。

⑳時：適時。㉑童：禿，指山無草木。

【譯文】

那些行仁道的不是這樣，他們的仁德高於其他所有的諸侯，道義高於其他所有的諸侯，威望高於其他所有的諸侯。仁德高於其他諸侯，所以天下的諸侯沒有不親近他的。道義高於其他諸侯，所以天下諸侯沒有不尊崇他們的。威望高於其他諸侯，所以天下諸侯沒有誰敢與他為敵。憑藉這些無敵的威力輔助仁義之道，所以不用打仗也能戰勝別人，不用攻取而得到城池，士兵用不著遭受出征的勞苦而天下諸侯自然歸屬，這就是懂得實行王道的君主。懂得強者之道、霸者之道和王者之道的君主·要想稱王就是王者，要想稱霸就是霸者，要想稱強就是強者了。

稱王天下的王者，能夠用禮義規範、約束自己的行動，以法令為準繩處理決斷政事，政治的清明能使最細微的事物都發揮其作用，政治措施的興廢能順時而變而不至於束手無策。這就懂得了政事的根本，就是能夠統一天下的王者。

王者的制度，治國的基本原則不超過夏、商、周三代，具體法度不能和後王的相悖離。治國的基本原則超過了夏、商、周三代叫做渺

茫難信，法度如果和後王的相悖離叫做不正確。穿衣服有一定的規矩，宮室佈局有一定的標準，左右僕從有一定的數額，喪葬、祭祀所用的器具都有和一定等級相符合的規定。凡是不屬於正聲的音樂要全部廢除；凡是不與舊有文彩、繪畫相符合的色彩全部不用；凡不符合舊有器具規定的器具全要毀掉。這就叫恢復古代舊制，這就是王者的制度。

王者用人的方針是：沒有德行的人不能使他有顯貴的地位，沒有才能的人不能授予他官職，沒有功勞的人不能給予獎賞，沒有犯罪的人不能施加刑罰，朝廷裡沒有靠僥倖得到官職的人，老百姓中沒有靠僥倖得過且過的人。尊崇賢人，使用能人，所給的等級地位與他的賢能相當而沒有一點差錯。制裁狡詐的人，禁止兇悍的人，施刑處罰恰當。百姓能清楚地懂得，在家裡做了好事會得到朝廷獎賞，在暗地做了不好的事也會在大庭廣眾下受到懲罰，這就是不變的用人方針，這就是王者用人的方針。

王者的法令：按等級徵收賦稅，處理好民事，利用萬物用來養育百姓。按田畝徵收十分之一的稅，對關卡和市場只查問而不徵稅，山上的樹木和湖泊中的魚，根據季節禁止或允許採伐捕撈而不徵稅。察看土地的好壞，分別徵稅，根據路程的遠近決定送交貢物的多少。讓財貨、糧食能夠流通，不要讓它積壓，使不同地域的物資互相流通。四海之內好像一家人，近處的不隱瞞自己的能力，遠處的不怨恨自己的勞苦，這樣不論地處多麼偏遠不為人所知的國家，沒有不奔向他而且愉快地聽他使喚的。這就叫做人們的表率，是王者統一天下的法令。

北部地方出產駿馬和獵狗，中原地區得到了馬、狗以後便畜養和使用牠們。南部地區出產羽毛、象牙、犀牛皮、曾青、朱砂，中原地區得到了把它們當財寶。東部地區出產粗細麻布、魚、鹽，中原地區得到它們之後便做衣料、供食用。西部地區出產皮革、犛牛尾，中原地區得到了它們加以使用。這樣，住在水邊的人有足夠的木材，住在山區的人有足夠的魚，農民用不著自己做木工活，用不著做陶器與冶煉，而有足夠的工具使用，工匠商人用不著耕田而能有足夠的糧食吃。虎豹雖然是兇猛的動物，可是君子可以剝下它的皮加以利用。可見，

蒼天覆蓋的一切，大地負載的一切，沒有一樣東西不竭盡它們的美妙，顯現出它們的用處。對上能用來裝飾賢良的人的生活，對下能養活百姓，使他們享受安樂，這叫做天下大治。《詩經》上說：「上天造就了這座高山，太王又將它擴大。太王已擴大了它，文王又讓它安康。」就是說的這個。

　　用各類事物的總原則來統率紛雜的事物。用禮義這個一貫的原則來統率萬物。起點即為終點，終點就是起點，好比一個圓環首尾銜接沒有終極。如果捨棄這一原則，天下就會衰亂。天和地是萬物生命的本源；禮義是治理天下的根本；君子是禮義的創始者。實行禮義，貫徹禮義，不斷累積禮義，在禮義上達到最為完美的地步，這就是做君子的根本。所以，天地生養了君子，君子治理天地。君子能和天地的作用相配合，能成為萬物的總管，百姓的父母。沒有君子，天地將得不到治理，禮義也失去根本。在上沒有君主和老師，在下沒有父親和兒子，這就叫做亂到了極點。君臣、父子、兄弟、夫婦如同圓環，起點就是終點，終點就是起點，跟天地既相接又有上下之分同一道理，與萬世一起長存，這就是最大的根本。喪葬祭祀，朝見天子，諸侯們互相問候，軍隊中有上下等級和禮節，其道理都是一樣的。高貴與卑賤、處死與赦免、賞和罰，其道理也是一樣的。君為君、臣為臣、父為父、子為子、兄為兄，弟為弟，也是同一道理。農為農、士為士、工為工、商為商，也是同一道理。

　　水火有氣，但沒有生命，草木有生命但沒有知覺，禽獸有知覺但不懂得禮義。人有氣、有生命，有知覺，又懂得禮義。所以，人是天下最高貴的。人的力氣不如牛，奔跑不如馬，但牛馬為人所役使，這是什麼原因呢？因為人能合為群，牛馬不能。人為什麼能合為群呢？答道：等級名分。等級名分為什麼能行得通呢？答道：禮義。所以用禮義的標準來區分等級，人們的關係就能和諧，和諧就能統一，統一就能加強力量，力量大就能強盛，強盛就能戰勝萬物。所以人們能建造房屋供人居住，能根據四季變化安排四時活動。能主宰萬物，使天下的人都得到利益，這沒有別的原因，是有等級名分作為準則的緣故。

所以人要生存不能沒有群體，有群體而沒有等級名分就會爭奪，爭奪就會產生混亂，產生混亂就會離散，離散就會力量削弱，力量削弱了就不能戰勝外物，建造了房屋也不可能居住。這就是說我們一刻也不能捨棄禮義。

能以禮義侍奉自己的父母叫做孝，能以禮義侍奉自己的兄長叫做悌，能以禮義侍奉自己的君主叫做順，能以禮義役使臣民叫做君。君，就是善於以一定的分工和等級把人們組織起來的人。組織社會的原則恰當，那麼萬事萬物都能得到適宜的利用，馬、牛、羊、雞、犬、豕六畜都能繁殖興旺，各種有生命的生物都能生命旺盛。所以，只要養育生長適時，六畜就會繁育興旺；採伐種植適時，草木就繁茂生長；政治法令頒行適時，百姓就會行動一致，賢良的人才會順服。

聖王的制度：草木開花結果的時候，就不能讓拿斧子採伐的人進入山林，不使樹木夭折，不斷絕草木的生長。各種魚類產卵的時候，就不讓人把魚網和毒藥投入水澤捕撈，不使各種魚類夭折，不斷絕它們的生長。春耕、夏耘、秋收、冬藏四季農活不失時宜，這樣五穀就能源源不斷地保持供給，老百姓會有多餘的糧食。大大小小的魚塘，嚴格規定在一定的時節內禁止捕撈，魚類就會特別多，老百姓食用後還有多餘。不失時機地砍伐木材和培育山林，山林就不會變得光禿禿，老百姓就會有多餘的木材。

【延伸閱讀】

「民貴君輕」的思想在戰國的時候就已經得到了很多有識之士的認同。其中，巾幗不讓鬚眉的趙威后就是其中之一。

齊襄王派遣使者問候趙威后，還沒有打開書信，趙威后問使者：「今年收成還可以吧？百姓安樂嗎？你們大王無恙吧？」

使者有點不高興，說：「臣奉大王之命向太后問好，您不先問我們大王狀況，卻打聽今年收成、百姓的狀況，這有點先卑後尊吧？」

趙威后回答說：「話不能這樣說。如果沒有好的收成，百姓憑什麼繁衍生息？如果沒有百姓，大王又怎能稱尊？豈有捨本問末的道理？」

她接著又問：「齊有隱士鍾離子，他還好吧？他主張有糧食的人讓

他們有飯吃，沒糧食的人也讓他們有飯吃；有衣服的給他們衣服，沒有衣服的也給他們衣服。這是在幫助君王養活百姓，齊王為何至今未重用他？葉陽子還好吧？他主張憐恤鰥寡孤獨，賑濟窮困不足，這是替大王體恤百姓，為何至今還不加以任用？北宮家的女兒嬰兒子還好嗎？她摘去耳環玉飾，至今不嫁，一心奉養雙親，以孝道為百姓表率，為何至今未被朝廷褒獎？這樣的兩位隱士不受重用，一位孝女不被接見，齊王怎能治理齊國、撫恤萬民呢？於陵的子仲這個人還活著嗎？他在上對君王不行臣道，在下不能很好地治理家業，又不和諸侯交往，這是在引導百姓朝無所事事的方向走呀！齊王為什麼至今還不處死他呢？」

三、聖王之用，上察於天下錯於地

【原文】

聖王之用也，上察於天，下錯於地，塞備①天地之間，加施萬物之上，微而明，短而長，狹而廣，神明博大以至約。故曰：一與一是為人者，謂之聖人。

序官②：宰爵③知④賓客、祭祀、饗食、犧牲之牢⑤數。司徒知百宗、城郭、立器之數⑥。司馬知師旅、甲兵、乘白⑦之數。修憲命，審詩商⑧，禁淫聲，以時順修⑨，使夷俗邪音不敢亂雅，大師之事也。修堤樑，通溝澮⑩，行水潦，安水藏，以時決塞，歲雖凶敗水旱，使民有所耘艾⑪，司空之事也。相高下，視肥墝，序五種，省農功，謹蓄藏，以時順修，使農夫樸力而寡能，治田之事也。修火憲，養山林藪澤草木魚於繁百索⑫，以時禁發，使國家足用而財物不屈⑬，虞師之事也。順州里，定廛⑭宅，養六畜，閑樹藝，勸教化，趨孝弟，以時順修，使百姓順命，安樂處鄉，鄉師之事也。論百工，審時事，辨功苦⑮，尚完利，便備用，使雕琢文采不敢專造於家，工師之事也。相陰陽，占祲兆⑯，鑽龜陳卦，主攘擇五卜知其吉凶妖祥，傴巫跛擊之事也。修采清⑰，易⑱道路，謹盜賊，平室律，以時順修，使賓旅安而貨財通，治市之事也。折願禁悍，防淫除邪，戮之以五刑，使暴悍以變，奸邪不作，司寇之事也。本政教，正法則，兼聽而時稽之，度其功勞，論其慶賞，以時順修，使百吏免盡⑲，而眾庶不偷，塚宰之事也。論禮樂，正身行，廣教化，美風俗，兼覆而調一之，辟公⑳之事也。全道德，致隆高，綦㉑文理，一天下，振毫末，使天下莫不順比從服，天王之事也。故政事亂，則塚宰之罪也；國家失俗，則辟公之過也；天下不一，諸侯俗㉒反，則天王非其人也。

具具㉓而王，具具而霸，具具而存，具具而亡。用萬乘之國者，威強之所以立也，名聲之所以美也，敵人之所以屈也，國之所以安危臧否也，制與在此，亡乎人。王霸、安存、危殆、滅亡，制與在我，亡乎人。夫威強未足以殆鄰敵也，名聲未足以縣天下也，則是國未能獨

立也，豈渠㉔得免夫累乎！天下脅於暴國，而黨㉕為吾所不欲於是者，日與桀同事同行，無害為堯，是非功名之所就也，非存亡安危之所墮也。功名之所就，存亡安危之所墮，必將於愉殷㉖赤心之所。誠以其國為王者之所，亦王；以其國為危殆滅亡之所，亦危殆滅亡。

殷之日，案以中立無有所偏㉗而為縱橫之事，優然㉘案兵無動，以觀夫暴國之相卒㉙也。案平政教，審節奏，砥礪百姓，為是之日，而兵剗天下之㉚勁矣；案修仁義，伉㉛隆高，正法則，選賢良，養百姓，為是之日，而名聲剗天下之美矣。權者重之，兵者勁之，名聲者美之。夫堯、舜者一天下也，不能加毫末於是矣！

權謀傾覆之人退，則賢良知聖之士案自進矣。刑政平，百姓和，國俗節㉜，則兵勁城固，敵國案自詘㉝矣。務本事㉞，積財物，而勿忘棲遲薛越也㉟，是使群臣百姓皆以制度行，則財物積，國家案自富矣。三者體㊱此而天下服，暴國之君案自不能用其兵矣。何則？彼無與至也。彼其所與至者，必其民也。其民之親我歡若父母，好我芳若芝蘭，反顧其上則若灼黥㊲，若仇讎，彼人之情性也雖桀、蹠，豈有肯為其所惡賊其所好者哉！彼以奪矣。故古之人，有以一國取天下者，非往行㊳之也，修政其所，天下莫不願，如是而可以誅暴禁悍矣。故周公南征而北國怨。曰：何獨不來也！東征而西國怨。曰：何獨後我也！孰能有與是鬥者與！安以其國為是者王。

殷之日，安以靜兵息民，慈愛百姓，辟田野，實倉廩，便備用，安謹募選閱材伎之士。然後漸賞慶以先之，嚴刑罰以防之，擇士之知事者使相率貫㊴也，是以厭然畜積修飾而物用之足也。兵革器械者，彼將日日曝露毀折之中原，我今將修飾之，拊循之㊵，掩蓋之於府庫。貨財粟米者，彼將日日棲遲薛越之中野，我今將畜積並聚之於倉廩。材伎股肱、健勇爪牙之士，彼將日日挫頓竭之於仇敵，我今將來致之、並閱㊶之、砥礪之於朝廷。如是，則彼日積敝，我日積完；彼日積貧，我日積富；彼日積勞，我日積佚。君臣上下之間者，彼將厲厲㊷焉日日相離疾也，我今將頓頓㊸焉日日相親愛也，以是待其敝。安以其國為是者霸。

立身則從傭㊴俗，事行則從傭故㊺，進退貴賤則舉傭士。之所以接下之人百姓者則庸寬惠，如是者則安存。立身則輕楛㊻事行則蠲疑㊼，

進退貴賤則舉佞兌⑱，之所以接下之人百姓者則好取侵奪，如是者危殆。立身則憍⑲暴，事行則傾覆，進退貴賤則舉幽險詐故，之所以接下之人百姓者，則好用其死力矣而慢其功勞，好用其籍斂⑳矣而忘其本務，如是者滅亡。此五等者，不可不善擇也。王、霸、安存、危殆、滅亡之具也。善擇者制人，不善擇者人制之；善擇之者王，不善擇之者亡。夫王者之與亡者、制人之與人制之也，是其為相縣㊿也亦遠矣。

【注釋】

①塞備：充滿。②序：同「敘」，敘述。

③宰爵：官名，主管宰殺牲畜、調膳以供接待賓客和祭祀用的官。

④知：主管。⑤牢：祭祀用的牲品。⑥立器：陳設器械。

⑦乘：古代四馬一車為一乘。白：同「伯」，古代軍隊編制，百人為伯。

⑧商：通「章」。⑨順修：整理修訂。⑩澮（ㄎㄨㄞˋ）：田間大溝渠。

⑪艾：同「刈」，收穫。

⑫素：同「蔬」，蔬菜。原為「索」，據文義改。

⑬屈：盡。

⑭廛宅：古代城市中市面上的店舖叫「廛」，居民區的住所叫「宅」。

⑮功苦：產品的好壞。

⑯祲（ㄐㄧㄣ）兆：不祥之兆。兆：徵兆。

⑰清：同「圊」，廁所。⑱易：整飭。

⑲免盡：勤勉。⑳辟公：諸侯。㉑綦：極。

㉒俗：通「欲」。㉓具具：具備某種條件。

㉔豈渠：怎麼。㉕黨：同「倘」，假如。㉖殷：強盛。

㉗偏：偏袒。㉘偍然：形容停息的狀態。

㉙卒：同「捽」，爭鬥、衝突。

㉚劃：同「專」。「之」字原脫。

㉛伉：通「亢」，極。

㉜國俗節：國家的風俗節儉。㉝詘：屈服。

㉞務本事：致力於農業生產。

㉟棲遲：分散，遺棄。薛越：散亂。

㊱體：按照。㊲黥：古代在犯人臉上刺字的刑罰。

㊳行：奪取。㊴率貫：統率。㊵拊：愛護。

㊶閱：容納。㊷厲厲：仇視的樣子。

㊸頓頓：誠懇的樣子。㊹傭：同「庸」。

㊺傭故：平常的慣例。㊻輕楛：輕率惡劣。

㊼躝疑：毫不遲疑。㊽佞兌：即「佞銳」。花言巧語的小人。

㊾憍：同「驕」。㊿籍斂：搜刮。○51縣：同「懸」，懸殊。

【譯文】

聖王的功用：上接於天，下達於地，充滿於整個天地之間，施加於萬物之上。這種功用似乎很隱微卻又很顯著，似乎很短促卻又很深長，似乎很狹窄卻又很寬廣，它真是智慧博大而又簡明扼要。所以說，能用禮義這一總原則去統帥一切事物的人，就叫做聖人。

敘述官的職能：宰爵主管接待賓客、祭祀、宴會、祭祀時所用牲口的數量。司徒主管宗族、內城、外郭、設置器械的數量。司馬主管軍隊、武器、車馬、士卒的數量。制訂法令，審查詩歌，禁止淫邪的音樂，按時整頓，使蠻方的淫邪風俗不敢擾亂雅正的音樂，這是樂官太師的職責。修治堤壩橋樑，疏通田間縱橫的溝渠，疏通河道，排除澇災，修固水庫，蓄藏水流，按時開放和關閉水庫。即使遭受水旱災害，年成不好，也使得百姓仍然能夠進行耕種，有所收穫，這是司空的職責。察看地勢的高低，辨認土地的肥瘠，按時播種五穀，檢查農民勞動的功效，認真儲備糧食，按時整頓，使得農民一心一意地致力於農業生產，而不從事其他的事情，這是治田的職責。修訂防火的條令，保護山林、湖泊、草木及各種魚類、蔬菜，按時關閉和開放，使得國家能夠有足夠的財物使用而不會缺乏，這是虞師的職責。治理鄉里的百姓，使百姓和順，規定百姓的住宅界限，畜養馬、牛、羊、雞、犬、豕六畜，學習種樹的技藝，勉勵百姓聽從教化，促進人們孝順父母、敬重兄長的風氣，按時整頓，使百姓遵循法令，安居樂業，這是鄉師的職責。評論各種手藝工匠技藝的高低，根據時節確定要做的事，

辨別產品的優劣，注重產品的堅固適用，使設備器具便於使用，促使各種雕刻、繪畫的工藝品不敢在家私自製造，這是工師的職責。觀察陰陽的變化，預測氣象徵兆，在龜殼上鑽孔火烤，擺著草算卦，根據占卜時出現的五種兆形，排除不祥，選擇吉事，瞭解吉凶禍福，這是駝背、跛子、男女巫師的職責。修建墳墓、廁所，整修道路，嚴防盜賊，評定物價，按時修訂整頓，使商旅安全，財貨流通，這是主管城鎮的官吏治市的事。抑制狡猾、禁止暴虐、防止淫亂、除去邪僻，並用刺臉、割鼻、斷腳、宮刑、砍頭五種刑罰懲罰他們，使強暴兇悍的人因此而有所改變，使奸邪的事不再發生，這是主管司法的最高長官司寇的職責。以政治教化為根本，修定法令制度，全面聽取各方面的意見，並且經常考查，衡量功勞大小，並進行評定給予獎賞，按時修訂整頓，使各級官吏勉力盡職，百姓也不敢馬馬虎虎過日子，這是宰相的職責。講究禮樂，端正自身行為，廣施教化，使風俗純樸敦厚，普遍地養育百姓，使得他們步調一致，這是諸侯們的職責。使道德完備，把禮義尊崇到最高的地位，讓禮法制度完善健全，統一天下，使細微末節的事都振興起來，使天下的人沒有不歸順、親近和服從的，這是天子的職責。所以，政事混亂，就是宰相的過錯；國家的風俗敗壞，就是諸侯的過錯；天下不統一，諸侯想要反叛，這是天王不得其人。

　　具備了王者的條件，就能稱王於天下；具備了霸者的條件，能稱霸於天下；具備了生存條件的國家，就能存於天下；具備了亡國條件，國將滅亡。萬乘兵車的大國，其強大威嚴之所以能樹立，名聲之所以美好，敵人之所以屈服，國家之所以有安危、好壞，關鍵在於本國是否具備了這些條件，而不在於別國。稱王稱霸，國家的安全、危亡，關鍵全在於自己具備什麼樣的條件，而不在於別國。國家的威嚴如果還不足以使鄰敵感到危險，名聲還不足以使天下人都仰慕，那麼這樣的國家不能夠獨立於天下，又怎麼能夠免除憂慮呢！天下被暴國所威脅，假如自己不願意像暴國那樣做，那麼，即使每天跟夏桀那樣的暴君共事同行，也並不會妨害自己成為堯那樣的賢君。所以，這些都不是成就功名的關鍵，也不是國家存亡安危的根本原因。建立功名的關

鍵，國家存亡安危，必定要看他在國家強盛時志向立在什麼基點上。如果確實把自己的國家作為實行王道的場所，也就能夠稱王。把自己的國家作為危險滅亡的場所，也就會招致危險和滅亡。

在國家強盛的時候，要採取中立的態度，不要偏袒一方而參與合縱連橫的活動，要按兵不動，觀察那些暴國自相爭鬥。在國內保持政治教化的穩定，明確禮節制度，訓練百姓，當做到這些的時候，兵力在天下諸侯中就為最強勁了；實行仁義，把禮義推崇到最高的地位，嚴肅法制，選拔賢良的人，養育百姓，當做到這些的時候，名聲在天下諸侯中就可以成為最美好的了。重視政權建設，加強軍事力量，使自己的名望變得美好，這就是堯和舜統一天下的做法，不能在此再增加一絲一毫了！

玩弄陰謀詭計和搞顛覆破壞活動的人被清除，那麼德才兼備之士就自然被提拔使用。刑法政令適當，百姓和諧一致，國家的風俗有節制，那麼兵力強勁，城池鞏固，敵國自然就屈服了。致力於農業生產，累積財物，不隨便浪費扔棄財物，如果能使群臣百姓都遵行制度，那麼財物累積增加，國家自然富足起來。如果能按照上述三方面去做，天下諸侯就會順服，暴國的國君自然就不能窮兵黷武了。為什麼呢？因為沒有人跟著他去打仗了。而那些跟隨暴君去打仗的人，一定是他統治的百姓，他的百姓親近我方，如同喜歡自己的父母，喜歡我方如同喜歡芬芳的芝蘭，他們回頭看他們自己的君主，就像看到受過黥刑面目醜陋的人，就像看到有深仇大恨的敵人。那些人的性情即使有如夏桀、盜蹠那樣殘忍，也不會願意替他所憎恨的暴君去殺害他所喜愛的人的！他的百姓已經被我方爭取過來了。所以古人中，有憑藉一國而獲得整個天下的，這並不是要他到別的國家去採取行動，而是在本國做好政治，這樣天下的人就沒有不羨慕的，如果這樣就可以誅殺暴君，制止兇悍。所以，周公南征時就有北邊的國家埋怨，說為什麼偏偏不到我們北方來呢？東征時就有西方的國家埋怨，說為什麼偏偏把我們放在後面征伐呢？還有誰能與這樣的人爭鬥呢！能把自己的國家治理成這樣子就可以稱王了。

　　當國家強盛的時候，就應該停止用兵，使人民休養生息，愛護百姓，擴大耕地，使糧倉裡有充足的糧食，使各種器具設備便於使用，謹慎地招募、選拔有才之士，然後用重賞引導他們，用嚴刑重罰防範他們，在這些士人中選擇具有才智又通達事理的人統率管理他們，充分地積蓄財物、修理器械，這樣使用的物資就十分充足了。兵器等各種軍事設備，別國將它丟棄、毀壞在原野上，而我們卻可以把它修理好，清理整頓好並收藏在府庫中。財物糧食，別國將它遺棄散落在曠野中，而我們就可以把它儲藏起來並收集到糧倉中去。有才能的得力大臣、勇敢善戰的武士，別國讓他們天天被仇敵打擊而筋疲力盡，而我們卻可以招募他們，收留容納他們，讓他們在國內接受訓練。這樣，別國一天天越來越衰敗，我們卻一天天更加完善。別國一天天越來越貧窮，我們卻一天天更加富足。別國一天天越來越疲憊，我們一天天養精蓄銳。別國的君臣上下之間，一天天相互仇視疏遠，我們卻彼此誠懇，一天天更加親近愛護，用這樣的方法等待別國的衰敗，用這樣的方法治理自己的國家就可以稱霸。

　　做人就隨從平常的風俗習慣，做事就遵行平常的慣例，在用人方面，選拔平常的士人，用寬厚和實惠對待臣下和百姓，君主如果做到這樣，國家將得到安全和生存。做人輕率惡劣，做事遲疑不決，用人則選拔花言巧語的人，用巧取豪奪對待臣下和百姓，君主如果這樣做，國家將處於危險之中。做人驕橫兇暴，做事反覆無常，用人選拔陰險奸詐的人，對待臣子及百姓，則喜歡他們拚死賣力，卻輕視他們的功勞，還喜歡利用他們搜刮民財，卻忘了讓他們從事農業生產的本業，君主如果這樣做，國家就會遭到滅亡。這些，君主不可不好好選擇，這些都是王者、霸者、國家安存、危殆、滅亡的原因。善於選擇的人就可以制服別國，不善於選擇的人就將被別人制服，善於選擇的人可以稱王，不善於選擇的人就將被滅亡。稱王天下的人和被滅亡的人，制服別國的人和被別國制服的人，他們之間的區別實在是太大了。

【延伸閱讀】

　　怎樣才能使國家富強？如何才能統一各國？這是戰國時期幾乎每個

有識之士都在苦苦思索的問題，也是每個著書立說的學者不可迴避的。這也是擺在荀子面前的問題，荀子指出的道路是實行「王道」。至於怎麼實行這個「王道」，在本篇中，荀子明明白白地做出了回答。

政治上要舉賢任能、誅滅元惡，破格提拔有才能的人，廢黜無才無德的庸人，把那些為非作歹的人和混淆是非的學說都嚴令制止，鰥寡孤獨都要進行照顧收養，這樣才能在政治上達到「天德」的境界。其中，荀子還談到了百姓和君主的關係，「君者，舟也；庶人者，水也。水則載舟，水則覆舟。」這是對君民關係最著名的比喻，甚至在幾百年後的唐朝，唐太宗李世民還用這句話來勉勵自己。

王者和其他君主有什麼不同呢？荀子認為：王者爭奪民心，霸主爭奪同盟國，好戰的強國爭奪土地。爭奪民心的王者可以使諸侯成為自己的臣子，爭奪同盟國的霸者可以使諸侯成為自己的朋友，爭奪土地的強國就會使諸侯成為自己的敵人。使諸侯臣服的能稱王天下，同諸侯友好的能稱霸諸侯，和諸侯為敵的就危險了。顯然，荀子的最終目標不在於一國一家的治理，而是整個天下都得到治理，這樣的理論為秦國統一六國作了理論上的準備。

第七章

王霸①

道貫古今，信立而霸

一、國者，天下之利用也

【原文】

　　國者，天下之利用也[2]，人主者天下之利勢也[3]。得道以持之，則大安也，大榮也，積美之源也；不得道以持之，則大危也，大累也，有之不如無之；及其綦也，索[4]為匹夫不可得也，齊湣、宋獻是也[5]。故人主天下之利勢也，然而不能自安也，安之者必將道也。

　　故用國者，義立而王，信立而霸，權謀立而亡。三者明主之所謹擇也，仁人之所務白[6]也。

　　挈[7]國以呼禮義而無以害之，行一不義，殺一無罪，而得天下，仁者不為也。擽然[8]扶持心國且若是其固也！之所與為之者，之人則舉義士也；之所以為布陳於國家刑法者，則舉義法也；主之所極然帥群臣而首鄉之者，則舉義志也。如是，則下仰上以義矣，是綦[9]定也。綦定而國定，國定而天下定。仲尼無置錐之地，誠義乎志意，加義乎身行，箸之言語，濟之日[10]，不隱乎天下，名垂乎後世。今亦以天下之顯諸侯，誠義乎志意，加義乎法則度量，箸之以政事，案申重之以貴賤殺生[11]，使襲然[12]終始猶一也。如是，則夫名聲之部發[13]於天地之間也，豈不如日月雷霆然矣哉！故曰：以國齊義，一日而白，湯武是也。湯以亳[14]，武王以鎬[15]，皆百里之地也，天下為一，諸侯為臣，通達之屬，莫不從服，無它故焉，以濟義矣。是所謂義立而王也。

　　德雖未至也，義雖未濟也，然而天下之理略奏矣[16]，刑賞已諾信乎天下矣，臣下曉然皆知其可要也。政令已陳，雖睹利敗，不欺其民；約結已定，雖睹利敗，不欺其與。如是，則兵勁城固，敵國畏之；國一綦[17]明，與國信之。雖在僻陋之國，威動天下，五伯[18]是也。非本政教也，非致隆高也，非綦文理也，非服人之心也，鄉方略，審勞佚，謹畜積，修戰備，齲然[19]上下相信，而天下莫之敢當。故齊桓、晉文、楚莊、吳闔閭、越句踐，是皆僻陋之國也，威動天下，強殆[20]中國，無它故焉，略[21]信也。是所謂信立而霸也。

　　挈國以呼功利，不務張其義，齊其信，唯利之求，內則不憚詐其

民而求小利焉，外則不憚詐其與而求大利焉，內不修正^㉒其所以有，然常欲人之有。如是，則臣下百姓莫不以詐心待其上矣。上詐其下，下詐其上，則是上下析也。如是，則敵國輕之，與國疑之，權謀日行，而國不免危削，綦之而亡，齊閔、薛公^㉓是也。故用強齊，非以修禮義也，非以本政教也，非以一天下也，綿綿常以結引弛外為務。故強，南足以破楚，西足以詘^㉔秦，北足以敗燕，中足以舉宋。及以燕趙起而攻之，若振槁然^㉕，而身死國亡，為天下大戮，後世言惡，則必稽焉！是無它故焉，唯其不以禮義而由權謀也。

　　三者明主之所以謹擇也，而仁人之所以務白也。善擇者制人，不善擇者人制之。

【注釋】

　　①王霸：此篇闡明了如何加強國家政權，實現國家統一。文中荀況堅持統一，反對割據，反對任人唯親，主張任人唯賢。

　　②利用：最有力的工具。「利」字前原衍「制」字，據文義刪。

　　③利勢：最有權勢的地位。④索：求。

　　⑤宋獻：即宋康王，名偃，戰國時宋國國君，被齊滑王打敗，死於溫（今河南溫縣）。

　　⑥白：明白。⑦挈（ㄑㄧㄝˋ）：舉，這裡指管理。

　　⑧摖（ㄉㄨㄛˋ）然：石頭堅固的樣子。⑨綦：當作「基」，根本。

　　⑩濟之曰：成功的時候。⑪貴賤殺生：賞罰的意思。

　　⑫襲然：合一的樣子。⑬部：通「勃」。

　　⑭亳（ㄅㄛˊ）：商湯王的國都，在今河南商丘縣東南。

　　⑮鎬（ㄏㄠˋ）：一作「鄗」，周武王的國都，在今陝西西安市西南。

　　⑯奏：同「湊」，聚。⑰綦：通「期」，約定。

　　⑱五伯：即五霸，指的是齊桓公、晉文公、楚莊王、吳王闔閭、越王勾踐。

　　⑲齫（ㄕㄡ）然：牙齒上下相合的樣子。

　　⑳殆：危。㉑略：取。㉒修正：治理。

　　㉓薛公：名田文，號孟嘗君，曾任齊閔王的相。

㉔詘：同「屈」，屈服。㉕槁（《ㄠˇ）：枯葉。

【譯文】

　　國家政權，是天下最有力的工具；君主地位，是天下最有權勢的地位。用正確的治國原則去掌握國家政權和君位，就是最大的安定，最大的尊榮，它是聚集一切美好的泉源；不用正確的治國原則去掌握國家政權和君位，就是最大的危險，最大的禍害，有它還不如沒有它。等到這種情況到了最嚴重的程度時，君主就算想要當一個普通老百姓也不可能了，宋康王就是例子。所以，君主的地位是天下最有權勢的地位，但是，它不能自動地安定天下，要使天下安定就必須實行正確的治國原則。

　　所以，治理國家的人，遵循禮義可以稱王於天下，確立信用可以稱霸於諸侯，玩弄陰謀權術就會滅亡。以上三條，英明的君主都必須謹慎選擇，是仁人必須明白的道理。提倡用禮義來治理國家，而不用別的東西去妨害它。做一件不合乎禮義的事，處死一個無罪的人而奪得天下，仁人不會這樣做。他用禮義約束自己的思想和治理好國家，並像磐石那樣堅定不移！凡是和他一道從事政事的人，都是遵循禮義的人；凡是頒佈的國家的刑法制度，都是遵循禮義的法令；他所迅速地率領群臣追求的目標，都是合乎禮義的目標。如果這樣，臣民都以禮義來景仰君主，基礎就鞏固了。基礎鞏固了於是國家也就安定了，國家安定了於是天下也就安定。孔子沒有一點土地，但他真正用義來端正自己的思想，用義來約束自己的行為，並且表現於言談中，成功的時候，他不被天下的人埋沒，名聲流傳於後代。當今天下顯赫的諸侯也真正用義來端正自己的思想，用義來衡量各種法令制度，並把它表現在政事中，反覆強調按義進行賞罰，並自始至終加以貫徹。如果這樣，他的名聲就將顯揚於天地之間，難道不像日月雷霆那樣光明響亮嗎！所以說，用禮義來統一國家，名聲很快就會顯赫於天下，商湯王和周武王就是例子。當初商湯王在亳地，周武王在鎬地，都只有百里的地盤，後來卻統一了天下，使諸侯稱臣，凡人跡所到之處沒有不歸順服從的，這沒有什麼別的原因，是因為借助了禮義。這就是人們

所說的遵循禮義可以稱王於天下。

即使德行沒有達到最完善的程度，道義沒有完全具備，但是天下的治理基本具備了，懲罰、獎賞、禁止的、允許的，都能取信於天下；臣下都清楚地知道哪些是可以相信的；政令已經頒佈，即使看到有成敗得失，也不失信於百姓；諸侯國之間締結的盟約已經簽定，即使看到有成敗得失，也不失信於盟國。如果這樣，那麼就會兵力強勁，城池鞏固，使敵國害怕。全國上下一致，約定明確，不失信用，盟國就會相信它，即使國家處於偏僻簡陋地方，威名也能震動天下。齊桓公、晉文公、楚莊王、吳王闔閭、越王勾踐五霸就是這樣的國家。他們並不以政治教化為根本，不是最推崇禮法，禮法制度也還不是十分完備，也不能使人內心信服，但他們注重方針策略，注意恰當安排勞和逸，注意積蓄財物，修製作戰器械，如同牙齒上下相合一樣互相信任，於是天下沒有誰敢於抵擋他們。齊桓公、晉文公、楚莊王、吳王闔閭、越王勾踐，他們都是處於偏僻簡陋地方的國君，可是他們的威望震動天下，他們的強大使中原國家感到危脅，這沒有什麼別的原因，是因為他們能取信於天下。這就是人們所說的確立信用就能稱霸於諸侯。

用號召功利來治理國家，不致力於張揚禮義、始終如一地堅守信用，只貪求利益，對內不顧一切地欺詐老百姓以追求小利，對外不顧一切地欺詐盟國以追求大利。對內不治理好自己已經擁有的一切，卻總是希望佔有別人擁有的東西。如果這樣，那麼臣下百姓沒有誰不跟著用欺詐的心思對待自己的君主。君主欺詐臣民，臣民欺詐君主，國家就會分崩離析。如果這樣，那麼敵國就會輕視它，盟國就會懷疑它，玩弄權術陰謀的風氣就會一天天盛行，於是國家不可避免會削弱危殆，到了極嚴重的程度就會滅亡，齊閔王、孟嘗君就是這樣。他們治理強大的齊國，不是用修治禮義的方法，不是以政治教化為根本，而是不斷地以勾結招引別國、向別國擴張作為追求的目標。所以齊國的強大，向南足以打敗楚國，向西足以使秦國屈服，向北足以打敗燕國，在中原足以奪取宋國。但等到燕趙聯軍起兵攻打齊國時，就如同搖落枯葉一般容易，於是他們身死國亡，成為奇恥大辱，後代人講到惡果，就

一定要拿這作為例證！這沒有別的什麼原因，只是因為他們不遵循禮義而且玩弄權術陰謀。以上三種情形，英明的君主應該謹慎地選擇，而仁人一定要弄明白。善於選擇的人能制服別人，不善於選擇的人被別人制服。

國家，是天下最重要的工具，是最重的擔子，不能不妥善地為它選擇恰當的治國原則和人，然後安置它，把國家置於危險的治國原則上或託給危險的人就會危險。不能不妥善地為它選擇正確的治國之道，然後去實行，治國之道污濁就行不通。國家危險、治國之道行不通，國家就會滅亡。對於國家的安置，並不在於劃分疆界，而在遵循什麼樣的法則，任用什麼樣的人。所以實行王者之法，任用王者去治理國家，就能夠稱王天下；實行霸者之法，任用霸者去治理國家，就能夠稱霸於諸侯；實行亡國之法，任用亡國之人去治理國家，國家就會滅亡。這三條，英明的君主應該謹慎地選擇，而仁人一定要弄明白。

所以國家是最重的擔子，不用長期累積起來的正確的治國原則去治理，國家就不能鞏固。國家是隨著時代的變化而更新，這只是執政者的更迭，並非實質上的變化。一朝一代君臣任職的時間都是很短暫的，可是為什麼還有千年之國安然存在呢？這是因為他們用千年不渝真實可信的法度來治理國家，而且和那千年不渝信守禮法的人士一道去實行的結果。人沒有百歲的壽命，但有千年不渝信守禮法的人士。這是為什麼呢？用那千年不渝真實可信的法度來掌握自己的人，就是千年不渝信守禮法的人了。所以與長期累積禮義的君子一起治理國家就可以稱王於天下，與品行端正忠誠、堅守信用的人一起治理國家，就可以稱霸於諸侯，與玩弄權術陰謀、反覆無常的人一起治理國家就會招致滅亡。

這三者，英明的君主應該謹慎地選擇，而仁人一定要弄明白。善於選擇的人能制服別人，不善於選擇的人被別人制服。

【延伸閱讀】

秦國一統天下，靠的不是禮義，也不是什麼誠信，而是荀子最鄙視

的陰謀詭計。所以，秦國也就如同荀子所講的那樣，「身死國亡，為天下大戮，後世言惡，則必稽焉」。

秦惠王任用張儀為相後，命他破壞蘇秦的合縱策略。張儀來見楚王，說：「我國君王最喜歡結交的是楚王，最憎恨的是齊國國君。但大王竟與齊國交好，所以我國君王對你很生氣。特命我來勸說楚王，只要楚王能與齊國斷絕來往，就贈送給楚國六百里土地，這樣便會削弱齊國勢力。在削弱北方齊國的同時，你也有恩於秦國，並增加了六百里土地，豈不是一箭三雕！」懷王很高興，便答應了。

大臣們也都前來祝賀，只有陳軫以示哀痛。懷王說：「怎麼了？」陳軫說：「秦之所以親近楚國，那是因為楚國與齊王友善。如今還沒有得到商於之地就與齊絕交，這是在孤立自己呀。秦國又怎會與孤立無援的楚國親近呢，到時定會輕視我們的。如果我們能先得到商於土地，再與齊絕交，就會使秦國計謀無法得逞。如先與齊絕交，再去索地，就會被張儀欺騙。如被張儀欺騙，就會怨恨他。到時就會在西邊興起秦國的憂患，北邊卻失去了與齊國的友好。西邊有憂患，北邊又絕交，到時韓、魏兩國出兵來犯。我們就只能悲傷了。」楚王不聽。

張儀回秦國後，裝醉後從車上掉下，聲稱有病，三個月沒有露面，楚國也沒有得到土地。楚王說：「是不是張儀以為我與齊沒有徹底絕交呢？」於是又派勇士宋遺去北方辱罵齊王。齊王大怒，便折斷楚國的符節與秦建交。秦齊結盟後，張儀才上朝，對楚國將軍說：「你還沒接收到土地嗎？方圓六里呢。」楚國將軍說：「我受命來接收的是六百里，不是六里。」便回國報於楚懷王。懷王大怒，便興兵伐秦。陳軫又說：「伐秦不是好辦法。不如趁機用一座名城賄賂秦國，而後聯手伐齊，這樣便可彌補在秦國丟失的土地，從齊國得到補償，才可保國家的安全。如今我們已與齊絕交，又興師討伐秦，這無異於使秦齊友好，而惹來天下大敵，我們必會深受其害。」楚王不聽，興兵伐秦，結果大敗。

二、國無禮則不正

【原文】

　　國者，天下之大器也，重任也，不可不善為擇所而後錯[①]之，錯險則危；不可不善為擇道然後道之，塗薉則塞，危塞則亡。彼國錯者，非封[②]焉之謂也，何法之道，誰子之與也。故道王者之法，與王者之人為之，則亦王；道霸者之法，與霸者之人為之，則亦霸；道亡國之法，與亡國之人為之，則亦亡。三者，明主之所以謹擇也，而仁人之所以務白也。

　　故國者，重任也，不以積持之則不立。故國者，世所以新者也，是憚憚[③]，非變也，改王改行[④]也。故一朝之日也，一日之人也，然而厭焉[⑤]有千歲之國[⑥]，何也？曰：援夫千歲之信法以持之也，安與夫千歲之信士為之也。人無百歲之壽，而有千歲之信士，何也？曰：以夫千歲之法自持者，是乃千歲之信士矣。故與積禮義之君子為之則王，與端誠信全之士為之則霸，與權謀傾覆之人為之則亡。三者，明主之所以謹擇也，而仁人之所以務白也。善擇之者制人，不善擇之者人制之。

　　彼持國者，必不可以獨也；然則強固[⑦]榮辱在於取相矣！身能，相能，如是者王。身不能，知恐懼而求能者，如是者強。身不能，不知恐懼而求能者，安唯便僻左右親比己者之用，如是者危削，綦之而亡。國者，巨用之則大，小用之則小；綦大而王，綦小而亡，小巨分流者存。巨用之者，先義而後利，安不恤親疏，不恤貴賤，唯誠能之求，夫是之謂巨用之。小用之者，先利而後義，安不恤是非，不治曲直，唯便僻親比己者之用，夫是之謂小用之。巨用之者若彼，小用之者若此；小巨分流者，亦一若彼，一若此也。故曰：「粹而王，駁[⑧]而霸，無一焉而亡。」此之謂也。

　　國無禮則不正。禮之所以正國也，譬之猶衡之於輕重也，猶繩墨之於曲直也，猶規矩之於方圓也，既錯之而人莫之能誣也。詩云：「如霜雪之將將[⑨]，如日月之光明。為之則存，不為則亡。」此之謂

也。

　　國危則無樂君，國安則無憂民⑩。亂則國危，治則國安。今君人者，急逐樂而緩治國，豈不過甚矣哉！譬之是由好聲色而恬⑪無耳目也，豈不哀哉！夫人之情，目欲綦色，耳欲綦聲，口欲綦味，鼻欲綦臭，心欲綦佚⑫。此五綦者，人情之所必不免也。養五綦者有具⑬，無其具，則五綦者不可得而致也。萬乘之國可謂廣大富厚矣，加有治辨強固之道焉，若是則恬愉無患難矣，然後養五綦之具具也。故百樂者，生於治國者也；憂患者，生於亂國者也。急逐樂而緩治國者，非知樂者也。故明君者，必將先治其國，然後百樂得其中。暗君者，必將急逐樂而緩治國，故憂患不可勝校⑭也，必至於身死國亡然後止也，豈不哀哉！將以為樂，乃得憂焉；將以為安，乃得危焉；將以為福，乃得死亡焉，豈不哀哉！於乎！君人者，亦可以察若言矣！故治國有道，人主有職。若夫貫日而治詳，一日而曲列之，是所使夫百吏官人為也，不足以是傷遊玩安燕⑮之樂。若夫論⑯一相以兼率之，使臣下百吏莫不宿道鄉方而務，是夫人主之職也。若是，則一天下⑰，名配堯禹。之主者，守至約而詳，事至佚而功，垂衣裳不下簟席⑱之上，而海內之人莫不願得以為帝王。夫是之謂至約，樂其大焉。

　　人主者，以官人⑲為能者也；匹夫者，以自能為能者也。人主得使人為之，匹夫則無所移之。百畝一守，事業窮，無所移之也。今以一人兼聽天下，日有餘而治不足者，使人為之也。大有天下，小有一國，必自為之然後可，則勞苦耗顇莫甚焉。如是，則雖臧獲⑳不肯與天子易勢業。以是縣天下，一四海，何故必自為之？為之者·役夫之道也，墨子之說也。論德使能而官施之者，聖王之道也，儒之所謹守也。傳曰：農分田而耕，賈分貨而販，百工分事而勸，士大夫分職而聽，建國諸侯之君分土而守，三公摠方而議，則天子共㉑己而已矣！出若入若，天下莫不平均，莫不治辨，是百王之所同也，而禮法之大分也。

　　百里之地可以取天下，是不虛，其難者在人主之知之也。取天下者，非負其土地而從之之謂也，道足以壹人而已矣。彼其人苟壹㉒，則其土地且奚去我而適它！故百里之地，其等位爵服，足以容天下之賢士矣；其官職事業，足以容天下之能士矣；循其舊法，擇其善者而

明用之，足以順服好利之人矣。賢士一焉，能士官焉，好利之人服焉，三者具而天下盡，無有是其外矣。故百里之地，足以竭勢矣。致忠信，箸仁義，足以竭人矣。兩者合而天下取，諸侯後同者先危。詩曰：「自西自東，自南自北，無思不服。」一人之謂也。

羿、蠭門[23]者，善服射者也。王良、造父者[24]，善服馭者也。聰明君子者，善服人者也。人服而勢從之，人不服而勢去之，故王者已於服人矣。故人主欲得善射，射遠中微[25]，則莫若羿、蠭門矣；欲得善馭，及速致遠，則莫若王良、造父矣；欲得調壹天下，制秦、楚，則莫若聰明君子矣。其用知甚簡，其為事不勞而功名致大，甚易處而極可樂也。故明君以為寶，而愚者以為難。

夫貴為天子，富有天下，名為聖王，兼制人，人其得而制也，是人情之所同欲也，而王者兼而有是者也。重色而衣之，重味而食之，重財物而制之，合天下而君之。飲食甚厚，聲樂甚大，台榭甚高，園囿甚廣，臣使諸侯，一天下，是又人情之所同欲也。而天子之禮制如是者也。制度以陳，政令以挾[26]。官人失要[27]則死，公侯失禮則幽，四方之國，有侈離[28]之德則必滅。名聲若日月，功績如天地，天下之人應之如景向[29]，是又人情之所同欲也，而王者兼而有是者也。故人之情，口好味而臭味其美焉，耳好聲而聲樂其大焉，目好色而文章致繁[30]婦女莫眾焉，形體好佚而安重閒靜莫愉焉，心好利而谷祿其厚焉。合天下之所同願兼而有之，皋牢[31]天下而制之若制子孫，人苟不狂或戇陋者，其誰能睹是而不樂也哉！欲是之主並肩而存，能建是之士不世絕，千歲而不合，何也？曰：人主不公，人臣不忠也。人主則外賢而偏舉，人臣則爭職而妒賢，是其所以不合之故也。人主胡不廣焉，無恤親疏，無偏貴賤，惟誠能[32]之求？若是，則人臣輕職業讓賢，而安隨其後；如是，則舜禹還至，王業還[33]起。功壹天下，名配舜禹，物由有可樂，如是其美焉者乎！嗚呼！君人者亦可以察若言矣！楊朱哭衢塗[34]曰：「此夫過舉跬步而覺跌千里者夫！」哀哭之。此亦榮辱安危存亡之衢己，此其為可哀，甚於衢塗。嗚呼！哀哉！君人者，千歲而不覺也。

無國而不有治法，無國而不有亂法；無國而不有賢士，無國而不有罷士[35]；無國而不有願民，無國而不有悍民；無國而不有美俗，

無國而不有惡俗。兩者並行而國在，上偏而國安，下偏而國危；上一而王，下一而亡。故其法治，其佐賢，其民願，其俗美，而四者齊，夫是之謂上一。如是，則不戰而勝，不攻而得，甲兵不勞而天下服。故湯以亳，武王以鎬，皆百里之地也，天下為一，諸侯為臣，通達之屬，莫不從服，無它故焉，四者齊也。桀紂即厚㊱有天下之勢，索為匹夫而不可得也，是無它故焉，四者並亡也。故百王之法不同，若是，所歸者一也。

　　上莫不致愛其下，而制之以禮。上之於下，如保赤子。政令制度，所以接下之人百姓，有不理者如豪末，則雖孤獨鰥寡必不加焉。故下之親上，歡如父母，可殺而不可使不順。君臣上下，貴賤長幼，至於庶人，莫不以是為隆正㊲。然後皆內自省以謹於分，是百王之所以同也，而禮法之樞要也。然後農分田而耕，賈分貨而販．百工分事而勸，士大夫分職而聽，建國諸侯之君分土而守，三公總方而議，則天子共己而止矣。出若入若，天下莫不平均，莫不治辨，是百王之所同，而禮法之大分也。

【注釋】

　　①錯：通「措」。②封：封疆、劃分疆界。

　　③憚憚：同「禪禪」，更迭。

　　④改王改行：指君臣地位的變化。

　　⑤厭焉：安然。⑥國：原為「固」，據《群書治要》引文改。

　　⑦固：破敗，與「強」的意思相反。⑧駮：通「駁」，雜。

　　⑨將將：廣大普遍。⑩民：疑為「君」。⑪恬：安然。

　　⑫佚：通「逸」，安逸。⑬具：條件。⑭校：計數。

　　⑮安燕：休息。⑯論：選擇。

　　⑰一天下：一說「一」字上脫「功」字。

　　⑱簟席：用竹子編的席。⑲官人：任用人。⑳臧獲：奴婢。

　　㉑共：通「拱」。㉒壹：團結、統一。

　　㉓蠭門：又稱蜂門、蓬門、蓬蒙、蜂蒙，傳說是后羿的徒弟。

　　㉔王良：春秋末晉國大夫趙簡子的車夫。造父：周穆王的車夫。傳說這二人都是駕車的能手。

㉕中微：射中極小的目標。㉖挾：通「浹」，周洽、完備。

㉗要：約，指規定。㉘侈：分離。㉙景：同「影」。

㉚致繁：極其豐富。

㉛皋牢：牢籠。「皋」：原為「睪」，據《後漢書·馬融傳》注的引文改。

㉜誠能：真正賢能的人。㉝還：旋即，立刻。

㉞衢塗：十字路口，歧路。㉟罷（ㄆㄧˊ）士：品行不好的人。

㊱厚：多、重。原為「序」，據文義改。㊲隆正：最高標準。

【譯文】

那些掌握國家的君主，一定不能獨自一人治理國家。既然這樣，那麼國家的強大、衰敗榮耀、恥辱，就全在於選擇好卿相了！君主本人有能力，卿相也有能力，像這樣的就可以稱王於天下。君主本身沒有能力，但懂得這樣很可怕於是尋求有能力的人來輔佐，也可以成為強者。如果君主本身沒有能力，又沒有認識到這樣很可怕而尋求有能力的人來輔佐，只知道任用阿諛逢迎的人和左右親信，像這樣的國家就會危險削弱。到了很嚴重的程度就會導致滅亡。國家，立足於大處來治理它，它就強大；立足於小處來治理它，它就弱小。強大到了極點就可以稱王天下，弱小到了極點就會滅亡，介於這兩者之間就只能保存國家。立足於大處來治理的，就是以禮義為先以利益為後，於是不論親疏，不顧貴賤，只求真正有能力就任用，這就叫做立足於大處來治理。立足於小處來治理的，就是以利益為先以禮義為後，於是不論是非，不管曲直，只知道任用阿諛逢迎的人和左右親信，這就叫做立足於小處來治理。介於這兩者之間，也就是一些方面像那樣，一些方面像這樣。所以說，純粹立足於大處來治理國家的，可以稱王於天下，方法駁雜的就可以稱霸於諸侯，這兩者都不是的只有滅亡。說的就是這個意思。

國家沒有禮義就不能得到治理。禮義之所以能治理國家，好比秤能衡量物品的輕重，好比木工的墨線能去曲取直，好比圓規和曲尺能用來畫圓取方，已經這樣確定安排了它，就沒有誰能夠欺騙它。《詩

經》上說：「如同霜雪那樣覆蓋大地，如日月那樣光耀明亮。實行它就存在，不實行它就滅亡。」說的就是這個意思。

國家危殆就沒有安樂的君主，國家安定就沒有憂愁的百姓。社會混亂，國家就危殆，社會治平，國家就安定。當今的君主，急於追逐享樂而緩於治理國家，這難道不是錯得太厲害了嗎？這好比是喜歡音樂美色，而安於自己沒有耳朵和眼睛，難道不可悲嗎？人的性情是，眼睛想看最好看的美色，耳朵想聽最美的音樂，嘴巴想嚐最美的味道，鼻子想聞最香的氣味，心裡想追求最大的安逸。這五種最大的欲望，是人的性情，不可避免。要滿足這五種最大的欲望是有條件的，如果沒有那些條件，那麼就不能得到這五種欲望的享受。兵車萬乘的大國可以說是土地廣闊資源豐富了，再治理國家，使國家富強，這樣就可以安然愉快沒有禍患了，然後滿足這五種欲望的條件也就具備了。所以，許多的快樂，產生於社會治平的國家；許多的憂患，產生於社會混亂的國家。急於追逐享樂而緩於治理國家的君主，並不是真正懂得享樂的人。所以，英明的君主，一定要先治理好他的國家，然後許多的快樂就都在這裡面了。昏君，必然急於追求享樂而緩於治理國家，所以憂患多得數不盡，一定要到了身死國亡然後才甘休，這難道不可悲嗎？想要得到快樂，卻招來了憂患；想要得到安定，卻招來了危殆；想要得到幸福，卻招致了滅亡，這難道不可悲嗎？唉呀！國君，也該仔細考慮一下上面所說的話了！所以治理國家有方法，君主也有他的職責。至於需要幾天才能治理詳盡的事，要在一天之內依次辦好，這就可以讓各級官吏去辦理，這些具體的事務不足以妨礙君主遊玩休息、安享快樂。至於選擇一位宰相用來率領文武百官，讓他們都沿著正確的道路和方向努力，這就是君主的職責了。如果這樣，就能統一天下，名聲可與堯、禹相配。這樣的君主，所主管的事雖極其簡略卻又十分周詳，所做的事極其安逸卻很有功效，端坐在竹席上，衣裳下垂拖在床席上，顯得安閒自在，可是海內人士沒有誰不希望他當帝王的。這樣極其簡單，沒有比這更快樂的了。

君主，以善於任用人為有能力；普通百姓，以自己會做為有能力。

君主能夠役使別人做事。普通百姓，卻不能把事務轉移給別人。一個人管理一百畝土地，從事耕稼的必須竭盡他的全力去做，因為他不可能把事務轉移給別人。當今君主一個人聽斷天下所有的事情，每天還有空閒，而要處理的事不多，這是由於他役使別人去做的緣故。大到擁有天下，小到擁有一個諸侯國，如果什麼事情都要親自處理，那麼就沒有比這更辛苦勞累的了。如果這樣，那麼即使是奴婢也不願與天子更換地位。治理天下，統一四海，為什麼一定親自去做那麼多事呢？事事都親自辦理，是服勞役者的辦法，是墨翟的主張。選拔有道德的人，使用有才能的人，並委以官職，這是聖王的方法，也是儒者所嚴格遵守的原則。古語說：「農民分田而從事耕稼，商人分貨而從事販賣，各種工匠分別做事而勤懇。士大夫分別職守而處理政事，諸侯國的君王分封疆土而管理國家，三公總管全國的方略而議論朝政，那麼天子只要拱手端坐就行了。」對內對外都遵循上述原則，於是天下的萬事萬物沒有不均等公平的，沒有一件不是治理得很好的，這是歷代君主共同的做法，也是禮法的總綱。

憑藉方圓百里之地可以奪取天下，這不假，這樣做的困難在於君主要懂得小國如何奪取天下的道理。奪取天下，並不是說別人帶著土地來跟隨你的意思，而是你的治國之道足以統一人心。如果那些人的心能夠為我所統一，那麼他們的土地怎麼會離開我，而到別的國家去呢？所以方圓百里之地雖小，但他們的等級爵位，足以容納天下的賢士了；他們的官位職事足以容納天下的能人了；遵循原有的法度，選擇其中好的明令採用，足以使那些喜歡利益的人順服了。賢士都統一到這裡，能人在這裡都得到任用，喜歡利益的人在這裡順服，這三種人都具備，於是天下的人才全都在這裡了，沒有遺漏在外的了。所以，方圓百里的地雖小，但完全可以奪取天下的全部權力；實行忠誠信用，張揚仁義，完全可以取得天下所有的百姓。這兩者都為我所用，於是就取得了天下，諸侯中歸服晚的將最先遭受危亡。《詩經》上說：「從西到東，從南到北，沒有誰不歸服的。」說的就是統一天下人心的意思。

　　后羿和蠭門，是擅長射箭的人。王良和造父，是擅長駕駛車馬的人。聰明的君主，是善於使百姓順服的人。百姓順服於是權勢便隨之而來，百姓不順服於是權勢便隨之而去，所以稱王天下的君主能做到使百姓順服就可以了。君主想要得到擅長射箭的人，能射中遠方微小的目標，那麼沒有比后羿和蠭門更好的了；想要得到擅長駕駛車馬的人，能駕車快速到達遠處，那麼沒有比王良、造父更好的了；想要治理和統一天下，制服秦楚兩個大國，那麼沒有比任用聰明的君子更好的了。聰明的君子所用的智慧很簡略，他們辦事不用勞苦而能取得非常顯著的功名，很容易處理各種事情而又極其輕鬆愉快。所以英明的君主把他們當成寶貝，但是愚蠢的君主卻把他們當成難於駕馭的人。

　　擁有天子那樣尊貴的地位，擁有天下的富足，擁有聖王的名聲，能制服天下所有的人，而別人不能制服他，這是人們的性情所共同具有的欲望，然而只有稱王天下的君主全部擁有這些。穿著色彩豐富的衣服，吃著豐盛美味的食物，有豐厚的財物使用，統治著整個天下，飲食特別豐厚，音樂排場特別宏偉，台榭特別高大，園林獸苑很廣闊，使諸侯臣服，使天下一統，這也是人們的性情所共同具有的欲望，然而只有天子的禮法制度是這樣。制度已經頒佈，政令已經完備，一般官吏違反法規就要處死，三公和諸侯違反立法就要囚禁，各諸侯國如有分裂行為就一定要消滅。名聲昭著如同日月，功績偉大有如天地，天下的人回應他如影相隨，如聲相應，這也是人們的性情所共同具有的欲望，然而只有稱王天下的君主全部擁有這些。所以，嘴巴喜歡吃美味的食物，但沒有比王者吃到的食物味道更美的了，耳朵喜歡聽音樂，但沒有比王者聽到的音樂更悅耳的了，眼睛喜歡美色，但沒有比王者看到的色彩更豐富，美女更多的了，身體喜好安逸，但沒有比王者享受到的清淨安逸更愉快的了，內心喜好利益，但是沒有比王者享受的財物更豐厚的了。王者擁有天下人所嚮往得到的一切東西，制服整個天下如同制服自己的子孫一樣，一個人如果不是瘋子或傻子，誰能看到這些而不高興呢！想要得到這一切的君主有很多，能輔助君主建立這種局面的士人也不絕於世，可是這樣的君主、士人千年來不能

遇合在一起，這是什麼原因？這是因為君主不公正，臣子不忠於君主。君主排斥賢能的人而任用自己偏愛的人，臣子爭奪職位而妒忌賢能的人，這就是他們不能遇合在一起的緣由。君主為什麼不能做到廣招賢士，不顧及親疏，對貴賤不存偏私，只訪求真正賢能的人呢？如果這樣，那麼臣子就不會看重職位，而把職位謙讓給賢能的人，安於追隨在他們的後面。那麼舜、禹的政治局面立刻會到來，稱王天下的大業立刻會興起。功績可以一統天下，名聲可以與舜、禹相配，還有比這更美好更快樂的嗎？唉呀！國君，也該仔細考慮一下上面所說的話了！楊朱站在十字路口痛哭著說：「只要走錯半步，到覺察時將相差千里啊！」他為此而哭得很悲傷。用人也是關係榮辱安危存亡的十字路口啊，它比在十字路口上舉步失誤更為可悲。唉呀！可悲啊！君主，多少年來沒有覺察到啊。

　　沒有一個國家不具有使國家安定的法令制度，不具有引起國家混亂的法令制度；沒有一個國家沒有德才兼備的士人，沒有品德不好的士人；沒有一個國家沒有謹慎守法的百姓，沒有兇悍之徒；沒有一個國家沒有淳美的風俗。沒有醜陋的習俗。優劣這兩種情況在一個國家並存，國家尚可存在，偏於前者國家就安定，偏於後者國家就危殆。前者是完備的就可以稱王於天下，後者是完備的國家就將滅亡。一個國家的法令制度是安定的，輔佐的臣子是德才兼備的，百姓是謹慎守法的，風俗是淳美的，上述四種情況都具備了，這就叫做前者是完備的。這樣，國家不用戰爭便能戰勝敵人，不用進攻便能獲得土地，不用勞苦軍隊而能使天下順服。所以商湯王憑藉亳地，周武王在鎬地，都只有百里的地盤，後來卻統一了天下，使諸侯稱臣，凡人跡所到之處沒有不歸順服從的，這沒有什麼別的原因，是因為上述四種情況都具備了。桀、紂即使擁有天下的勢力，但最後想當一個普通老百姓也不可能了，這沒有什麼別的原因，是因為上述四種情況都不具備。所以歷代君主制定的法令制度雖然不同，照此看來，歸根結柢是一個道理：上一而王，下一而亡。

　　君主沒有不特別愛護他的百姓的，而且用禮法來治理他們。君主

對百姓，如同養育嬰兒一樣。政治法令制度，是用來對待下層的老百姓的，如有絲毫不合理的東西，那麼即使是孤獨鰥寡的人也務必不要施加在他們身上。所以百姓親近君主如同歡喜自己的父母一樣，寧可被殺，也不能要他們不順從君主。君臣上下之間，尊卑長幼之間，直到老百姓，沒有誰不把這個原則做為最高準則的。然後都能從內心自我反省而謹守職分，這是歷代君主共同的做法，也是禮法的總綱。然後，農民分田而從事耕稼，商人分貨而從事販賣，各種工匠分工而勤懇，士大夫分別職守而處理政事，諸侯國的君王分封疆土而管理國家，三公總管全國的方略而議論朝政，那麼天子只要拱手端坐就行了。對內對外都遵循上述原則，於是天下的萬事萬物沒有不均等公平的，沒有一件不是治理得很好的，這是歷代君主共同的做法，也是禮法的總綱。

【延伸閱讀】

王霸總結起來主要有兩種方法，上面講到的是秦朝統一天下所運用的陰謀詭計，另一種就是德治與仁治，夏王朝的建立就是如此。

成湯在夏朝為方伯（一方諸侯之長），有權征討鄰近的諸侯。葛伯不祭祀鬼神，成湯首先征討他。成湯說：「我說過這樣的話：人照一照水就能看出自己的形貌，看一看民眾就可以知道國家治理得好與不好。」伊尹說：「英明啊！善言聽得進去，道德才會進步。治理國家，撫育萬民，凡是有德行做好事的人都要任用為朝廷之官。努力吧，努力吧！」成湯對葛伯說：「你們不能敬順天命，我就要重重地懲罰你們，概不寬赦。」於是寫下《湯征》，記載了征葛的情況。

伊尹名叫阿衡。有人說，當初阿衡想求見成湯而苦於沒有門路，於是就去給有莘氏做陪嫁的男僕，背著飯鍋砧板來見成湯，藉著談論烹調的機會向成湯進言，勸說他實行王道。也有人說，伊尹本是個有才德而不肯做官的隱士，成湯曾派人去請他，前後去了五趟，他才答應前來歸從，向成湯講述了遠古帝王及九類君主的所作所為，成湯於是舉用了他，委任他管理國政。伊尹曾經離開商湯到夏桀那裡，因為看到夏桀無道，十分憎惡，所以又回到了商都亳。他從北門進城時，遇見了商湯的賢臣

女鳩和女房，於是寫下《女鳩》、《女房》，述說他離開夏桀重回商都
時的心情。

　一天成湯外出遊獵，看見郊野四面張著羅網，張網的人祝禱說：「願
從天上來的，從地下來的，從四方來的，都進入我的羅網！」成湯聽了
說：「哎，這樣就把禽獸全部打光了！」於是把羅網撤去三面，讓張網
的人祝禱說：「想往左邊走的就往左邊走，想向右邊逃的就向右邊逃。
不聽從命令的，就進我的羅網吧。」諸侯聽到這件事都說：「湯真是仁
德到極點了，就連禽獸都受到了他的恩惠。」

三、用國者，貴在得百姓之力

【原文】

　　若夫貫日而治平[1]，權物而稱用，使衣服有制，宮室有度，人徒[2]有數，喪祭械用皆有等宜，以是周挾於萬物，尺寸尋丈，莫得不循乎制度數量然後行，則是官人使吏之事也，不足數於大君子之前。故君人者，立隆政本朝而當，所使要百事者誠仁人也，則身佚而國治，功大而名美，上可以王，下可以霸。立隆正本朝而不當，所使要百事者非仁人也，則身勞而國亂，功廢而名辱，社稷必危，是人君者之樞機也。故能當一人而天下取，失當一人而社稷危。不能當一人而能當千百人者，說無之有也。既能當一人，則身有何勞而為？垂衣裳而天下定。故湯用伊尹[3]，文王用呂尚[4]，武王用召公[5]，成王用周公旦。卑者[6]五伯，齊桓公閨門之內，縣樂奢泰遊抏之修[7]，於天下不見謂修，然九合諸侯，一匡天下，為五伯長，是亦無他故焉，知一政於管仲也，是君人者之要守也。知者易為之興力而功名慕大，舍是而孰足為也。故古之人，有大功名者，必道是者也；喪其國，危其身者，必反是者也。故孔子曰：「知者之知，固以多矣，有以守少，能無察乎！愚者之知，固以少矣，有以守多，能無狂乎！」此之謂也。

　　治國者分己定，則主相臣下百吏各謹其所聞，不務聽其所不聞；各謹其所見，不務視其所不見。所聞所見，誠以齊[8]矣，則雖幽閒隱辟，百姓莫敢不敬分安制[9]以化[10]其上，是治國之征也。

　　主道治近不治遠，治明不治幽，治一不治二[11]。主能治近則遠者理，主能治明則幽者化，主能當一則百事正。夫兼聽天下，日有餘而治不足者，如此也，是治之極也。既能治近，又務治遠；既能治明，又務見幽；既能當一，又務正百，是過者也，過猶不及也，辟[12]之是猶立直木而求其影之枉也。不能治近，又務治遠；不能察明，又務見幽；不能當一，又務正百，是悖者也，辟之是猶立枉木而求其影之直也，故明主好要[13]，而暗主好詳。主好要則百事詳，主好詳則百事荒。君者，論一相，陳一法，明一指，以兼覆之，兼炤[14]之，以觀其盛[15]者

也。相者，論列⑯百官之長，要百事之聽，以飾⑰朝廷臣下百吏之分，度其功勞，論其慶賞，歲終奉其成功以效於君。當則可，不當則廢。故君人勞於索⑱之，而休⑲於使之。

用國者，得百姓之力者富，得百姓之死者強，得百姓之譽者榮。三得者具而天下歸之，三得者亡而天下去之。天下歸之之謂王，天下去之之謂亡。湯武者，修⑳其道，行其義，與天下同利，除天下同害，天下歸之。故厚德音以先㉑之，明禮義以道之，致忠信以愛之，尚賢㉒使能以次之，爵服賞慶以申重㉓之，時其事，輕其任，以調齊之，潢然㉔兼覆之，養長之，如保赤子。生民則致寬，使民則綦理，辯㉕政令制度，所以接下之人百姓，有非理者如豪末，則雖孤獨鰥寡必不加焉。是故百姓貴之如帝，親之如父母，為之出死斷亡而不愉㉖者，無它故焉，道德誠明，利澤誠厚也。

亂世不然，汙漫突盜㉗以先之，權謀傾覆以示之，俳優㉘、侏儒、婦女之請謁以悖之，使愚詔知，使不肖臨賢，生民則致貧隘，使民則極勞苦。是故百姓賤之如佢㉙，惡之如鬼，日欲司間㉚而相與投籍㉛之，去逐之。卒有寇難㉜之事，又望百姓之為己死，不可得也，說無以取之焉。孔子曰：「審吾所以適人，人㉝之所以來我也㉞。」此之謂也。

傷國者何也？曰：以小人尚㉟民而威，以非所取於民而巧，是傷國之大災也。大國之主也，而好見小利，是傷國；其於聲色、臺榭、園囿也，愈厭而好新，是傷國；不好修正其所有，唅唅㊱常欲人之有，是傷國。三邪者在匃㊲中，而又好以權謀傾覆之人斷事其外，若是，則權輕名辱，社稷必危，是傷國者也。大國之主也，不隆本行，不敬舊法，而好詐故。若是，則夫朝廷群臣，亦從而成俗於不隆禮義而好傾覆也。朝廷群臣之俗若是，則夫衆庶百姓亦從而成俗於不隆禮義而好貪利矣。君臣上下之俗其不若是，則地雖廣，權必輕；人雖衆，兵必弱；刑罰雖繁，令不下通。夫是之謂危國，是傷國者也。

儒者為之不然，必將曲辨。朝廷必將隆禮義而審貴賤。若是，則士大夫莫不敬節死制者矣。百官則將齊其制度，重其官秩㊳。若是，則百吏莫不畏法而遵繩矣。關市幾而不徵，質律㊴禁止而不偏。如是，則商賈莫不敦愨而無詐矣。百工將時斬伐，佻㊵其期日，而利其巧任。如是，則百工莫不忠信不楛㊶矣。縣鄙將輕田野之稅，省刀布㊷之斂，罕

舉力役，無奪農時。如是，則農夫莫不朴力[43]而寡能矣。士大夫務節死制，然而兵勁。百吏畏法循繩，然後國常不亂。商賈敦愨無詐，則商旅安，貨財通，而國求給矣。百工忠信而不楛，則器用巧便而財不匱矣。農夫樸力而寡能，則上不失天時，下不失地利，中得人和，而百事不廢。是之謂政令行，風俗美。以守則固，以征則強，居則有名，動則有功。此儒之所以曲辨也。

【注釋】

①平：一說「平」字疑為「詳」字之誤。

②人徒：左右跟隨的僕役。③伊尹：名摯，商湯王的相。

④呂尚：本姓姜，又稱姜尚，俗稱姜子牙、姜太公，周文王的相，周文王死後，輔助周武王。

⑤召公：姓姬，名奭（ㄕˋ），周文王的兒子，周武王的異母兄弟。

⑥卑者：次一等的。⑦修：追求。⑧齊：統一齊全。

⑨安制：安於國家制度。⑩化：順從。

⑪一：指主要的事。二：指煩雜的事。

⑫辟：同「譬」，比喻。⑬要：綱要。

⑭炤：同「照」，照耀。⑮盛：讀為「成」，成功。

⑯論列：選擇。⑰飾：同「飭」，整頓、規定。

⑱索：求取。⑲休：安逸。⑳修：原為「循」。㉑先：引導、宣導。

㉒尚賢：原為「賞賢」，據〈富國〉篇相同段落的文字改。

㉓申重：反覆強調，表示重視的意思。㉔潢然：廣大的樣子。

㉕辯：同「辨」。㉖愉：通「偷」。㉗突盜：欺凌盜竊。

㉘俳優：古代唱戲的人。㉙佢：女巫。㉚司間：等待時機。

㉛投籍：拋棄和踐踏。㉜寇難：敵人入侵。

㉝「人」字前原有「適」字，據《群書治要》引文刪。

㉞來我：回報我。㉟尚：同「上」。

㊱啖啖：形容貪心。㊲匈：同「胸」。

㊳官秩：官職和俸祿。㊴質律：古代評定市價的文書。

㊵佻：同「徭」，寬緩。㊶楛：粗劣。

㊷刀布：古代的錢幣。㊸樸力：質樸而盡力耕作。

【譯文】

　　至於日復一日詳盡地治理事物，衡量物品的優劣以便恰當地使用，使各種不同等級的人所穿的衣服有一定的規格，各種不同的宮室有一定的標準，跟隨的僕從有一定的人數，喪禮、祭祀器具的使用都和等級規定相符合，把這些規定普遍恰當地運用到萬事萬物上，直至尺寸尋丈，沒有一樣不按照制度數量的規定然後才實行，這是各級大小官吏的事情，不值得在君主面前陳述。所以君主，如果為本朝所確立的最高原則正確，所任用總領政事的宰相真正是仁人，那麼他自身就安逸，國家也得到了很好的治理，功業偉大而且名聲美好，上可以稱王天下，次之可以稱霸諸侯。如果為本朝所確立的最高原則不正確，所任用總領政事的宰相也不是真正的仁人。那麼君主自身就勞苦，而且使國家陷入混亂，功業荒廢而且名聲不好，國家必然危殆。這是作為一個君主的關鍵所在。所以，能恰當地任用一個人就可以取得天下，不能恰當地任用一個人國家就危殆。不能恰當任用一人卻能恰當任用上千人、上百人，沒有這種說法。既然能恰當地任用一個人，那麼，自己還有什麼勞苦的事要做呢？只要輕輕鬆鬆就可以使天下安定了。所以，商湯王任用伊尹，周文王任用姜子牙，周武王任用召公，周成王任用周公旦。次一等的是五個稱霸的諸侯，齊桓公在後宮之內懸掛樂器，奢侈過度，一味追求遊玩享樂，但他並沒有被天下的人認為是追求享樂的人，他多次召集諸侯盟會，匡正天下大事，使諸侯和他一致，成為五霸中的首領，這也沒有什麼別的原因，是他懂得把政事交給管仲去專一地管理，這是君主必須遵守的要領。聰明的人很容易做到這點，使國家興盛，從而獲得極大的功業名聲。放棄了這點又有誰能夠做得到呢？所以古代的人中，有傑出的功業名聲的人，一定是遵循這個辦法去做的。喪失他的國家，並危及到自身的，一定是違反這個辦法的。所以孔子說：「聰明人的智慧，本來已經很多了，又只主管國家關鍵的事情，能不明察嗎？愚蠢人的智慧，本來就很少，又偏要去管許多瑣碎事務，這能不亂嗎？」他說的就是這個意思。

　　治理國家的人已經確定了等級名分，那麼君主、宰相和臣下百官就要謹慎地處理他們所應該聽到的事，不致力於處理他們所不該聽到的事。謹慎地處理他們所應該見到的事，不致力於處理他們所不該見到的事。對職權範圍內所應該聽到、見到的事，真正都能用統一的原則處理，那麼即使處在偏遠的地方，百姓也沒有人敢不遵守本分、安於國家的制度而順從君主的，這就是安定的國家。

　　君主治理國家的方法，是治理近處的事，不治理遠處的事，治理明顯的事，不治理暗處的事，治理主要的事，不治理煩雜的事。君主如果能夠把近處的事治理好，那麼遠處的事自然會得到治理，君主如果能夠把明顯的事治理好，那麼暗處的事也自然會隨之發生變化，君主如果能夠把主要的事處理恰當，那麼其他各種煩雜的事也會合於法則。全面處理天下大事，每天還有寬餘時間而且還嫌要辦的事不夠多，這就是治理天下的最高境界了。既能夠治理近處的事，又致力於治理遠處的事；既能治理明顯的事，又致力於看到暗處的事；既能使主要的事處理恰當，又致力於使各種事情合乎原則，這就是過分了，過分了和沒有達到是一樣的，就好比是豎起一根直的木頭但要求它的影子是彎曲的一樣。不能治理近處的事，還要致力於治理遠處的事；不能看清明顯的事，還要致力於看到暗處的事；不能使主要的事處理恰當，還要致力於使各種事情處理得合乎原則，這是違背事理的，就好比是豎起一根彎曲的木頭但要求它的影子是直的一樣。所以，英明的君主善於抓綱要，而昏庸的君主喜歡什麼都管。君主善抓綱要，那麼其他一切事務自然得到周詳的處理，君主喜歡什麼都管，反而所有的事情都要荒廢。君主的職責是選好一個宰相，頒行一個統一的法令制度，明確一個主要原則，用此來統帥一切，照耀一切，並以此來考察成就。宰相，是各級官員的長官，總管各種政事的治理，來規定朝廷各級官員的職分，衡量他們的功勞，評定他們的獎賞，到年終把他們的成績功勞呈報給君主。稱職的就留用，不稱職的就罷免。所以君主在選擇宰相時是勞累的，但在使用宰相時就安逸了。

　　治理國家的人，能使百姓盡全力就能使國家富有，能使百姓為他

拚死而戰的就能使國家強盛，能使百姓稱頌的就能使自身有名望。具備了以上「三得」，於是天下的百姓就會歸順他，失去了這「三得」，天下的百姓就會悖離他。天下的百姓都歸順他，就叫做王者，天下的百姓都悖離他，就會滅亡。商湯王、周武王遵循這個原則，實行這種大義，興辦天下人都認為有利的事，除掉天下人都認為有害的事，因而天下的人都歸順他們。所以，重視道德聲望用來引導天下的人，明確禮義法度用來教導天下的人，用特別的忠誠信用愛護天下的人，崇尚賢人，任用能人，並根據他們能力的大小安排不同等級的職位，反覆強調用爵位獎賞來重用他們，根據時節安排事情，量力而任用他們從而使他們協調一致，普遍地保護百姓，撫養百姓，如同養育嬰兒一樣。養育百姓特別寬厚，役使百姓極其合理，制定法令制度是用來對待下層的老百姓的，如有絲毫不合理的東西，那麼即使是孤獨鰥寡的人也務必不要施加在他們身上。所以百姓如同尊敬上天一樣尊敬君主，如同歡喜自己的父母一樣親近君主，願為他出生入死而不會苟且偷生，這沒有什麼別的原因，是由於君主的道德確實顯明，恩惠確實深厚。

　　動亂的社會就不是這樣的，用骯髒、散漫、欺凌、盜竊的行為引導百姓，在百姓面前公開曝露的是玩弄權術陰謀反覆無常的伎倆，用唱戲的、侏儒、婦女等私下的請求來擾亂朝政，讓愚蠢的人去教導有智慧的人，讓不肖的人居於賢人之上，百姓則極端貧困，役使百姓則極其勞苦。因此百姓如同鄙視巫婆一樣鄙視君主，如同憎惡魔鬼一樣憎惡君主，每天都想等待時機來拋棄和踐踏他，悖離和驅逐他。如果突然發生敵人入侵的事情，君主還指望百姓為他賣命，那是不可能的了，這種治國的做法毫無可取之處。孔子說：「仔細觀察我怎麼對待別人，別人就會用同樣的態度來對待我。」說的就是這個意思。

　　危害國家的是什麼呢？是讓小人居於百姓之上耍威風，用不合禮法的手段從百姓身上巧取豪奪，這是危害國家的災難。大國的君主如果重視小利，這危害國家；他對音樂美色、樓台亭閣、園林獸苑，越是得到滿足就愈是喜好新奇，這危害國家；不喜歡將自己已經擁有的一切整頓治理好，卻總是貪婪地想要佔有別人擁有的東西，這危害國

家。以上三種邪惡的念頭在胸中，而且還喜歡讓玩弄權術的人在外決斷政事，如果這樣，那麼，君主的權力減輕名聲受辱，國家一定危險，這就是危害國家的人。大國的君主，不尊崇禮義，不謹守原有的法令制度，而喜歡欺詐，那麼朝廷中的大小官吏對於不尊崇禮義就隨之形成一種風氣，而好互相傾軋。朝廷中的大小官吏形成了這樣的風氣，那麼，民眾也就隨之養成不尊崇禮義的風氣，而好貪圖私利。如果君臣上下都形成了這樣的風氣，那麼即使土地廣闊，權力也必定減輕；即使人口眾多，兵力也必定衰弱；即使刑罰繁多，政令卻不能下達。這就叫做危險的國家，這就是危害國家的人。

　　大儒就不這樣做，他一定要對各方面進行全面治理。朝廷裡一定要推崇禮義而且明確貴賤等級，如果這樣，那麼士大夫就沒有誰不看重名節，不堅守法制的了。各級官吏也將遵守統一的制度，重視他的官職和俸祿，如果這樣，那麼各級官吏就沒有誰不畏懼法令而遵守法令的規定了。對關卡和市場只查問而不徵稅，對文告規定的市價和所要禁止的事情公正不偏。如果這樣，那麼商人就沒有誰不忠厚誠實而不欺詐了。讓各種工匠按時砍伐木材，寬緩他們交貨的日期，而使他們的技巧得到充分的發揮，如果這樣，那麼各種工匠就沒有誰不忠誠守信而不粗製濫造了。對城郊的農村要減輕徵稅，減少對錢幣的聚斂，減少勞役，不侵奪農民的農耕時間，如果這樣，那麼農民就沒有誰不勤勤懇懇從事農耕而不從事其他的事情了。上大夫看重名節堅守法制，這樣那麼兵力就強大。各級官吏畏懼法令而遵守法度的規定，然後國家的基本法令制度就不會混亂。商人忠厚誠實而不欺詐，那麼商人安業，財貨流通，於是國家的需求就能得到滿足了。各種工匠忠誠守信而不粗製濫造，那麼器械用具就靈巧輕便，而東西也不會缺乏了。農民勤勤懇懇從事農耕而不從事其他的事情，那麼就會上不失天時，下不失地利，中得人和，於是百業興旺而不會荒廢了。這就叫政令通行，風俗淳美。憑藉這些來守衛國土就能鞏固，憑藉這些來出兵征戰就能強勁莫敵，居守於自己的國家就享有名望，征伐別國就會有戰功。這就是大儒所說的對各方面進行全面的治理。

【延伸閱讀】

　　荀子告訴了人們要稱王天下所必須實行的一系列政治措施，如守要領、立禮法、講道義、明名分、擇賢相、用能人、取民心等。同時，篇中兼述了霸道與亡國之道以與王道相觀照。

　　儒家的思想中比較推崇禮、義、仁、智、信這幾個方面，特別是把禮義放在了首位。荀子也非常推崇禮義。在這篇文章中，荀子首先論述了一下國家。「國者，天下之利用也」，國家是天下最有利的工具。那麼，君主呢？「人主者，天下之利勢也」，君主是天下最有權勢的人。但是，一個君主若是沒有掌握正確的治理方法，就會有非常大的危險，甚至斷送自己的身家性命和整個國家。什麼是正確的管理辦法呢？那就是禮義和誠信。所以，荀子說「義立而王，信立而霸，權謀立而亡」。很明顯，在這裡，荀子是厭惡用陰謀詭計來治理國家的，而推崇的是用禮義來治理國家。在接下來的篇幅中，荀子分別論述了什麼是「義立而王」，什麼是「信立而霸」，什麼是「權謀立而亡」。之後，荀子苦口婆心地說：「這三種情況，君主一定要謹慎選擇，仁人一定要弄明白啊！」

　　「挈國以呼功利，不務張其義，齊其信，唯利之求，內則不憚詐其民而求小利焉，外則不憚詐其與而求大利焉。內不修正其所以有，然常欲人之有。如是，則臣下百姓莫不以詐心待其上矣。上詐其下，下詐其上，則是上下析也。」這是利用權謀來治理國家的情況，也是後來秦國的真實寫照。當年秦始皇率領秦國的士兵殲滅六國，統一天下的時候，是多麼的威風啊！可是當陳勝、吳廣揭竿而起，天下群雄並起的時候，整個秦王朝便馬上煙消雲散了，又是多麼令人歎息啊！這大概就是不以禮義來治理國家的後果吧！

第八章

君道 ①

源清流清，為君之道

一、有亂君‧無亂國

【原文】

　　有亂君，無亂國；有治人，無治法。羿之法非亡也，而羿不世中；禹之法猶存，而夏不世王。故法不能獨立，類②不能自行，得其人則存，失其人則亡。法者，治之端也；君子者，法之原也。故有君子，則法雖省，足以遍矣；無君子，則法雖具，失先後之施，不能應事之變，足以亂矣。不知法之義而正法之數者，雖博，臨事必亂。故明主急得其人，而暗主急得其勢。急得其人，則身佚而國治，功大而名美，上可以王，下可以霸；不急得其人，而急得其勢，則身勞而國亂，功廢而名辱，社稷必危。故君人者，勞於索之，而休於使之。書曰：「惟文王敬忌，一人以擇。」③此之謂也。

　　合符節④，別契券⑤者，所以為信⑥也，上好權謀，則臣下百吏誕詐⑦之人乘是而後欺。探籌投鈎⑧者，所以為公也；上好曲私，則臣下百吏乘是而後偏。衡石稱縣者，所以為平也；上好傾覆，則臣下百吏乘是而後險。斗斛敦概⑨者，所以為嘖⑩也；上好貪利，則臣下百吏乘是而後豐取刻與，以無度取於民。故械數者，治之流也，非治之原也；君子者，治之原也。官人守數，君子養原；原清則流清，原濁則流濁。故上好禮義，尚賢使能，無貪利之心，則下亦將綦辭讓，致忠信，而謹於臣子矣。如是則雖在小民，不待合符節、別契券而信，不待探籌投鈎而公，不待衡石稱縣而平，不待斗斛敦概而嘖。故賞不用而民勸，罰不用而民服，有司不勞而事治，政令不煩而俗美。百姓莫敢不順上之法，象⑪上之志，而勸上之事，而安樂之矣。故藉斂忘費，事業忘勞，寇難忘死，城郭不待飾而固，兵刃不待陵而勁。敵國不待服而詘，四海之民不待令而一。夫是之謂至平。詩曰：「王猶允塞⑫，徐方既來。」此之謂也。

　　請問為人君？曰：以禮分施，均遍而不偏。請問為人臣？曰：以禮待君，忠順而不懈。請問為人父？曰：寬惠而有禮。請問為人子？曰：敬愛而致恭⑬。請問為人兄？曰：慈愛而見友。請問為人弟？曰：

敬詘而不苟⑭。請問為人夫？曰：致功而不流⑮，致臨⑯而有辨。請問
為人妻？曰：夫有禮則柔從聽侍，夫無禮則恐懼而自竦⑰也。此道也，
偏立而亂，具立而治，其足以稽矣。請問兼能之奈何？曰：審⑱之禮
也，古者先王審禮以方皇周浹⑲於天下，動無不當也。故君子恭而不難
⑳，敬而不鞏㉑，貧窮而不約㉒，富貴而不驕，並遇變態而不窮，審之
禮也。故君子之於禮，敬而安之；其於事也，徑而不失；其於人也，
寡怨寬裕而無阿；其所為身也，謹修飾而不危㉓，其應變故也，齊給便
捷而不惑；其於天地萬物也，不務說其所以然而致善用其材；其於百
官之事、技藝之人也，不與之爭能而致善其功；其待上也，忠順而不
懈；其使下也，均遍而不偏；其交遊也，緣類而有義㉔；其居鄉里也，
容而不亂。是故窮則必有名，達則必有功，仁厚兼覆天下而不閔㉕，明
達用天地理萬變而不疑，血氣和平，志意廣大，行義塞於天地之間，
仁知之極也，夫是之謂聖人，審之禮也。

　　請問為國？曰：聞修身，未嘗聞為國也。君者儀也，民者景也，
儀正而景正。君者槃㉖也，民者水也，槃圓而水圓。君射則臣決。楚莊
王㉗好細腰，故朝有餓人。故曰：聞修身，未嘗聞為國也。

【注釋】

　　①君道：此篇論為君之道。強調「尚賢使能」，即「論德而定次，
量能而授官」的為君之道。

　　②類：類推。③擇：選擇。

　　④符節：符節剖分為二，雙方各執一半。

　　⑤契券：一契一式二份，雙方各執一份，以為憑信。

　　⑥信：憑據。⑦誕詐：謊言欺詐。

　　⑧探籌投鉤：抽籤抓鬮。

　　⑨概：平斗的用具，斗裝滿後，用它來刮平。

　　⑩嘖（ㄗㄜˊ）：同「賾」，實際。⑪象：仿照、按照。

　　⑫允塞：充滿、充實。

　　⑬恭：原為「文」，據文義和《韓詩外傳》引文改。

　　⑭不苟：不馬虎。一說「苟」為「悖」的誤字，不悖，順眼的意思。

　　⑮流：放蕩淫亂。⑯臨：通「隆」。

⑰竦（ㄙㄨㄥˇ）：擔心害怕的樣子。⑱審：透徹瞭解。

⑲周浹（ㄐㄧㄚˊ）：普遍。⑳難：恐懼，害怕。

㉑鞏：通「蛩」，恐懼。㉒約：卑躬曲膝。

㉓危：通「詭」。

㉔緣類而有義：尋找志同道合的人並做到有禮義。「類」、「義」兩字原刊互錯。

㉕閔：通「窮」，盡。㉖槃：通「盤」，指盤子。

㉗楚莊王：應為楚靈王。

【譯文】

有造成國家混亂的君主，而沒有必定混亂的國家；有能使國家安定的人士，而沒有使國家自然安定的方法。后羿的射箭方法並非失傳，但像后羿那樣的射手並非世世代代都出現；禹的治國方法還存在，但是夏朝並不是世世代代都有像禹那樣的王。所以，法不能自己發生作用，依法類推也不能自發地推行，有了善於治國的人，法就能發揮效用，沒有這樣的人，法也就失去作用了。法制，是治理國家的根本；君子，則是實行法制的根本。所以，有了君子，即使法令條例簡略，法也能夠發揮很完備的作用；沒有君子，即使法令條例完備、詳盡，也會在施行時失去先後次序，不能夠處理各種事變，這就會使得社會混亂。不懂得立法的根本原則而確定法的條文，即使條條很多，臨到處理具體事情時也必定會產生混亂。所以英明的君主急於求得治國的人才，而昏庸的君主迫切要奪取的是權勢。急於求得人才，那麼君主自身很安逸而且國家得到治理，功績巨大而且名聲美好，最上可以稱王於天下，次之也可以稱霸於諸侯。不急於求得人才，而急於奪取權勢，那麼君主自己勞累而且國家混亂，功業廢棄而且落得羞恥的名聲，國家也一定會危殆。所以君主在求得人才時辛勞一些，在使用人才的時候就安逸了。《尚書》上說：「只有文王十分謹慎，親自去選擇一個人。」說的就是這個意思。

驗證符節，辨認契券，是雙方講信用的憑證，如果君主喜好權術陰謀，那麼臣子百官那些好說謊言欺詐的人，就會乘機跟著進行欺詐；

抽籤抓鬮，是公斷的手段，如果君主喜好偏私，那麼臣子百官就會乘機跟著不公正；衡量重量標準的秤桿和秤砣，是為了顯示平正的，如果君主喜好顛倒是非，那麼臣子百官就會乘機跟著偏邪不正；斗、斛、敦、概，是用來量實物多少的，如果君主喜好貪圖私利，那麼臣子百官就會乘機跟著多取少給，從而沒有限度地向百姓索取。所以上述度量器具的規定，只是治理國家的支流，不是治理國家的本源。君子，才是治理國家的本源。官吏掌握著度量器具的規定，君子把握著本源。本源清澈那麼支流就清澈，本源渾濁，那麼支流就渾濁。所以君主喜好禮義，推崇道德高尚的人，使用有才能的人，沒有貪財求利的私心，那麼臣下和百姓也會極盡謙辭禮讓，特別忠誠和講信用，而且嚴格地遵守做臣子的本分。如果這樣，那麼即使是老百姓，也用不著靠驗證符節，辨別契券來取信，用不著靠抽籤抓鬮來做公斷，不用靠衡量重量的秤桿和秤砣來作平正的砝碼，不用靠斗、斛、敦、概來作量物的容器。所以不必用獎賞而人民就會勤勉，不用施行刑罰而人民就會順服，各級官吏不用勞累，事情就能治理好，政治法令條例不用煩瑣細密，風俗自然會淳美。百姓沒有誰敢不服從君主的法令，按照君主的意志，盡力於君主的事業，這樣就可以安閒享樂了。徵收賦稅時，百姓不認為是過重的負擔，做事時百姓忘記了疲勞，敵人侵犯時，百姓捨身入死。城牆用不著整修就很堅固，武器用不著磨礪就很堅銳。敵國用不著出兵征服就會屈從歸順，四海的百姓用不著強迫命令就會統一，這樣就叫做最安定。《詩經》中說：「王道遍行於天下，遙遠的徐方國盡來歸順。」說的就是這個意思。

　　請問怎樣做君主？答道：用禮義治理國家，普遍地實行而不偏廢。請問怎樣做臣子？答道：用禮義侍奉君主，對君主忠誠順服而不懈怠。請問怎樣做父親？答道：寬厚慈愛而有禮義。請問怎樣做兒子？答道：尊敬熱愛而十分恭敬。請問怎樣做兄長？答道：慈祥愛撫而表示友愛。請問怎樣做弟弟？答道：恭敬順從而不馬虎。請問怎樣做丈夫？答道：特別和睦而不放蕩淫亂，特別尊崇禮義而又夫婦有別。請問怎樣做妻子？答道：丈夫懂得禮義就柔和順從他，聽從侍候他，丈夫不懂得禮

義，就為之恐慌憂懼而擔心。這些原則，只做到一方面就會產生混亂，如果各方面都做到就會安定祥和，這完全可以得到驗證。怎樣才能全面做到這些呢？要透徹地瞭解禮義，古時候的聖王透徹瞭解禮義，又將它廣泛地推行於天下，因此行動沒有不正確的。所以君子謙恭而無所畏懼，敬肅而沒有恐懼之感，處於困境而不卑躬屈膝，處於順境而不盛氣凌人，接連遇到變化了的情況也能從容應付，這都是透徹瞭解禮義的緣故。所以君子對於禮義，恭敬而又能自覺遵守；對於事情的處理，直截了當而又不出現過失；對待別人，少有怨恨，寬厚待人，而又不阿諛逢迎；他們對待自身，謹慎地修養整頓自己的言行而不自高自大；他們應付突發事變，迅速敏捷而無差錯；對於天地萬物，不盡力去追求事情的緣由，但是能最合理地利用各種資源；他們對於各級官吏的職事、各種有技能技巧的工匠，不跟他們在具體技能上爭高下，而是最合理地發揮他們的效用；他們對待君主，忠誠順服而不懈怠；他們役使下民，普遍均等而不偏私；他們與人交往，尋找志同道合的人並做到有禮義，他們生活在地方上，待人寬容而不過分。因此處於困境就一定有名望，處於順境就一定有功績，仁愛寬厚的品德覆蓋整個天下而且沒有止境，明智通達能利用天地間的事物處理萬事萬物的變化而不迷惑，心平氣和，胸懷開闊，自覺奉行禮義，這是仁愛智慧的最高境界，這就叫做聖人透徹地瞭解禮義了。

　　請問怎樣治理國家？答道：只聽說過加強自身修養，不曾聽說過如何治理國家。君主好比日晷，百姓好比日影，儀器正直，日影就正直。君主好比盛水的盤子，百姓好比盤中的水，盤子是圓的，水面也就是圓的。君主喜好射箭，臣子就會經常進行射箭演習。楚靈王喜歡細腰的女人，因此楚國宮中便有餓瘦而求腰細的人。所以說，只聽說過加強自身修養，不曾聽說過如何治理國家。

【延伸閱讀】

　　如果君王的德行不高明，臣屬雖然想竭盡忠心，又從何著手呢？

　　觀察京房對元帝的誘導，可以說他已經把道理說得十分清楚透徹了，而最終仍不能使元帝覺悟，可悲啊！《詩經》上說：「我不但是用

手攜帶你，而且指示了你許多事。」又說：「我教導你是那麼地懇切細緻，而你卻漫不經心、聽不進去。」漢元帝不正是如此嗎！

中書令石顯獨攬大權，石顯的好友五鹿充宗任尚書令，二人聯合執政。有一次，元帝在閒暇時召見京房，京房問元帝：「周幽王、周厲王為什麼導致國家出現危機？他們任用的是些什麼人？」元帝說：「周幽王、周厲王昏庸，任用的都是善於偽裝的奸佞。」

京房進一步問：「可是，為什麼我們今天才知道他們不是賢能呢？」

元帝說：「因為當時局勢混亂，君王身處險境。」京房說：「如果事物發展的必然規律是，任用賢能的人才國家必然治理得好，任用奸邪的小人國家必定混亂。為什麼幽王、厲王不覺悟從而另外任用賢能，而終究要任用奸佞以致後來陷入困境呢？」

元帝說：「亂世君王，各自都認為他們所任用的官員是賢能的。假如他們都能覺悟到自己的錯誤。天下怎麼還會有危亡的君王？」

京房說：「齊桓公、秦二世也都知道周幽王、周厲王的故事，並譏笑過他們。可是，齊桓公任用豎刁，秦二世任用趙高，以致政治日益混亂，盜賊滿山遍野。為什麼他們不能用周幽王、周厲王的例子來檢驗自己的行為，而覺悟到自己用人不當呢？」元帝說：「只有治國有法的君王，才能依據往事而預測將來。」

京房於是脫下官帽，叩頭說：「《春秋》一書，記載了天變災難，用來警示後世君王。而今陛下登基以來，出現日食月食，星辰逆行，山崩泉湧，大地震動，天落隕石，夏季降霜，冬季響雷，春季百花凋謝，水災，旱災，蟲災，百姓饑饉，瘟疫流行，盜賊制伏不住，受過刑罰的人充滿街市。《春秋》所記載的災異，已經具備。陛下認為現在是治世，還是亂世？」

元帝說：「已經亂到極點了，這還用問？」京房說：「陛下現在任用的是些什麼人？」元帝說：「今天的災難變異和為政之道，勝過前代。但我認為責任不在這些人身上。」

京房說：「前世的那些君主，也是陛下這種想法。我恐怕後代看今天，猶如今天看古代。」

　　元帝過了很久才說：「現在擾亂國家的是誰？」京房回答說：「陛下自己應該知道。」元帝說：「我不知道，如果知道，哪裡還會用他？」京房說：「陛下最信任，跟他在宮廷之中共商國家大事，掌握用人權柄的人，就是他。」京房所指的是石顯。元帝也知道，便對京房說：「我明白你的意思了。」京房告退。但是後來，漢元帝還是沒有讓石顯退位。

二、君者，民之原也

【原文】

君者，民之原也。原清則流清，原濁則流濁。故有社稷者而不能愛民，不能利民，而求民之親愛己，不可得也。民不親不愛，而求其為己用，為己死，不可得也。民不為己用，不為己死，而求兵之勁，城之固，不可得也。兵不勁，城不固，而求敵之不至，不可得也。敵至而求無危削，不滅亡，不可得也。危削滅亡之情舉積此矣，而求安樂，是狂生者也。狂生者，不胥①時而樂。故人主欲彊固安樂，則莫若反之民②，欲附下③一民，則莫若反之政；欲修政美俗④，則莫若求其人。彼或蓄積而得之者不世絕，彼其人者，生乎今之世而志乎古之道。以天下之王公莫好⑤之也，然而是子⑥獨好之；以天下之民莫為之也，然而是子獨為之。好之者貧，為之者窶，然而是子猶將為之也，不為少頃輟焉。曉然獨明於先王之所以得之、所以失之，知國之安危臧否若別白黑。是其人也⑦，大用之，則天下為一，諸侯為臣；小用之，則威行鄰敵；縱不能用，使無法其疆域，則國終身無故。故君人者，愛民而安，好士而榮，兩者無一焉而亡。詩曰：「价人維藩，大師為垣⑧。」此之謂也。

道者，何也？曰：君之所道也⑨。君者何也？曰：能群也。能群也者，何也？曰：善生養人者也，善班治人者也，善顯設⑩人者也，善藩飾⑪人者也。善生養人者人親之，善班治人者人安之，善顯設人者人樂之，善藩飾人者人榮之。四統者俱而天下歸之，夫是之謂能群。不能生養人者，人不親也，不能班治人者，人不安也，不能顯設人者，人不樂也，不能藩飾人者，人不榮也。四統者亡而天下去之，夫是之謂匹夫。故曰：道存則國存，道亡則國亡。省工賈，眾農夫，禁盜賊，除奸邪，是所以生養之也，天子三公，諸侯一相，大夫擅官，士保職，莫不法度而公，是所以班治之也。論德而定次，量能而授官，皆使⑫人載其事而各得所宜，上賢使之為三公，次賢使之為諸侯，下賢使之為士大夫，是所以顯設之也。修冠弁⑬衣裳、黼黻⑭文章、雕琢刻

鏤皆有等差，是所以藩飾之也。故由天子至於庶人也，莫不聘其能，得其志，安樂其事，是所同也；衣暖而食充，居安而遊樂，事時制明而用足，是又所同也。若夫重色而成文章，重味而備珍怪[15]，是所衍[16]也。聖王財衍以明辨異[17]，上以飾賢良而明貴賤，下以飾長幼而明親疏；上在王公之朝，下在百姓之家，天下曉然皆知其非以為異也，將以明分達治而保萬世也。故天子諸侯無靡費之用，士大夫無流淫之行，百吏官人無怠慢之事，眾庶百姓無奸怪之俗，無盜賊之罪，其能以稱義遍矣。故曰：治則衍及百姓，亂則不足及王公。此之謂也。

　　至道大形[18]，隆禮至法則國有常，尚賢使能則民知方，纂論公察[19]則民不疑，賞免[20]罰偷則民不怠，兼聽齊明則天下歸之。然後明分職，序事業，材技官能，莫不治理，則公道達而私門塞矣，公義明而私事息矣。如是，則德厚者進而佞說者止，貪利者退而廉節者起。書曰：「先時者殺無赦，不逮時者殺無赦。」人習其事而固，人之百事，如耳目鼻口之不可以相借官也；故職分而民不慢[21]，次定而序不亂，兼聽齊明而百事不留。如是，則臣下百吏至於庶人莫不修己而後敢安止[22]，誠能而後敢受職；百姓易俗，小人變心，奸怪之屬莫不反愨[23]，夫是之謂政教之極。故天子不視而見，不聽而聰，不慮而知，不動而功，塊然[24]獨坐而天下從之如一體，如四胑[25]之從心。夫是之謂大形。詩曰：「溫溫恭人，維德之基。」此之謂也。

【注釋】

　　①胥：同「須」，等待。②反之民：反過來依靠百姓。

　　③附下：使臣下歸附。④美俗：做好風俗；「俗」原為「國」。

　　⑤莫好：沒有誰喜歡。

　　⑥是子：原為「於是」，據文義和《韓詩外傳》引文改，下同。

　　⑦則是其人也：原為「是其人者也」，據文義和《韓詩外傳》引文改。

　　⑧價：同「介」，善。維：是。藩：籬笆。

　　⑨「之所」兩字原脫。⑩顯設：任用，安排。

　　⑪藩飾：文飾。⑫「使」字下原衍「其」字。

　　⑬弁：古代的一種帽子。⑭黼黻：古代禮服上繡的青色和黑色花紋。

　　⑮備珍怪：原為「成珍備」，據文義改。⑯衍：富裕，有餘。

⑰財：通「裁」，裁制，掌握。⑱大形：充分的表現。

⑲纂：集合。⑳免：通「勉」。

㉑慢：原為「探」。㉒止：原為「正」，據元刻「世德堂」本改。

㉓愨：誠實。㉔塊然：獨自一人的樣子。㉕肌：同「肢」。

【譯文】

　　君主，是百姓的本源，本源清澈，那麼支流也就清澈，本源渾濁，那麼支流也就渾濁。所以掌管國家的君主如果不能愛護百姓，不能有利於百姓，而要求百姓親近、愛戴自己，這是不可能的。百姓不親近、愛戴他，卻要求百姓為自己所使用，為自己拚命，這也是不可能的。百姓不為自己所使用，不為自己拚命，但要求兵力強大，城防堅固，這也是不可能的。兵力不強大，城防不堅固，卻要求敵人不來侵犯，這也是不可能的。敵人侵犯而要求沒有危險，不致滅亡，這也是不可能的。國家危險削弱以至滅亡的情勢全都聚積在這裡了，但要求安樂，這是無知妄為的人。無知妄為的人，不顧時宜地尋求享樂。所以君主如果希望國家強盛自己享樂，那麼不如反過來依靠百姓。希望臣子歸附，民心一致，那麼不如反過來治理政事。希望政事治理風俗淳美，那麼不如尋求賢人。賢人是很多的，因而可以找到這種人，並且這種人世代都有。那些賢人生活在當今的時代，卻瞭解古人的治國之道。天下的諸侯國國君沒有誰喜歡古人的治國之道，可是這種賢人獨獨喜歡古道；天下的百姓沒有誰願意推行古道，可是這種賢人獨獨願意去做。喜歡古道的人很少，推行古道的人處境窮苦，但是賢人仍然堅持去做，不因此而有片刻鬆懈。唯獨他最明瞭先王得到天下和失去天下的原因，懂得國家的平安危殆、情況好壞，如同辨別黑白一樣分明。那麼這種人啊，如果充分任用他，那麼天下就可以同一，使諸侯稱臣歸順；在某個方面任用他，那麼他能威鎮鄰國；即使完全不任用他，也不要讓他離開自己的國家，那麼國家將永遠不會發生災禍變故。所以君主，只要愛護百姓就能安寧，喜好賢士就能榮耀，兩方面都做不到就會滅亡。《詩經》中說：「德才兼備的人是國家的籬笆，百姓是國家的圍牆。」說的就是這個意思。

　　道是什麼呢？是君主所遵循的原則。君主是什麼呢？是能夠組織群眾的人。能夠組織群眾是什麼意思呢？是善於養活百姓，善於治理百姓，善於安排百姓，善於修飾百姓的衣著，從而分別不同的等級。善於養活百姓的人，百姓就親近他，善於治理百姓的人，百姓就使他安逸，善於安排百姓的人，百姓就對他滿意，善於處理人們等級關係的人，百姓就讚譽他。上述四種條件全部具備，於是天下的人便會歸順他，這就叫做能夠組織群眾。不能夠養活百姓的人，百姓就不會親近他，不能夠治理百姓的人，百姓就會使他不安逸，不能夠安排百姓的人，百姓就不會對他滿意，不能夠處理人們等級關係的人，百姓就不會讚譽他。上述四種條件都不具備，於是天下的人就會背棄他，這就叫做普通百姓。所以說：道存在，國家就存在；道喪失了，國家也就滅亡。減少工商業者，增加農業勞動力，嚴禁盜賊，清除奸詐邪惡的人，這是用來養活百姓的措施。天子任命司馬、司徒、司空三公，諸侯只任命一個宰相，大夫任命擔任某一個專職的官吏，士人謹守自己的職務，沒有不遵守法令制度的，這些是用來治理百姓的措施。根據品德的高低而確定等級，衡量能力而授予官位，使人們都能擔負起適合他能力的事情，上等賢能的人任用他們擔任「三公」的職務，次等賢能的人任用他們擔任諸侯，下等賢能的人任用他們擔任士大夫，這些是用來安排人的方法。修飾衣帽、裝飾華麗的花紋、用具上雕刻各種花樣的圖案，都有一定的等級差別，這些是用來處理百姓等級關係的方法。所以，從天子到老百姓，沒有誰不想充分發揮自己的才能，滿足自己的志願，安心於他們的事業的，這都是人們共同的欲望。穿著暖和食物充足，居住安寧交遊快樂，處理政事及時，法令制度嚴明，生活用品充足，這也是人們共同的欲望。至於用各種色彩裝飾成衣服上的花紋圖案，美味繁多並儲備著各種珍奇品類，這顯示著財物的富裕。英明的君主掌握著富裕的財物是為了用來分別等級關係，對上用來裝飾賢良，明確高貴卑賤的差別，對下用來裝飾長幼，明確親近疏遠。上至王公的朝廷，下至百姓人家，天下的人都清楚地知道，這樣做不是用來顯示特殊，而是為了明確等級名分，使國家達到治理，從

而萬世長存。所以天子諸侯不浪費財用，士大夫沒有放蕩淫亂的行為，大小官吏沒有隨便馬虎的事情，廣大老百姓沒有奸詐詭怪的習俗、沒有偷盜坑害人的罪惡，這樣才能稱得上普遍實行禮義了。國家安定一般百姓都能得到富足食物，國家混亂，那麼連王公大人也不能得到足夠的財物，說的就是這個意思。

　　最高的治國原則充分表現為：崇尚禮義，法制完備，國家就有秩序；崇尚賢人任用能人，百姓就明確努力的方向；集中群眾意見公正無私，百姓就不會產生疑惑；獎賞勤勉懲罰懶惰，百姓就不會怠慢；全面聽取各方面意見而明察一切，天下的人都會來歸順。然後等級職位十分明確，區分事情的輕重緩急，任用有技術有才能的人，沒有一項事情不安排得井井有條，那麼公正道義通行暢達，偏私不正的門路堵塞不通了，公理正義明確，於是私事就停止了。如果這樣，那麼德行深厚的人得到選拔任用而花言巧語的人被罷免了，貪圖私利的人被清退了，廉潔正直的人得到提升。《尚書》中說：「先於君命擅作主張提前行動的人要堅決殺掉，不從君命辦事不及時的人也要堅決殺掉。」人們熟習自己所做的事而且穩固。人們的各種事情，如同耳朵、眼睛、鼻子與口的功能一樣，不能相互取代。所以職事分明，人們辦事就不會怠慢，等級明確次序就不會混亂，全面聽取意見明察一切，於是一切事情都能及時處理，不會受到阻滯。如果這樣，那麼臣子、百官直到一般百姓沒有誰不修養自己，然後才敢安於自己所處的地位，真正有才能然後才敢接受官職。百姓的風俗變好，小人改變了邪念，奸詐詭怪一類的人沒有不變得誠實的，這就叫做政治教化達到了最高境界。所以，天子不用親眼看就能清楚事物，不用親耳聽就能明白事物，不用考慮就能瞭解事物，不用親自行動就能把事辦成功，他巍然不動地獨坐著，而支配天下就像支配自己的身體，天下聽從他的支配就像四肢聽從心的支配一樣，這就是「道」的最充分表現。《詩經》中說：「多麼寬厚柔順的人啊，這是道德的基礎。」說的就是這個意思。

【延伸閱讀】

　　君主是臣子的榜樣，只有以德治國的君主，才能擁有天下。晉文公

重耳是歷史上有名的難得的以德治國的君主，城濮之戰中堅持守信退避三舍，奠定了他獨霸天下的基礎。

西元前633年，楚成王的軍隊包圍了宋國的都城。宋成公派使者去晉國告急。

晉文公召集群臣商量。晉之名將先軫說：「報恩、救難、立威、稱霸，就看這一次了。」晉文公的舅父狐偃說：「楚國剛得到曹國，最近又從衛國娶妻。現在如舉兵進攻曹、衛，楚必分兵援救，那麼齊、宋就可以解圍了。」

晉文公於是致力於訓練民眾。次年，文公想用這些人去打仗。子犯說：「晉國戰亂多年，人民還不知道什麼是義，還沒有安居樂業。」於是晉文公加強外交活動，護送周襄王回國復位。回國後又積極為人民謀利益，人民開始逐漸關心生產，安於生計。

不久，文公又想用兵，子犯又說：「民眾還不知道什麼是信，而且還沒有向他們宣傳信的作用。」於是晉文公又征伐了原，約定三天內攻不下來就撤兵。

三日後，晉文公真的信守諾言，退兵三十里，向國內外證明他的誠實和信用。

在這一連串行動的影響下，晉國的商人做生意不求暴利，明碼標價，童叟無欺，全國上下形成了普遍講信譽的好風氣。於是晉文公說：「現在總可以了吧？」子犯說：「人民還不知貴賤尊卑之禮，沒有恭敬之心。」

於是文公用大規模的閱兵來表現禮儀之威嚴，設置執法官來管理官員。這樣一來，人民開始習慣於服從命令，不再有疑慮，這時晉文公才使用他們。

城濮一戰，迫使楚國撤兵谷邑，解了宋國之圍，一戰而稱霸諸侯。這都是晉文公善於用仁德教化的結果。

三、取人有道，用人有法

【原文】

　　為人主者莫不欲強而惡弱，欲安而惡危，欲榮而惡辱，是禹、桀之所同也。要此三欲，辟①此三惡，果何道而便？曰：在慎取相，道莫徑是矣。故知而不仁，不可；仁而不知，不可；既知且仁，是人主之寶也，而王霸之佐也。不急得，不知；得而不用，不仁。無其人而幸有其功，愚莫大焉。

　　今人主有六②患：使賢者為之，則與不肖者規之；使知者慮之，則與愚者論之；使修士行之，則與汙邪之人疑之。雖欲成功，得乎哉！譬之是猶立直木而恐其影之枉也，惑莫大焉。語曰：好女之色，惡者之孽也。公正之士，眾人之痤③也。循道之人，汙邪之賊也。今使汙邪之人論其怨賊而求其無偏，得乎哉！譬之是猶立枉木而求其影之直也，亂莫大焉？

　　故古之人為之不然。其取人有道，其用人有法。取人之道，參之以禮；用人之法，禁之以等。行義④動靜，度之以禮；知慮取捨，稽之以成；日月積久，校⑤之以功。故卑不得以臨尊，輕不得以縣重，愚不得以謀知，是以萬舉不過也。故校之以禮，而觀其能安敬也；與之舉錯遷移，而觀其能應變也；與之安燕，而觀其能無流慆⑥也；接之以聲色、權利、忿怒、患險，而觀其能無離守也。彼誠有之者與誠無之者若白黑然，可詘邪⑦哉！故伯樂不可欺以馬，而君子不可欺以人。此明王之道也。

　　人主欲得善射，射遠中微者，縣貴爵重賞以招致之。內不可以阿子弟，外不可以隱遠人，能中是者取之，是豈不必得之之道也哉！雖聖人不能易也。欲得善馭及速⑧致遠者，一日而千里，縣貴爵重賞以招致之。內不可以阿子弟，外不可以隱遠人，能致是者取之，是豈不必得之之道也哉！雖聖人不能易也。欲治國馭民，調壹上下，將內以固城，外以拒難，治則制人，人不能制也，亂則危辱滅亡可立而待也。然而求卿相輔佐則獨不若是其公也。案⑨唯便嬖親比己者之用也，豈不

過甚矣哉！故有社稷者莫不欲強，俄則弱矣；莫不欲安，俄則危矣；莫不欲存，俄則亡矣。古有萬國，今有十數焉[10]，是無它故，莫不失之是也。故明主有私人以金石珠玉，無私人以官職事業，是何也？曰：本不利於所私也。彼不能而主使之，則是主暗也；臣不能而誣能，則是臣詐也。主暗於上，臣詐於下，滅亡無日，俱害之道也。夫文王非無貴戚也，非無子弟也，非無便嬖也，倜然[11]乃舉太公於州人而用之，豈私之也哉！以為親邪？則周姬姓也，而彼姜姓也。以為故邪？則未嘗相識也。以為好麗邪？則夫人行年七十有二，齫然[12]而齒墮矣。然而用之者，夫文王欲立貴道，欲白貴名，以惠天下，而不可以獨也，非於是子莫足以舉之，故舉是子而用之。於是乎貴道果立，貴名果白[13]，兼制天下，立七十一國，姬姓獨居五十三人，周之子孫，苟不狂惑者，莫不為天下之顯諸侯，如是者能愛人也。故舉天下之大道，立天下之大功，然後隱其所憐所愛，其下猶足以為天下之顯諸侯。故曰：唯明主為能愛其所愛，暗主則必危其所愛。此之謂也。

　牆之外，目不見也；里之前，耳不聞也；而人主之守司[14]，遠者天下，近者境內，不可不略知也。天下之變，境內之事，有弛易齵[15]差者矣，而人主無由知之，則是拘脅[16]蔽塞之端也。耳目之明，如是其狹也，人主之守司，如是其廣也，其中不可以不知也，如是其危也。然則人主將何以知之？曰：便嬖左右者，人主之所以窺遠收眾之門戶牖向[17]也，不可不早具也。故人主必將有便嬖左右足信者然後可，其知惠[18]足使規物，其端誠足使定物然後可，夫是之謂國具。人主不能不有游觀安燕之時，則不得不有疾病物故之變焉。如是，國者，事物之至也如泉源，一物不應，亂之端也。故曰：人主不可以獨也。卿相輔佐，人主之基杖[19]也，不可不早具也。故人主必將有卿相輔佐足任者然後可，其德音足以鎮撫百姓，其知慮足以應待萬變然後可，夫是之謂國具。四鄰諸侯之相與，不可以不相接也，然而不必相親也，故人主必將有足使喻志決疑於遠方者然後可。其辯說足以解煩，其知慮足以決疑，其齊斷足以距[20]難，不還秩[21]不反君，然而應薄[22]捍患足以持社稷然後可，夫是之謂國具。故人主無便嬖左右足信者謂之暗，無卿相輔佐足任者謂之獨，所使於四鄰諸侯者非其人謂之孤，孤獨而晻[23]謂之危。國雖若存，古之人曰亡矣。詩曰：「濟濟多士，文王以寧。」此之謂

也。

　　材人㉔：願慤拘錄㉕，計數纖嗇㉖而無敢遺喪，是官人使吏之材也。修飭端正，尊法敬分，而無傾側之心。守職修業㉗，不敢損益，可傳世也，而不可使侵奪，是士大夫官師之材也。知隆禮義之為尊君也，知好士之為美名也，知愛民之為安國也，知有常法之為一俗也，知尚賢使能之為長功也，知務本禁末之為多材也㉘，知無與下爭小利之為便於事也，知明制度權物稱用之為不泥㉙也，是卿相輔佐之材也。未及君道也。能論官此三材者而無失其次，是謂人主之道也。若是則身佚而國治，功大而名美，上可以王，下可以霸，是人主之要守㉚也。人主不能論此三材者，不知道此道，安值㉛將卑勢出勞，並㉜耳目之樂，而親自貫日而治詳，一日而曲辨之，慮與臣下爭小察而綦偏能，自古及今，未有如此而不亂者也。是所謂視乎不可見，聽乎不可聞，為乎不可成。此之謂也。

【注釋】

①辟：同「避」，避免。②六：疑為「大」。

③痤：瘡癤。④義：讀為「儀」，儀表。

⑤校：考核。⑥慆（ㄊㄠ）：通「滔」，放蕩。一說為「淫」的錯字。

⑦詘：屈，歪曲。⑧「速」字前補「及」字。

⑨案：虛詞。⑩十數：原為「數十」。

⑪倜（ㄊㄧˋ）然：突出的，不同於眾的。

⑫齫（ㄩㄣˇ）然：沒牙齒的樣子。⑬白：原作「明」。

⑭守司：指管轄範圍。⑮齲（ㄑㄩˇ）：牙齒不齊。

⑯拘脅：局限、挾制。⑰牖（ㄧㄡˇ）向：窗戶。

⑱惠：通「慧」。⑲基：通「幾」，幾案。杖：手杖。

⑳距：同「拒」。㉑還秩：完成任務。㉒薄：通「迫」，緊迫。

㉓晻：同「暗」，不明。㉔材人：量材用人。㉕拘錄：勤勞。

㉖纖嗇（ㄒㄧㄢ　ㄙㄜˋ）：細小的意思。

㉗修：原為「循」，據文義改。㉘材：同「財」。㉙泥：拘泥，不變通。

㉚要守：必須遵守的要領。

㉛值：同「直」，直接。㉜並：同「屏」，拋棄。

【譯文】

　　作為君主，沒有不希望國家強盛而厭惡衰弱的，沒有不希望社會安定而厭惡危殆的，沒有不希望榮耀而厭惡羞辱的，這些都是聖君禹和暴君桀所共同的。要想實現這三個願望，避免這三種厭惡，究竟採取什麼方法比較方便呢？這在於慎重地選取宰相，沒有比走這條途徑更方便的了。有智慧但不仁義的人，不能選用；有仁義但沒有智慧的人，不能選用；既有智慧又有仁義的人，這才是君主的寶物，也是稱王稱霸的輔佐。不急於求得宰相，是不明智；得到了宰相不任用，是不仁義。沒有宰相的輔佐想僥倖獲得成功，沒有比這更愚蠢的了。

　　當今君主最大的毛病是，讓賢良的人去治理國家，卻又和不賢的人去約束他；讓有智謀的人去考慮問題，卻又和愚蠢的人一道議論他；讓品德高尚的人去實行，卻又和品德卑劣的人去懷疑他。這樣即使想把事情辦成功，可能嗎？這好比豎起一根挺直的木柱卻又擔心它的影子會彎曲一樣，再沒有比這種想法更糊塗的了。俗語說，美女的姿色，在醜人看來是一種禍根；公正無私的人，在普通人看來是一種癥疵；遵循正道的人，在邪惡的人看來是禍害。如果讓品德惡劣的人去評論他所怨恨的人，卻要求他沒有偏私，這可能嗎？這好比豎起一根彎曲的木柱卻要求它的影子筆直一樣，沒有比這更胡思亂想的了。

　　所以古代的帝王不是這樣做的。他們選取人才有原則，任用人才有法度。選取人才的原則，以禮作為檢驗的標準；任用人才的法度，用等級名分去限制他。行為儀態舉止，要用禮義來衡量他；判斷是非正確與否，要用實際成效來考查他；日積月累，用功業實績來考核他。所以，地位卑賤的不能讓他臨駕在尊貴者的上面，輕的東西不能夠用來衡量重的東西，愚蠢的人不能讓他替聰明的人出謀劃策。這樣做任何事情都不會發生差錯。用禮義來考核他，就看他能否安於恭敬；使他處於動盪變化的環境裡，就看他能否順應變化；讓他處在一個安逸的環境中，就看他能否抵制淫亂放蕩；讓他接近音樂美色、權利忿怒、憂患險惡，就看他能否不擅離職守。他們確實具有這些能力還是確實沒有這些能力如同黑白一樣分明，這怎麼可以歪曲呢！所以對善於相

馬的伯樂，不能用劣馬去欺騙他，對善用人的君子也不能拿壞人去欺騙他。這就是英明君主的治國之道。

　　君主希望得到一個好的射手，能射中遠處微小目標，只有用高貴的爵位厚重的獎賞來招引他們。對內不能偏袒自己的子弟，對外不能埋沒和自己疏遠的人，只要能符合標準的人就選用他，這難道不是必然能求得善射的人的方法嗎？即使是聖人也不能改變這個方法。希望得到一個善於駕車的馭手，能快速駕車到達遠處，能日行千里，只有用高貴的爵位厚重的獎賞來招引他們。對內不能偏袒自己的子弟，對外不能埋沒和自己疏遠的人，只要能達到標準的人就選用他，這難道不是必然能求得善馭的人的方法嗎？即使是聖人也不能改變這個方法。君主想要治理好國家，統領好百姓，使上下協調一致，對內鞏固城防，對外抵禦敵人入侵，國家治理好了就能制服別人，而不會被別人制服，國家動亂那麼就會遇到危險羞辱，滅亡也就能夠馬上看到了。然而在求得卿相輔佐時獨獨不能公正，只任用左右親信和迎合自己的人，這難道不是錯得太厲害了嗎？所以，君主的國家沒有不強盛的，可是不久就衰弱了；君主沒有不希望國家安寧的，可是不久就危殆了；沒有不希望國家長存的，可是不久就滅亡了。古代有許多的國家，當今只有十幾個了，這沒有什麼別的原因，沒有一個不是在用人的問題上失誤了。所以，英明的君主把黃金珠玉給自己人，不把官位職權給自己人，這是什麼原因呢？把官位職權給自己人，根本上說對偏愛的人並沒有好處。對於那些沒有才能的人，君主要任用他們，那麼這就是君主的昏庸；臣子沒有才能卻冒充有才能，那麼這個臣子是在欺騙。君主在上面昏庸，臣子在下面欺騙，這個國家不要多久就會滅亡，這是君主、臣子都受害的做法啊！周文王不是沒有顯貴的親人，不是沒有自己的子弟，不是沒有左右親信，但是他在姜太公還是漁夫時就選拔任用了他，這難道是對他有私心嗎？認為他們之間是親戚嗎？可周文王姓姬，而姜子牙姓姜啊！說他們是老朋友嗎？可他們以前互不相識。認為他長得儀表堂堂嗎？可當時姜太公已經七十二歲了，老得連牙齒都掉光了。周文王任用他，是想要樹立高貴的道義，想要顯揚高

貴的名聲，使天下百姓都得到他的恩惠，可是獨自一人是不能達到這些的，除了姜太公這個人之外，別人都不足以任用，所以選拔了太公而給予重用。於是高貴的道義果真樹立，高貴的名聲果真顯揚，全面統治整個天下，分封七十一個諸侯國，姓姬的獨佔了五十三家，周王室的子孫，只要不是癲狂糊塗的，沒有一個不是天下顯貴的諸侯的，這樣做才能夠真正愛自己人。所以實行了天下最高的道義，建立了天下最大的功業，然後再偏愛自己所憐憫所親愛的人，這些為他所憐憫所親愛的人仍然足以成為天下顯赫的諸侯。所以說，只有英明的君主能夠愛自己所親愛的人，昏君就必然會使自己所親愛的人遭受危害，說的就是這個意思。

　　在院牆以外的景象，眼睛看不到；在一里以外的聲音，耳朵聽不到。但君主管轄的範圍，遠的達到普天之下，近的就在一國之內，這些都不能不知道大概。天下的變化，一國內的事情，如同參差不齊的牙齒有鬆弛疏忽的，君主卻無從瞭解，那麼這就是受到局限、挾制乃至阻塞的開始。耳朵和眼睛所能達到的範圍這般的狹隘，君主管轄的範圍是那麼廣闊，這裡面如果產生了局限與蔽塞的危害，君主不可以不瞭解啊。那麼，君主將要依靠什麼知道這些情況呢？答道：左右親信是君主用來窺視遠方，監督臣子百官的門窗，不能不及早安排好。所以君主一定要有完全可信賴的左右親信，然後才可瞭解到情況，他們的智慧完全能夠規劃事物，他們的正直誠實完全能夠判斷事物，然後才可任用他們，這些人就叫做治國的人才。君主不能沒有遊玩觀賞、安逸享樂的時候，也不能沒有疾病死亡的變故。如果這樣，那麼一個國家，要處理的事物如同泉水般紛紛來到，一件事情沒有處理好，就會成為混亂的開始。所以說君主不能獨自一人治理國家，卿相的輔佐，好比是君主的幾案、扶杖，不能不及早安排好。所以君主一定要有完全勝任的卿相，然後才可以治理好國家，他們的道德聲望完全可以安撫百姓，他們的智慧完全可以順應對付複雜的事變，然後才可任用他們，這些人就叫做治國的人才。四鄰的諸侯國相互交往，不能沒有相互的接觸，但不一定都友好。所以，君主一定要有能夠出使到邊遠國

家傳達君主旨意和解決疑難問題的人，然後才可以處理外交事務，他們完全可以解決紛繁複雜的問題，他們的智謀思慮完全可以解決疑難問題，他們的果斷完全可以抵禦外敵入侵，不完成任務不回到君主的身邊，還要能順應緊迫的事件，抵禦外敵入侵，完全把持住國家，然後才可以任用他們，這些人就叫做治國的人才。所以，君主沒有完全可信賴的左右親信，就叫做昏君，沒有能完全勝任的卿相，就叫做「獨」，所派遣到四鄰諸侯中去的使者不是那種合適的人才，這就叫做「孤」，如果君主既「孤」又「獨」而且昏暗，這就叫做危險。國家即使存在，但古人認為它已經滅亡了。《詩經》上說：「有眾多的賢人能人，周文王才得以安寧。」說的就是這個意思。

　　量才用人的方法：正直誠實而又勤勞，細微的事情能精心計算而不敢遺漏丟失，這是管理一般具體事務的官吏的素質。修養美好，端直正派，尊崇法令，注重等級名分，而且沒有不正的思想。忠於職守能做好自己的事業，不敢任意增減，可使這些制度、職務世代相傳，而不讓它受到損害，這些是士大夫的素質。懂得推崇禮義是為了尊重君主，懂得敬重德才兼備的人是為了顯揚美名，懂得愛護百姓是為了使國家安定，懂得要有確定不變的法令是為了使習俗統一，懂得崇尚賢人任用能人是為了有長遠的功效，懂得從事農業，抑制工商業是為了使國家增加財富，懂得不與百姓爭奪小利是為了使事業順利發展，懂得明確制度衡量事物要符合實用是為了不受拘泥，這些都是卿相的素質，但還沒有達到做君主的治國之道。如果能夠評定任用上述三種人才而又不顛倒他們的次序，這就叫做君主的治國之道。如果這樣，那麼君主自己安逸，國家又能得到治理，功績偉大而又名聲美好，上可以稱王於天下，下可稱霸於諸侯。這是君主必須遵守的要領。如果君主不能夠評定任用上述三種人才，不懂得遵循這個原則，直接降低自己的身分，親自付出辛勞，放棄耳聽音樂眼觀色彩的享樂，親自日復一日地處理各項事情，一日之內就想把各種事情全部辦完，總是考慮和臣子在一些小的問題上比精明，而且極力追求某一方面的才能，從古到今，像這樣沒有國家不混亂的。這就是人們所說的去看那些看

不到的東西，去聽那些聽不到的東西，去做那些辦不到的事情。

【延伸閱讀】

荀子主張君主要「修身」，要以身作則，俗話說：「上樑不正下樑歪」，若是君主喜歡運用權謀，下面的大臣也都會用陰謀詭計來欺騙他；若是君主「隆禮至法」、「尚賢使能」，善於用人，任用一些品德高尚的君子，就能把國家治理好。

篇中所說的「君人者，愛民而安，好士而榮，兩者無一焉而亡」，無疑可成為君主的座右銘了。除君道外，篇中也涉及到臣道、父道、子道、兄道、弟道、夫道、妻道等，而歸結到一點，就是要以禮為治。

荀子指出，在家庭中，父子之間、兄弟之間、夫妻之間都要按照禮的要求確定自己的家庭地位，按照禮的要求建立和諧的家庭關係，即要以禮齊家。那麼，應該怎樣做父親、怎樣做兒子、怎樣做哥哥、怎樣做弟弟、怎樣做丈夫、怎樣做妻子呢？荀子在此篇中說：「請問為人父？曰：寬惠而有禮。請問為人子？曰：敬愛而致恭。請問為人兄？曰：慈愛而見友。請問為人弟？曰：敬詘而不苟。請問為人夫？曰：致和而不流，致臨而有辨。請問為人妻？曰：夫有禮則柔從聽侍，夫無禮則恐懼而自竦也。此道也，偏立而亂，俱立而治，其足以稽矣。請問兼能之奈何？曰：審之禮也。」荀子的上述論述，由於歷史局限所致，在某些內容方面，譬如在夫妻關係，現在看來，確有不當之處，但荀子以禮齊家治國的思想是很明確的。

按照禮儀的要求建立相應的家庭關係，家庭才會和諧，才會形成治國平天下所需要的良好的家庭基礎。他在《大略》中說：對於禮，「父子不得不親，兄弟不得不順，夫婦不得不歡。少者以長，老者以養」。

第九章

臣道①

諫諍輔弼，道重於君

一、人臣之論

【原文】

人臣之論：有態臣[2]者，有篡臣者，有功臣者，有聖臣者。內不足使一民，外不足使距[3]難，百姓不親，諸侯不信，然而巧敏佞說[4]，善取寵乎上，是態臣者也。上不忠乎君，下善取譽乎民，不恤公道通義，朋黨比周，以環[5]主圖私為務，是篡臣者也。內足使以一民，外足使以距難，民親之，士信之，上忠乎君，下愛百姓而不倦，是功臣者也。上則能尊君，下則能愛民，政令教化，刑下如影[6]，應卒遇變，齊給如響，推類接譽[7]，以待無方，曲[8]成制象，是聖臣者也。故用聖臣者王，用功臣者強，用篡臣者危，用態臣者亡。態臣用，則必死；篡臣用，則必危；功臣用，則必榮；聖臣用，則必尊。故齊之蘇秦[9]、楚之州侯[10]、秦之張儀[11]，可謂態臣者也。韓之張去疾[12]、趙之奉陽[13]、齊之孟嘗[14]，可謂篡臣也。齊之管仲[15]、晉之咎犯[16]、楚之孫叔敖[17]，可謂功臣矣。殷之伊尹、周之太公，可謂聖臣矣。是人臣之論也，吉凶賢不肖之極也，必謹志之而慎自為擇取焉，足以稽矣。

從命而利君謂之順，從命而不利君謂之諂；逆命而利君謂之忠，逆命而不利君謂之篡；不恤君之榮辱，不恤國之臧否[18]，偷合苟容以持祿養交[19]而已耳，謂之國賊。君有過謀過事，將危國家、殞社稷之懼也，大臣、父兄有能進言於君，用則可，不用則去，謂之諫；有能進言於君，用則可，不用則死，謂之爭；有能比知[20]同力，率群臣百吏而相與強君矯君[21]，君雖不安，不能不聽，遂以解國之大患，除國之大害，成於尊君安國，謂之輔；有能抗君之命，竊君之重[22]，反君之事，以安國之危，除君之辱，功伐足以成國之大利，謂之拂[23]。故諫、爭、輔、拂之人，社稷之臣也，國君之寶也，明君之[24]所尊厚也，而暗主惑君以為己賊也。故明君之所賞，暗君之所罰也；暗君之所賞，明君之所殺也。伊尹、箕子可謂諫矣，比干、子胥可謂爭矣，平原君[25]之於趙可謂輔矣，信陵君[26]之於魏可謂拂矣。傳曰：從道不從君。此之謂也。

故正義之臣設[27]，則朝廷不頗[28]；諫爭輔拂之人信[29]，則君過不遠；

爪牙之士㉚施，則仇讎不作；邊境之臣處，則疆垂㉛不喪。故明主好同而暗主好獨。明主尚賢使能而饗其盛㉜，暗主妒賢畏能而滅其功。罰其忠，賞其賊，夫是之謂至暗。桀、紂所以滅也。

　　事聖君者，有聽從無諫爭；事中君者，有諫爭無諂諛；事暴君者，有補削無撟拂㉝。迫脅於亂時，窮居於暴國，而無所避之，則崇其美，揚其善，違㉞其惡，隱其敗，言其所長，不稱其所短，以為成俗。詩曰：「國有大命，不可以告人，妨其躬身㉟。」此之謂也。

【注釋】

①臣道：這篇文章闡明了人臣的重要作用及人臣應當遵循的準則。

②態臣：諂媚的臣子。③距：同「拒」。

④巧敏佞說：花言巧語，阿諛奉承。⑤環：通「營」，惑。

⑥刑：法，效法。⑦譽：通「與」。⑧曲：委曲，各方面。

⑨蘇秦：戰國時魏國人，曾遊說燕、趙、韓、魏、齊、楚六國，聯合抗秦，後在齊國被人刺死。

⑩州侯：楚襄王的寵臣。

⑪張儀：戰國時魏國人，秦惠王時任秦國宰相，善於遊說，曾使六國各自和秦結成聯盟，打破了蘇秦六國抗秦的合約。

⑫張去疾：戰國時韓國宰相。

⑬奉陽：即奉陽君，戰國時趙國趙肅侯的弟弟，曾任趙相。

⑭孟嘗：即孟嘗君，姓田，名文，戰國時齊國人，曾任齊相。

⑮管仲：名夷吾，春秋時齊國人。

⑯咎犯：晉文公之舅狐偃，字犯。咎：同「舅」。

⑰孫叔敖：春秋時楚國人，楚莊王時任楚王宰相。

⑱臧否：安危。⑲偷合：迎合君主的言行。養交：豢養賓客。

⑳知：同「智」。㉑矯：原作「撟」，今改。

㉒重：權力。㉓拂（ㄅㄧˋ）：通「弼」，校正弓的器具，這裡指矯正。

㉔「之」字原脫，今補。

㉕平原君：即趙勝，趙惠文王之弟，曾任趙相。

㉖信陵君：即魏無忌，戰國時魏安釐王之弟，被任為相國。

㉗設：任用。㉘頗：偏邪不正。㉙信：同「伸」，伸展，不受壓制。
㉚爪牙之士：勇士。㉛垂：同「陲」。㉜盛：通「成」，功績，成就。
㉝撟：糾正。㉞違：通「諱」。㉟這三句是佚文，失傳。

【譯文】

　　臣子的類別：有諂媚的臣子，有想篡奪君權的臣子，有功績巨大的臣子，有品德高尚才能傑出的臣子。對內不能使國家統一，對外不能使國家抵禦外敵入侵，百姓不親近他，諸侯不信任他。但是他花言巧語，阿諛奉承，善於從君主那裡獲得寵愛，這是諂媚的臣子。對上不能效忠於君主，對下善於從老百姓那裡竊取名譽，不顧法律制度和道德規範，結黨營私，以迷惑君主。圖謀私利為要務，這就是篡奪君權的臣子。對內能夠統一人民，對外能夠使國家抵禦外敵入侵，人民親近他，士大夫信任他，對上效忠於君主，對下愛護百姓不知疲倦，這就是功績巨大的臣子。對上能尊敬君主，對下能愛護百姓，所推行的政策法令和教化措施，人們如影隨形地遵循、效法，應付突發事變，就像迴響般反應迅速敏捷，以法類推處理各種事務，從容對待變化無常的情況，處處都能符合規章制度，這就是品德高尚才能傑出的臣子。所以用品德高尚才能傑出的臣子治國，可以稱王於天下；用功績巨大的臣子治國，國家就強盛；用篡奪君權的臣子治國，國家就危險；用諂媚的臣子治國，國家就滅亡。諂媚的臣子被重用，就必定亡國；篡奪君權的臣子被重用，國家必定危險；功績巨大的臣子被重用，國家必定繁榮昌盛；品德高尚才能傑出的臣子被重用，國家必定會受人尊崇。齊國的蘇秦、楚襄王的寵臣州侯、秦國的宰相張儀，可以稱為諂媚的臣子。韓國的宰相張去疾、趙國的宰相奉陽君、齊國的宰相孟嘗君，可以稱為篡奪君權的臣子。齊國的宰相管仲、晉國曾輔助晉文公稱霸的舅犯、楚國的宰相孫叔敖可以稱為功績巨大的臣子。殷代湯王的大臣伊尹、周代文王的大臣姜太公可以稱為品德高尚才能傑出的臣子。這些就是臣子的類別，是造成國家安危禍福以及賢或不肖的典範，君主一定要牢記，並親自謹慎地選擇大臣，上述事例足以作為借鑑。

　　聽從君命而對君主有利，這叫做恭順，聽從君命但對君主不利，

這叫做諂媚。違背君命而對君主有利，這叫做忠誠，違背君命但對君主不利，這叫做篡奪。不顧君主的榮辱，不顧國家的安危，迎合君主，放棄原則，以此保持自己的祿位，豢養賓客罷了，這叫做國賊。君主有錯誤的謀略和錯誤的舉動，有危害國家、毀滅國家的危險時，大臣、父兄能夠向君主進言，能採納就留下，不採納就離去，這叫做「諫」。能夠向君主進言，如果採納就留下，不採納誓死力爭，這叫做「諍」。能聯合有見識的臣子同心協力，率領群臣文武百官一起努力敦促君主糾正失誤，那麼君主即使不舒暢，也不能不聽從，於是就能消除國家大的禍患，除掉國家大的危害，達到維護君主的尊嚴，使國家安定的局面，這叫做「輔」。能夠抗拒君主的命令，竊取君主的大權，反對國君的錯誤行為，從而使國家轉危為安，消除君主所受的恥辱，完全可以使國家獲得大利，這叫做「弼」。所以能諫、能諍、能輔、能弼的人，是國家的重臣，君主的珍寶，他為明智的君主尊敬與重用，而昏暗糊塗的君主卻把他們視為禍害。所以明智的君主所獎賞的，卻是昏君所要懲處的；昏君所獎賞的，卻是明智的君主所要殺戮的。伊尹、箕子可以稱為「諫」，比干、伍子胥可以稱為「諍」，平原君對於趙國可以稱為「輔」，信陵君魏無忌對於魏國可以稱為「弼」。古話說聽從治國之道，不一定遵從治國之君，就是說的這個意思。

正義的臣子得到任用，朝廷的政事就不會偏邪；諫、諍、輔、弼的臣子不受壓制，君主的過錯就不會延續；善戰的勇士得到任用，敵國就不敢興風作浪；駐守邊疆的臣子能安於職守，國土邊疆就不會喪失。所以明智的君主善於跟得力的大臣協同統一，而昏君卻喜歡獨斷專行。明智的君主崇尚賢明者，任用有才之人，而且獎勵慰勞他們的功績。昏君嫉妒賢明者，怕用有才之人，而且埋沒他們的功績。懲罰忠臣，獎賞國賊，這就叫做昏庸到了極點，桀、紂正是因此而滅亡。

侍奉聖君的大臣，對君主只須聽從而不需規勸爭辯；侍奉中等君主的臣子，只可以有所規勸力爭但不能阿諛奉承；侍奉殘暴君主的臣子，只可彌補缺陷，消除過失，但不能強行糾正。被迫處於混亂的時代，不得已居住在暴君統治的國家，但又沒地方可以逃避，那就只能

推崇國中美好的事，顯揚國中善良的事，迴避醜惡的事，隱諱失敗的事，只講他的長處，不說他的短處，把這當成習慣來遵守。《詩經》上說：「國家若有重大事變，不能輕易對外亂說，免得惹禍上身。」說的就是這個意思。

【延伸閱讀】

　　蘇武和李陵都被匈奴所俘虜，但是蘇武既沒向匈奴投降，也沒被李陵真情的訴說打動，依然堅持漢節，成為了人們傳唱的最有節氣的人。

　　蘇武被匈奴放逐到北海邊以後，得不到糧食，便挖掘野鼠洞，吃鼠洞中的草籽。他手持漢朝的符節牧羊，無論睡臥還是起身都帶著它，以致節杖上的毛縷全部脫落了。

　　蘇武在漢朝時，與李陵同為侍中，李陵投降匈奴後，不敢見蘇武。過了很長時間，單于派李陵來到北海邊，為蘇武擺下酒筵，並以樂隊助興。李陵對蘇武說：「單于聽說我與你一向情誼深厚，所以派我來勸你，單于願意對你誠心相待。你終究不能再回漢朝，自己白白在這荒無人煙的地方受苦，你的信義節操，又有誰看得到呢！你的兩個兄弟，先前都因罪自殺。我來此之時，你母親也不幸去世。你的夫人還年輕，聽說已經改嫁別人了。只剩下兩個妹妹、兩個女兒、一個兒子，如今已過了十幾年，他們是否還在人世，不得而知。人的一生，就像早晨的露水一般短暫，你又何必長久地如此自苦！我剛投降匈奴時，精神恍惚，像要發瘋似的，每日都在恨自己辜負漢朝，還連累老母被拘禁，你不願歸降匈奴的心情，怎麼會超過我！況且皇上年事已高，法令變化無常，大臣無罪而被抄殺滿門的達數十家，安危不可知，你還要為誰這樣做呢！」

　　蘇武說：「我父子本無才德功績，全靠皇上栽培，才得以身居高位，與列侯、將軍並列，且使我們兄弟得以親近皇上，所以我常常希望能夠肝腦塗地，報答皇上的大恩。如今得以殺身報效皇上，即使是斧鉞加身，湯鍋烹煮，我也心甘情願！為臣的侍奉君王，就如同兒子侍奉父親一般，兒子為父親而死，沒有遺憾。希望你不要再說了。」李陵與蘇武一連飲酒數日，又勸道：「子卿你再聽我一句話。」蘇武說：「很久以來，我就料想自己有死無生。如果你一定要我蘇武投降，就請結束今日的歡聚，

讓我死在你的面前！」李陵見蘇武一片至誠，長歎道：「唉！你真是義士！我與衛律的罪過上通於天！」不覺淚濕衣襟，與蘇武告別而去。李陵還賜給蘇武牛羊數十頭。

　　後來，李陵又來到北海邊，他告訴蘇武漢帝已經去世。蘇武一連數月，每天早晚面對南方號啕痛哭，甚至吐血。壺衍鞮單于即位後，其母閼氏行為不正，國內分崩離析，常常害怕漢軍前來襲擊，於是衛律為單于定計，要求與漢朝和親。漢使來到匈奴，要求放蘇武等人回國，匈奴假稱蘇武已死。後來漢使又來到匈奴，常惠暗中面見漢使，教使者對單于說：「漢天子在上林苑射獵，射下一隻大雁，雁腳上繫著一塊寫字的綢緞，上面說蘇武等人在某湖澤之地。」使者大喜，按常惠之言責問單于。單于環視左右侍從，大吃一驚，然後向漢使道歉說：「蘇武確實還活著。」這才將蘇武及馬宏等人放還。馬宏先前是漢朝派往西域各國的使者光祿大夫王忠的副使，因受到匈奴軍隊的攔截，王忠戰死，馬宏被俘，也不肯投降匈奴。所以匈奴這次將蘇武、馬宏二人放回，是想向漢朝表示他們的善意。於是，李陵擺設酒筵祝賀蘇武說：「如今你返回國，名聲傳遍匈奴，功勞顯揚於漢朝，即使是史籍所記載、丹青所描畫的人物，又怎能超過你！我雖然愚笨懦弱，假如當年漢朝能寬恕我的罪過，保全我的老母，使我能夠忍辱負重，春秋時曹劌劫持齊桓公於柯盟的壯舉正是我當時念念不忘的志向。誰知漢朝竟將我滿門抄斬，這是當世最殘酷的殺戮，我還能再顧念什麼呢！如今一切都已過去，現在不過是想讓你知道我的心罷了！」李陵淚流滿面，便與蘇武告別。

　　單于召集當年隨蘇武前來的漢朝官員及隨從，除先前已歸降匈奴和去世的人外，共有九人與蘇武一同回到漢朝。蘇武一行來到長安後，漢昭帝詔令蘇武用牛、羊、豬各一頭，以最隆重的儀式祭拜漢武帝的陵廟，封蘇武為典屬國，品秩為中二千石，並賞賜蘇武錢二百萬、公田二頃、住宅一所。蘇武被匈奴扣留了十九年，去時正當壯年，歸來時頭髮、鬍鬚全都白了。霍光、上官桀一向都和李陵關係很好，所以特派李陵的舊友任立政等三人一同前往匈奴勸說李陵回國。李陵對他們說：「回去容易，但大丈夫不能兩次受辱！」於是老死於匈奴。

二、為上則明，為下則遜

【原文】

恭敬而遜，聽從而敏，不敢有以私決擇也，不敢有以私取與也，以順上為志，是事聖君之義也。忠信而不諛，諫爭而不諂，撟然[1]剛折[2]，端志而無傾側之心，是案[3]曰是，非案曰非，是事中君之義也。調而不流，柔而不屈，寬容而不亂，曉然以至道而無不調和也，而能化易[4]，時關內[5]之，是事暴君之義也。若馭樸馬[6]，若養赤子[7]，若食餧人[8]，故因其懼也而改其過，因其憂也而辨其故，因其喜也而入其道，因其怒也而除其怨，曲得所謂焉。書曰：「從命而不拂，微諫而不倦。為上則明，為下則遜[9]。」此之謂也。

事人而不順者，不疾[10]者也；疾而不順者，不敬者也；敬而不順者，不忠者也；忠而不順者，無功者也；有功而不順者，無德者也。故無德之為道也，傷疾、墮功、滅苦，故君子不為也。

有大忠者，有次忠者，有下忠者，有國賊者。以德覆君而化之，大忠也；以德調君而輔[11]之，次忠也；以是諫非而怒之，下忠也；不恤君之榮辱，不恤國之臧否，偷合苟容以持祿養交而已耳，國賊也。若周公之於成王也，可謂大忠矣；若管仲之於桓公，可謂次忠矣；若子胥之於夫差[12]，可謂下忠矣；若曹觸龍[13]之於紂者，可謂國賊矣。

仁者必敬人。凡人非賢，則案不肖也。人賢而不敬，則是禽獸也；人不肖而不敬，則是狎虎[14]也。禽獸則亂，狎虎則危，災及其身矣。詩曰：「不敢暴虎[15]，不敢馮河[16]。人知其一，莫知其他，戰戰兢兢，如臨深淵，如履薄冰。」此之謂也。故仁者必敬人。

【注釋】

①撟（ㄐㄧㄠˇ）然：形容堅強。②剛折：剛強果斷。

③案：乃，則。④化易：感化和改變。

⑤內：同「納」。⑥樸馬：未經訓練的馬。

⑦赤子：嬰兒。⑧餧（ㄨㄟˋ）人：饑餓的人。餧：同「餒」。

⑨這四句為佚文。⑩疾：敏捷，迅速。
⑪輔：原為「補」，今改。⑫夫差：春秋末年吳國的國君。
⑬曹觸龍：商紂王的大臣。⑭狎虎：戲弄老虎。
⑮暴虎：徒手打虎。⑯馮（ㄆㄧㄥˊ）河：涉水渡河。

【譯文】

　　恭敬而又謙遜，聽從而又反應敏捷，不敢對政事的決斷和選擇自作主張，不敢對官爵的剝奪和給予自作主張，以順從君主為志向，這是侍奉聖君的原則。對君主忠誠守信但不阿諛逢迎，規勸爭辯但不諂媚討好，堅強剛直果斷，思想正直而且沒有偏斜的心思，對的就說對，錯的就說錯，這是侍奉中等君主的原則。順從而又不隨大流，柔順而又不屈從，寬容而又不違反原則，用「至道」曉諭開導君主，而事事無不協調和順，而且能使君主感化改變，時時關照他，使他能接受，這是侍奉暴君的原則。侍奉暴君如同駕馭未經訓練的馬，要耐心謹慎，如同養育嬰兒要精心護理，如同給饑餓的人吃東西要適可而止，所以趁著君主畏懼時，引導他改正錯誤，趁著君主憂慮時，引導他分析憂慮的原因，趁著君主歡喜的時候，引導他步入正道，趁著君主憤怒時，設法消除他的怨氣，總之曲折迂回地達到改變暴君性情的目的。《尚書》上說：「服從君命而不違背，細心規勸而不厭倦。這樣當君主的就能英明，做臣子的就能謙讓。」說的就是這個意思。

　　侍奉君主而不順從，這是怠慢的行為；迅速敏捷但不順從，這是不恭敬的行為；恭敬而不順從，這是不忠誠的行為；忠誠而不順從，這是沒有功效的行為；有了功勞而不順從，這是沒有順從侍奉君主的德行。所以把無德作為一種原則來奉行，那就會使敏捷成為弊病，使功績毀掉，使勤勞被埋沒，所以君子不做這樣的事情。

　　有頭等的忠臣，有次等的忠臣，有下等的忠臣，還有國賊。用道德感化君主，這是頭等的忠臣；用道德來調養君主而輔助他治理國家，這是次等的忠臣；用正確的道理規勸君主的過失而激怒了他，這是下等的忠臣；不顧君主的榮辱，不顧國家的安危，迎合君主，放棄原則，只為保持自己的祿位，豢養賓客罷了，這是國賊。周公旦對於成王，

可以稱為頭等的忠臣；管仲對於齊桓公，可以稱為次等的忠臣；伍子胥對於吳王夫差，可以稱為下等的忠臣；曹觸龍對於商紂王，可以稱為國賊。

仁德的人一定能尊敬別人。凡是不賢的人，就是不好的人。如果不尊敬賢人，這就如同禽獸；如果不敬不好的人，就如同戲弄老虎。如同禽獸就會犯上作亂，戲弄老虎就會使危險災難落到自己身上。《詩經》上說：「不敢徒手鬥虎，不敢徒步涉河。人們只知其一，不知其他。小心謹慎，如同面臨深淵，如同踩踏薄冰。」說的就是這個意思。所以，仁德的人一定能尊敬別人。

【延伸閱讀】

晏子一生勤儉自持，身居相國之位，卻在飲食、衣著上儉約樸質，被人稱道。有關晏子的品行，有《晏子春秋》一書詳加記載。司馬遷餘暇便勤讀其事，常為其「進思忠，退思補過」的風範所感動。他認為，倘若自己能和晏子生活在同一個時代，即使鞍前馬後地追隨在其左右，也是莫大的榮幸了。

晏嬰是齊國的宰相，和周公一樣，也是一位受到後代儒家推崇的人物。「晏子使楚」是我們最早知道的關於他的故事，晏子的聰明機智、維護國家尊嚴的形象受到很多人的喜愛。

晏平仲，字嬰。在齊靈公、齊莊公、齊景公時，連續三朝為相，因治國有道，為天下諸侯所敬重。

越石父是一位頗有才德的賢者，卻無辜遭人陷害。晏子出巡時，恰遇越石父被捆綁，正在解送途中。於是，晏子不惜用自己拉車的馬贖下了越石父，並將他帶回自己府中。

越石父身處晏子府中，享受著晏子的款待，卻不曾說過一句感謝晏子大義相救的話。甚至在不久之後，越石父竟然向晏子辭行，表示想到其他的地方去。

晏子對越石父的言行大為失望，不禁悲戚地對越石父說：「晏嬰雖然不是什麼仁德之人，但終究在先生遭遇不幸時，救過先生一命，先生為何這麼快便要棄我而去呢？」

越石父說：「晏相國有所不知，依在下愚見，令君子感到最不幸的，乃是天下無知己之人。當時我身遭不幸，卻得相國大義相救，曾暗自以為相國乃是知我之人。但事到如今，我在相府裡平安度日，卻得不到您的重用，倒不如重新去做囚犯，可能還好受一些。」

晏子聽了越石父之言，才恍然大悟，越石父所追求的絕非衣食無慮的平淡生活，於是趕緊向越石父賠不是，並將其奉為上賓。

晏子任齊國丞相期間，有一位替他駕車的馬夫，因自己隨時陪伴在大名鼎鼎的相國身邊而深感自豪。』

有一天，馬夫的妻子躲在自家門口偷窺相國出巡，卻看見了趾高氣揚的丈夫。待丈夫歸來後，妻子就對他說，自己再不願服侍丈夫了，要捨他而去。

馬夫遭此突然打擊，深感莫名其妙，便責問妻子緣由。

妻子說道：「晏相國身高不足六尺，操持國家大權，讓天下諸侯敬服，卻處之泰然，嚴謹而有風度。反過來看夫君你，身長八尺有餘，遠甚於晏子，卻位居僕役之職，你不因此而感到羞恥，反倒自滿得意，如何成得了大事呢？」

遭妻子的當頭棒喝之後，馬夫再出行時，便收斂了先前那股驕氣。晏子乃是心思細密之人，很快便發現了馬夫不同以往的表現，便詢問其原因，馬夫將妻子說過的話原原本本地告訴了晏子。晏子認為馬夫乃知道羞恥之人，是可造之材，便舉薦他擔任大夫之職。

三、敬人有道

【原文】

　　敬人有道。賢者則貴而敬之，不肖者則畏而敬之；賢者則親而敬之，不肖者則疏而敬之。其敬一也，其情二也。若夫忠信端愨①而不害傷，則無接②而不然，是仁人之質也。忠信以為質，端愨以為統，禮義以為文，倫類以為理，喘③而言，臑④而動，而一可以為法則。詩曰：「不僭⑤不賊，鮮不為則。」此之謂也。

　　恭敬，禮也；調和，樂也；謹慎，利也；鬥怒，害也。故君子安禮、樂利⑥，謹慎而無鬥怒，是以百舉不過也。小人反是。

　　通忠之順⑦，權險之平，禍亂之從聲，三者非明主莫之能知也。爭然後善，戾⑧然後功，出死無私，致忠而公，夫是之謂通忠之順，信陵君似之矣。奪然後義，殺然後仁，上下易位然後貞⑨，功參天地，澤被生民，夫是之謂權險之平，湯、武是也。過而通情，和而無經，不恤是非，不論曲直，偷合苟容，迷亂狂生，夫是之謂禍亂之從聲，飛廉、惡來是也。傳曰：「斬⑩而齊，枉而順，不同而一。」詩曰：「受小球⑪大球，為下國綴旒。」此之謂也。

【注釋】

　　①端愨（ㄑㄩㄝˋ）：正直誠實。②接：交往。
　　③喘：小聲說話。④臑：通「蠕」，行動很輕。
　　⑤僭：通「譖」，毀謗。⑥樂利：當作「樂樂」。
　　⑦順：順暢。⑧戾：悖離，違背。
　　⑨貞：正。⑩斬（ㄓㄢˇ）：不齊。⑪球：通「捄」，法度。

【譯文】

　　尊敬別人有一定的原則：對於賢德之人就要尊崇地敬重他，對於不好的人就要小心地敬重他。對於賢德之人就要親近地敬重他，對於不好的人就要疏遠地敬重。同樣是敬重，而情形不一樣。至於忠誠信

實、正直誠實而不傷害別人，凡是與人交往沒有不去這樣做的，這是仁人的本質。以忠誠信實作為人的本質，以正直誠實為準則，以禮義為規範，以等級統屬關係為原則，小聲說話，動作輕微，都可以作為法度準則。《詩經》中說：「既不讒謗別人也不傷害別人，人們沒有不把你視為表率的。」說的就是這個意思。

恭敬，合乎禮節，協調和諧，合乎樂律，謹小慎微則有好處，相互爭鬥，有害於人。所以君子安守禮節，喜好音樂，言行謹慎，不相互爭鬥，因此一切行為都不會出錯。小人卻與此相反。

排除對忠誠的阻礙，達到順從；改變國家危險的局面，以達到安定；隨聲附和君意並屈意順從即是禍亂的源頭，以上三種情形不是英明的君主是不能瞭解的。與君主爭辯然後才能使君主美好起來，違背君主的意志然後才能幫助君主建立功業，出生入死，不圖私利，極端忠誠公正，這就叫做「通忠之順」，信陵君就是類似這樣的大臣。奪取政權然後才能實行正義，殺掉昏君然後才能實行仁德，君臣上下變換地位然後才能做到正名，功業能與天地並列，恩澤普施給廣大人民，這叫「權險之平」，商湯王和周武王就是這樣的人。君主有過錯還去附和他，一味順從，沒有原則，不顧是非，不論曲直，迎合君主，苟且容身，沉迷於荒淫靡亂的生活，這就叫做「禍亂之從聲」，飛廉、惡來就是這樣的人。古話說：「正是不齊才能齊，不直才能理直，不統一才能統一。」《詩經》上說：「君王承受了上天大小法度，作為諸侯國的表率。」說的就是這個意思。

【延伸閱讀】

荀子論述了各類臣子的行為特徵及其作用以供君主參考，也論述了臣子侍奉各類君主時應遵循的準則以供臣子參考。

「有態臣者，有篡臣者，有功臣者，有聖臣者」，有阿諛奉迎的大臣，有篡奪君權的大臣，有功績巨大的大臣，有明達聖哲的大臣。本篇開頭，荀子就把大臣分成了四種，並在下文中分別對這四種大臣作了詳細的分析。即使同樣是忠臣，也有「以德覆君而化之」的「大忠」，就像周公對於成王的忠誠；有「以德調君而輔之」的「次忠」，就像管仲

對於齊桓公的忠誠；有「以是諫非而怒之」的「下忠」，就像伍子胥對
於夫差的忠誠。後代的君主完全可以根據荀子的這種分析來判斷自己身
邊的大臣是什麼樣的人，有什麼樣的「用處」，這一觀點對後來的韓非
子影響頗深。「尺有所短，寸有所長」，每一種大臣都有他的利用價值，
君主應該根據自己的需要來安排他們的官職。

　　荀子並沒有死板地遵從君君臣臣的道義，而是講究權變的。「通忠
之順，權險之平，禍亂之從聲」，這三種情況是君主最難以明白的。荀
子在文章的最後集中講述這三種情況的表現形式以及代表人物。後世的
君主可以按圖索驥，來判斷臣子的忠奸。

第十章

議兵 ①

天時地利，用兵之術

一、用兵之要術

【原文】

臨武君與孫卿子②議兵於趙孝成王前，王曰：「請問兵要？」臨武君對曰：「上得天時，下得地利，觀敵之變動，後之發，先之至，此用兵之要術也。」

孫卿子曰：「不然！臣所聞古之道，凡用兵攻戰之本，在乎壹民。弓矢不調，則羿不能以中微；六馬③不和，則造父不能以致遠；士民不親附，則湯武不能以必勝也。故善附民者，是乃善用兵者也。故兵要在乎善附民而已。」

臨武君曰：「不然。兵之所貴者勢利也，所行者變詐也。善用兵者，感忽悠暗④，莫知其所從出。孫吳⑤用之無敵於天下，豈必待附民哉！」

孫卿子曰：「不然。臣之所道，仁者之兵，王者之志也。君之所貴，權謀勢利也；所行，攻奪變詐也，諸侯之事也。仁人之兵，不可詐也；彼可詐者，怠慢者也，路亶⑥者也，君臣上下之間，渙然⑦有離德者也。故以桀詐桀，猶巧拙有幸焉。以桀詐堯，譬之若以卵投石、以指撓沸，若赴水火，入焉焦沒耳。故仁人上下，百將一心，三軍同力。臣之於君也，下之於上也，若子之事父，弟之事兄，若手臂之捍頭目而覆胸腹也。詐而襲之，與先驚而後擊之，一也。且仁人之用十里之國，則將有百里之聽；用百里之國，則將有千里之聽；用千里之國，則將有四海之聽，必將聰明警戒和傳⑧而一。故仁人之兵，聚則成卒⑨，散則成列。延⑩則若莫邪⑪之長刃，嬰⑫之者斷；兌⑬則若莫邪之利鋒，當之者潰；圜⑭居而方止，則若磐石然，觸之者角⑮摧，案角鹿埵、隴種、東籠而退耳。且夫暴國之君，將誰與至哉？彼其所與至者，必其民也，而其民之親我歡若父母，其好我芬若椒蘭，彼反顧其上，則若灼黥，若仇讎。人之情，雖桀蹠，豈又肯為其所惡賊其所好者哉！是猶使人之子孫自賊其父母也，彼必將來告之，夫又何可詐也！故仁人用，國日明，諸侯先順者安，後順者危，慮敵之者削，反

之者亡。詩曰：『武王載發，有虔秉鉞。如火烈烈，則莫我敢遏。』
此之謂也。」

孝成王、臨武君曰：「善！請問王者之兵，設何道何行而可？」

孫卿子曰：「凡在大王，將率⑯末事也。臣請遂道王者諸侯強弱存
亡之效、安危之勢。

「君賢者其國治，君不能者其國亂；隆禮、貴義者其國治，簡
禮、賤義者其國亂；治者強，亂者弱，是強弱之本也。上足卬⑰，則下
可用也，上不足卬，則下不可用也。下可用則強，下不可用則弱，是
強弱之常也。隆禮、效功⑱，上也；重祿、貴節，次也；上功、賤節，
下也，是強弱之凡也。好士者強，不好士者弱；愛民者強，不愛民者
弱；政令信者強，政令不信者弱；民齊者強，民不齊者弱；賞重者
強，賞輕者弱；刑威者強，刑侮者弱；械用兵革攻完⑲便利者強，械用
兵革窳楛⑳不便利者弱；重用兵者強，輕用兵者弱；權出一者強，權出
二者弱，是強弱之常也。

「齊人隆技擊，其技也，得一首者，則賜贖錙㉑金，無本賞㉒矣。
是事小敵毳㉓則偷㉔可用也，事大敵堅則渙然離耳。若飛鳥然，傾側反
覆無日，是亡國之兵也，兵莫弱是矣。是其去㉕賃市㉖傭而戰之幾矣。

「魏氏之武卒，以度取之，衣三屬之甲㉗，操十二石㉘之弩㉙，負服
㉚矢五十個，置戈其上，冠帶劍，贏三日之糧，日中而趨百里，中試則
復㉛其戶，利其田宅，是數年而衰，而未可奪也，改造㉜則不易周㉝也，
是故地雖大，其稅必寡，是危國之兵也。

「秦人其生民也陿阨㉞，其使民也酷烈，劫之以勢，隱㉟之以阨，
忕之以慶賞，鰌之以刑罰，使天下之民所以要利於上者，非鬥無由
也。阨而用之，得而後功之，功賞相長也。五甲首而隸五家，是最為
眾強長久，多地以正，故四世有勝，非幸也，數也。

「故齊之技擊不可以遇魏氏之武卒；魏氏之武卒不可以遇秦之銳
士；秦之銳士不可以當桓、文之節制；桓、文之節制不可以敵湯、武
之仁義，有遇之者，若以焦熬投石焉。兼是數國者，皆幹賞蹈利之兵
也，傭徒鬻賣之道也，未有貴上、安制、綦節之理也。諸侯有能微妙
之以節，則作而兼殆之耳。

「故招近募選，隆勢詐，尚功利，是漸之也；禮義教化，是齊

之也。故以詐遇詐，猶有巧拙焉；以詐遇齊，辟之猶以錐刀墮太山也，非天下之愚人其敢試。故王者之兵不試。湯武之誅桀紂也，拱挹指麾，而強暴之國莫不趨使，誅桀紂若誅獨夫。故泰誓曰：「獨夫紂。」此之謂也。故兵大齊則制天下，小齊則治鄰敵。若夫招近募選，隆勢詐，尚功利之兵，則勝不勝無常，代翕代張，代存代亡，相為雌雄耳矣。夫是之謂盜兵，君子不由也。

「故齊之田單，楚之莊蹻，秦之衛鞅，燕之繆蟣，是皆世俗之所謂善用兵者也，是其巧拙強弱，則未有以相君也。若其道一也，未及和齊也。掎契司詐，權謀傾覆，未免盜兵也。齊桓、晉文、楚莊、吳闔閭、越勾踐，是皆和齊之兵也，可謂入其域矣，然而未有本統也，故可以霸而不可以王，是強弱之效也。」

【注釋】

①議兵：這是一篇論述軍事問題的文章，反映了荀子的軍事思想。

②孫卿子：即荀況。趙孝成王：名丹，西元前265至前245年在位。

③六馬：古代帝王的車用六匹馬拉，「六馬」指同拉一輛車的六匹馬。

④感忽：模糊不清，指難以捉摸。悠暗：悠遠昏暗，指神祕莫測。

⑤孫：指孫武，春秋時齊國人，著名的軍事家。吳：指吳起，戰國初期軍事家，衛國人，初任魯將，繼任魏將，屢建戰功。

⑥路亶：通「露癉」，羸弱疲憊。⑦渙然：離散的樣子。

⑧傅：通「搏」，聚結。⑨卒：周代的軍隊組織，一百人為卒。

⑩延：延伸，伸展。⑪莫邪：傳說中的利劍。

⑫嬰：通「攖」，碰，觸犯。

⑬兌：通「銳」，尖銳，引申為衝鋒。

⑭圜：通「圓」。⑮角：額角。⑯率：同「帥」。

⑰印：同「仰」，仰賴。⑱效：驗。效功：考核戰功。

⑲攻：通「工」。完：堅固。⑳窊：不堅固。楛：粗劣。

㉑鎰：古代重量單位，各書有異說，此文指八兩。

㉒本賞：基本的獎賞，即根據戰爭的全局性勝利而制定的獎賞。

㉓毳：通「脆」。㉔偷：苟且。

㉕去：同「驅」，使出，指雇取。

㉖賃：與「傭」同義，指傭工。市：買，指雇取。

㉗屬之甲：三種依次相連的鎧甲。一種穿在上身如上衣，一種穿在胯骨上似裙裙，一種穿在小腿上似綁腿。

㉘石：古代用來計算弓弩拉力的單位，一石為 120 斤。但周代一斤大約為 228 克，所以「十二石」大約相當於現在的 330 公斤。

㉙弩：一種有機械裝置、力量較強的弓。

㉚負：背。服：通「箙」，裝箭的器具。

㉛復：免除徭役。㉜改造：重新選擇。

㉝易：改變。周：周濟。

㉞陜：同「狹」，狹窄。此指使人民生路狹窄。阨：同「阸」，窮困。此指使人民窮困。

㉟隱：通「慇」，憂傷，痛苦。隱之以阨：用窮困使他們痛苦。

【譯文】

臨武君和荀卿在趙孝成王面前議論用兵之道。趙孝成王說：「請問用兵的要領是什麼？」臨武君回答說：「上取得有利於攻戰的自然氣候條件，下取得地理上的有利形勢，觀察好敵人的變動情況，比敵人後行動但比敵人先到達，這就是用兵的要領。」

荀卿說：「不對。我所聽說的古代的方法是，大凡用兵打仗的根本在於使民眾和自己團結一致。如果弓箭不協調，那麼后羿也不能用它來射中微小的目標；如果六匹馬不協調，那麼造父也不能靠它們到達遠方；如果民眾不親近歸附君主，那麼商湯、周武王也不能一定打勝仗。善於使民眾歸附的人，這才是善於用兵的人。所以用兵的要領就在善於使民眾歸附自己。」

臨武君說：「不對。用兵所看重的，是形勢有利，所施行的，是機變詭詐。善於用兵的人，神出鬼沒，沒有人知道他們要從什麼地方進攻。孫武、吳起用了這種辦法，因而無敵於天下。哪裡一定要依靠使民眾歸附的辦法呢？」

　　荀卿說：「不對。我所說的，是仁德之人的軍隊，是稱王天下者的意志。您所看重的，是權變謀略、形勢有利，所施行的，是攻取掠奪、機變詭詐，這些都是諸侯做的事。仁德之人的軍隊，是不可能被欺詐的。可以被欺詐的，只是一些懈怠大意的軍隊、羸弱疲憊的軍隊、君臣之間渙散而離心離德的軍隊。所以用桀的辦法欺騙桀，還由於巧拙不同而有僥倖獲勝的；用桀的辦法欺騙堯，就好像用雞蛋擲石頭，用手指攪開水，就好像投身水火，一進去就會被淹沒燒焦的啊！仁德之人上下之間，各位將領齊心一致，三軍共同努力，臣子對君主，下級對上級，就像兒子侍奉父親、弟弟侍奉兄長一樣。就像手臂捍衛腦袋眼睛、庇護胸部、腹部一樣。所以用欺詐的辦法襲擊他與先驚動他之後再攻擊他，其結果是一樣的。況且仁德之人治理方圓十里的國家，就會瞭解到方圓百里的情況；治理方圓百里的國家，就會瞭解到方圓千里的情況；治理方圓千里的國家，就會瞭解到天下的情況。他的軍隊一定是耳聰目明，警惕戒備，團結合作而齊心一致的。所以仁德之人的軍隊，集合起來就成為有組織的隊伍，分散開來便成為整齊的行列，伸展開來就像莫邪寶劍那長長的刀口，碰到它的就會被截斷，向前衝刺就像莫邪寶劍那銳利的鋒芒，阻擋它的就會被擊潰，擺成圓形的陣勢停留或排成方形的佇列站住，就像磐石一樣巋然不動，侵犯它的就會頭破血流，就會稀裡嘩啦地敗退下來。再說那些強暴之國的君主，將和誰一起來攻打我們呢？從他那邊來看，和他一起來的，一定是他統治下的民眾。而他的民眾愛我們就像喜歡父母一樣，他們熱愛我們就像酷愛芳香的椒、蘭一樣，而他們回頭看到他們的國君，卻像看到了燒烤皮膚、刺臉塗墨的犯人一樣害怕，就像看到了仇人一樣憤怒。他們這些人的情性即使像夏桀、盜蹠那樣殘暴貪婪，但哪有肯為他所憎惡的君主去殘害他所喜愛的君主的人呢？這就好像讓別人的子孫親自去殺害他們的父母一樣，他們一定會來告訴我們，那麼我們又怎麼可以被欺詐呢？所以仁德之人當政，國家日益昌盛，諸侯先去歸順的就會安寧，遲去歸順的就會危險，想和他作對的就會削弱，背叛他的就會滅亡。《詩經》上說：『商湯頭上旗飄舞，威嚴恭敬握大斧。

就像熊熊的大火，沒有人敢阻擋我。』說的就是這種情況啊！」

趙孝成王、臨武君說：「說得好。請問稱王天下者的軍隊採用什麼辦法、採取什麼行動才行？」

荀卿說：「一切都取決於君主，將帥是次要的事。請讓我先說說帝王諸侯強盛、衰弱、存在、滅亡和安定、危險的形勢。

「君主賢能的，他的國家就安定，君主無能的，他的國家就混亂；君主崇尚禮法、看重道義的，他的國家就安定，君主怠慢禮法、卑視道義的，他的國家就混亂。安定的國家強盛，混亂的國家衰弱，這是強盛與衰弱的根本原因。君主值得仰賴，那麼臣民就能為他所用；君主不值得仰賴，那麼臣民就不能為他所用。臣民能被他使用的就強盛，臣民不能被他使用的就衰弱，這是強盛與衰弱的常規。

「推崇禮法、考核戰功，是上等的辦法；看重利祿、推崇氣節，是次一等的辦法；崇尚戰功、卑視氣節，是下等的辦法。這些是導致強盛與衰弱的一般情況。君主喜歡賢士的就強盛，不喜歡賢士的就衰弱；君主愛護人民的就強盛，不愛護人民的就衰弱；政策法令有信用的就強盛，政策法令沒有信用的就衰弱：民眾齊心合力的就強盛，民眾不齊心的就衰弱；獎賞慎重給人的就強盛，獎賞輕易給人的就衰弱；刑罰威嚴的就強盛，刑罰輕慢的就衰弱；器械、用具、兵器、盔甲精善堅固便於使用的就強盛，粗劣而不便於使用的就衰弱；謹慎用兵的就強盛，輕率用兵的就衰弱；指揮權出自一個人的就強盛，指揮權出自兩個人的就衰弱，這些是強盛與衰弱的常規。

「齊國人注重『技擊』。所謂『技擊』，就是取得一個敵人首級的，就賜給他八兩黃金來贖買，沒有戰勝後所應頒發的獎賞。這種辦法，如果戰役小、敵人弱，那還勉強可以使用。如果戰役大、敵人強，那麼士兵就會渙散而逃離，像亂飛的鳥一樣，離國家覆滅也就沒有多久了。這是使國家滅亡的軍隊，沒有比這更弱的軍隊了，這和雇取傭工去讓他們作戰也差不多了。魏國的『武卒』是根據一定的標準來錄取的。標準是讓他們穿上三種依次相連的鎧甲，拿著拉力為十二石的弩弓，揹著裝有五十枝箭的箭袋，把戈放在肩上面，戴著頭盔，佩著寶

劍，帶上三天的糧食，半天要奔走一百里。考試合格就免除他家的徭役，家裡的田地住宅都會因此而有所增益。這些待遇，即使幾年以後他體力衰弱了也不可以剝奪，重新選取了武士也不取消對他們的周濟。所以魏國的國土雖然廣大，但它的稅收必定一年年的減少，這是使國家陷於危困的軍隊啊！

「秦國的君主，他使民眾謀生的道路很狹窄、生活很窮窘，他使用民眾殘酷嚴厲，用權勢威逼他們作戰，用窮困使他們生計艱難而只能去作戰，用獎賞使他們習慣於作戰，用刑罰強迫他們去作戰。國內的民眾向君主求取利祿的辦法，除了作戰就沒有別的途徑。使民眾窮困後再使用他們，得勝後再給他們記功，對功勞的獎賞隨著功勞而增長，得到五個敵人士兵的首級就可以役使本鄉的五戶人家。秦國要算是兵員最多、戰鬥力最強而又最為長久的了，又有很多土地可以徵稅。所以秦國四代都有勝利的戰果，並非因為僥倖，而是有其必然性的。

「齊國的『技擊』不可以用來對付魏國的『武卒』，魏國的『武卒』不可以用來對付秦國的『銳士』，秦國的『銳士』不可以用來對付齊桓公、晉文公那樣有紀律約束的軍隊，齊桓公、晉文公那樣有紀律約束的軍隊不可以用來抵抗商湯、周武王的仁義之師。如果有抵抗他們的，就會像用枯焦烤幹的東西扔在石頭上一樣。綜合齊、魏、秦這幾個國家來看，都是些追求獎賞、投身於獲取利祿的士兵，這是受雇傭的人出賣氣力的辦法，並不講尊重君主、遵守制度、極盡氣節的道理。諸侯如果有誰能用仁義節操精細巧妙地訓導士兵，那麼一舉兵就能吞併危及它們了。

「所以，招引、募求、挑選，注重權謀詭詐，崇尚功利，這是在欺騙士兵，講求禮制道義教育感化，這才能使士兵齊心合力。用受騙的軍隊去對付受騙的軍隊，他們之間還有巧妙與拙劣之別，用受騙的軍隊去對付齊心合力的軍隊，就好像用小刀去毀壞泰山一樣，如果不是傻子，是沒有人敢嘗試的。所以稱王天下者的軍隊是沒有人敢試與為敵的。商湯、周武王討伐夏桀、商紂的時候，從容地指揮，而那些強橫暴虐的諸侯國也沒有不前來供驅使的，除掉夏桀、商紂就好像除

掉孤獨的一個人一樣。所以泰誓說：『獨夫紂。』說的就是這種情況啊！所以軍隊能大規模地齊心合力，就能制服天下；小規模地齊心合力，就能打敗鄰近的敵國。至於那種招引募求挑選來的，注重權謀詭詐、崇尚功利的軍隊，勝負就不準了，有時衰，有時盛，有時保存，有時滅亡，互為高下，互有勝負罷了。這叫做盜賊式的軍隊，君子是不用這種軍隊的。

　　「齊國的田單，楚國的莊蹻，秦國的衛鞅，燕國的繆蟣，這些都是一般人所說的善於用兵的人。這些人的巧妙、拙劣、強大、弱小沒有辦法論出高低，至於他們遵行的原則，卻是一樣的，他們都還沒有達到使士兵和衷共濟、齊心合力的地步，而只是抓住對方弱點伺機進行欺詐，玩弄權術陰謀進行顛覆，所以仍免不了是些盜賊式的軍隊。齊桓公、晉文公、楚莊王、吳王闔閭、越王勾踐，這些人的軍隊就都是和衷共濟、齊心合力的軍隊，可說是進入禮義教化的境地了，但還沒有抓住根本的綱領，所以可以稱霸諸侯而不可以稱王天下。這就是或強或弱的原因。」

【延伸閱讀】

　　「將在外，君命有所不受」，孫武的第一次成功竟然是演練幾個宮女！即使只是一場小小的演練，他也毫不輕率，依據軍令殺了吳王心愛的兩名宮女。

　　孫武原是齊國人，曾以所著兵法十三篇拜謁吳王闔廬（亦作「闔閭」）。闔廬看過他的兵法之後，問孫武是否可以當面將他的兵法進行演示。孫武答應了闔廬的要求。吳王又問：「可否由婦人來演示呢？」「可以。」孫武再次爽快地答應。

　　闔廬也是一時興起，才有此想，但既然孫武有此承諾，他就想成全孫武，於是便在宮中挑選了一百八十名美人，交由孫武指揮操練。

　　孫武將宮女分成兩隊，分別挑選吳王最寵愛的兩位宮女擔任兩隊的隊長。在發給她們每人一把戟之後，孫武說：「你們都知道前後左右和自己的心背及左右手嗎？」

　　「知道。」宮女們說。

　　孫武又指著面前的戰鼓說：「我待會兒擊鼓，如果是向前擊，你們就看自己的心臟部位；如果我往左擊，你們就看自己的左手；如果我往右擊，你們就看自己的右手；如果我向後擊，你們就向後背看。如果有誰違背命令，立斬不饒。都聽清楚了嗎？」

　　「聽清楚了。」宮女們齊聲答道。

　　於是，孫武命令宮女們排好整齊的隊伍，隨時聽候指揮。孫武擊鼓向右，宮女們卻沒有行動，反倒在隊中嬉笑。

　　孫武臉色大變，厲聲說道：「紀律不嚴明、法令不熟悉，就當是我沒有解釋清楚。」接著便把行動計畫和處罰辦法向宮女們三令五申。交代完畢，孫武擊鼓向左，宮女們仍嬉笑不止，還是沒有行動。

　　孫武說：「紀律不嚴明、法令不熟悉，是我沒有交代清楚。既然已經知道卻不遵守，便是隊長的過錯了。」於是下令處斬兩名隊長。

　　在台上觀看孫武指揮操練的吳王闔廬，見兩位美人即將香消玉殞，嚇得慌了神，急忙派人向孫武求情。

　　孫武卻對來人說：「我既然答應吳王演示兵法，也就是所說的『將在外，君命有所不受』。」所以，還是立即斬了兩名隊長示眾。孫武從宮女中另外挑選出兩人來擔任隊長，再進行操練時，這回果真是令出必行，再沒有人敢稍作違抗。

　　操練完畢，孫武報告吳王說：「現在隊伍已操練整齊，吳王若想用她們去完成某項任務，就算是赴湯蹈火，她們也會欣然領命而去。」闔廬雖然痛失兩位寵姬，但卻知道孫武是個難得的領兵將才，心裡仍感到十分欣慰。

　　繼之，吳王任孫武為將軍，西破強楚、北擊齊晉，天下諸侯都來向吳王朝拜。闔廬終成一代霸主，孫武功不可沒。

二、天下之將，通於神明

【原文】

孝成王、臨武君曰：「善！請問為將。」

孫卿子曰：「知①莫大乎棄疑，行莫大乎無過，事莫大乎無悔。事至無悔而止矣，成不可必也。故制號政令，欲嚴以威；慶賞刑罰，欲必以信；處舍收藏，欲周以固；徙舉進退，欲安以重，欲疾以速；窺敵觀變，欲潛以深，欲伍以參②；遇敵決戰，必道③吾所明，無道吾所疑，夫是之謂六術。無欲將而惡廢，無急勝而忘敗，無威內而輕外，無見其利而不顧其害，凡慮事欲孰④而用財欲泰⑤，夫是之謂五權。

「所以不受命於主有三：可殺而不可使處不完，可殺而不可使擊不勝，可殺而不可使欺百姓，夫是之謂三至。凡受命於主而行三軍，三軍既定，百官得序，群物皆正，則主不能喜，敵不能怒，夫是之謂至臣。慮必先事而申之以敬，慎終如始，終始如一，夫是之謂大吉。凡百事之成也必在敬之，其敗也必在慢之，故敬勝怠則吉，怠勝敬則滅，計勝欲則從，欲勝計則凶。

「戰如守，行如戰，有功如幸，敬謀無壙⑥，敬事無壙，敬吏無壙，敬眾無壙，敬敵無壙，夫是之謂五無壙。慎行此六術、五權、三至，而處之以恭敬無壙，夫是之謂天下之將，則通於神明矣。」

臨武君曰：「善！請問王者之軍制。」

孫卿子曰：「將死鼓，御死轡，百吏死職，士大夫死行列。聞鼓聲而進，聞金⑦聲而退，順命為上，有功次之；令不進而進，猶令不退而退也，其罪惟均。不殺老弱，不獵⑧禾稼，服者不禽，格者不舍，奔命者不獲。凡誅，非誅其百姓也，誅其亂百姓者也；百姓有扞其賊，則是亦賊也。以故順刃者生，蘇⑨刃者死，奔命者貢⑩。微子⑪開封於宋，曹觸龍⑫斷於軍，殷之服民，所以養生之者也，無異周人。故近者歌謳而樂之，遠者竭蹶而趨之，無幽閒辟⑬陋之國，莫不趨使而安樂之，四海之內若一家，通達之屬莫不從服，夫是之謂人師。詩曰：『自西自東，自南自北，無思不服。』此之謂也。王者有誅而無戰，

城守不攻，兵格不擊。上下相喜則慶之。不屠城，不潛軍，不留眾，師不越時。故亂者樂其政，不安其上，欲其至也。」

臨武君曰：「善！」

陳囂⑭問孫卿子曰：「先生議兵，常以仁義為本。仁者愛人，義者循理，然則又何以兵為？凡所為有⑮兵者，為爭奪也。」

孫卿子曰：「非汝所知也！彼仁者愛人，愛人，故惡人之害之也；義者循理，循理，故惡人之亂之也。彼兵者，所以禁暴除害也，非爭奪也。故仁人之兵，所存者神⑯，所過者化，若時雨之降，莫不說⑰喜。是以堯伐驩兜⑱，舜伐有苗⑲，禹伐共工⑳，湯伐有夏㉑，文王伐崇㉒，武王伐紂，此四帝兩王，皆以仁義之兵，行於天下也。故近者親其善，遠方慕其德。兵不血刃㉓，遠邇來服，德盛於此，施㉔及四極。詩曰：『淑人君子，其儀不忒，其儀不忒，正是四國。』此之謂也。」

李斯㉕問孫卿子曰：「秦四世有勝，兵強海內，威行諸侯，非以仁義為之也，以便從事而已。」

孫卿子曰：「非汝所知也！汝所謂便者，不便之便也。吾所謂仁義者，大便之便也。彼仁義者，所以修政者也。政修則民親其上，樂其君，而輕為之死。故曰：凡在於君，將率末事也。秦四世有勝，諰諰然㉖常恐天下之一合而軋㉗己也，此所謂末世之兵，未有本統也。故湯之放桀也，非其逐之鳴條㉘之時也；武王之誅紂也，非以甲子㉙之朝而後勝之也，皆前行素修也，此所謂仁義之兵也。今汝不求之於本㉚，而索之於末㉛，此世之所以亂也。

禮者、治辨㉜之極也，強固之本也，威行之道也，功名之總也。王公由之所以得天下也，不由所以隕社稷也。故堅甲利兵不足以為勝，高城深池不足以為固，嚴令繁刑不足以為威。由其道則行，不由其道則廢。

【注釋】

①知：通「智」。疑：猶豫不定。

②伍、參：即「三伍」，「三」與「五」指多而錯雜，引申指將多方面的情況放在一起，加以比照檢驗。

③道：行。④孰：同「熟」，精審。

⑤泰：寬裕，不吝嗇。⑥壙：通「曠」，疏忽，大意。

⑦金：金屬之器，指鉦、鐃之類，似鈴而無舌，用槌敲擊作響以作為停止進軍的號令。

⑧躐：通「蹋」，踩，踐踏。⑨蘇：通「傃」，素，向。

⑩貢：當為「貰」字之誤。貰，赦免。

⑪微子：名啟，商紂的庶兄，歸周後周公旦讓他統率殷族而封於宋，是宋國的始祖。此文稱「開」，可能是劉向避漢景帝（劉啟）諱而改。

⑫曹觸龍：商紂王之將，荀子說他是奸臣。

⑬辟：通「僻」。⑭陳囂：荀子的學生。

⑮有：用。⑯神：盡善盡美。⑰說：通「悅」。

⑱驩兜：古代部落名，此指堯時該部落的首領，傳說他被堯流放於崇山。

⑲有苗：也稱三苗，堯、舜時代的一個部落，居於今湖南、江西交界地帶，此當指其首領而言，相傳他被流放到三危。

⑳共工：古代部落名，此當指舜、禹時該部落的首領，相傳他被流放於幽州。

㉑有夏：即夏後氏，此指夏朝的末代君主桀。

㉒崇：商代諸侯國，在今河南嵩縣北，為周文王所滅。

㉓兵不血刃：兵器不待血染刀口，指不流血的戰鬥。

㉔施：蔓延，延續。

㉕李斯：秦代政治家。曾從學於荀子，後輔助秦始皇統一六國，曾先後任秦朝的廷尉和丞相。

㉖諰諰然：恐懼的樣子。㉗軋：傾軋。

㉘鳴條：古地名，是商湯打敗夏桀的地方。其地所在，異說甚多，現已難以確指，通行的說法認為在今山西運城縣安邑鎮北。

㉙甲子：甲子日，即周武王在牧野打敗商紂王的日子。

㉚本：指實行仁義的政治措施。

㉛末：指機變詭詐的戰略戰術，即李斯所說的「以便從事」。

㉜辨：通「辦」，治理。

【譯文】

孝成王、臨武君說：「說得好。請問做將領的原則。」

荀卿說：「最大的智慧就是不要猶豫不決，最好的行為是不犯錯誤，做得很好的事情就是毫無悔恨。做事到了沒有後悔的地步就到頂了，不能要求它一定成功。所以制度、號召、政策、命令，要嚴肅而有威勢；獎賞刑罰，要堅決實行而有信用；軍隊駐紮的營壘和收藏物資的軍庫，要周密而堅固；轉移、發動、進攻、撤退，既要安全而穩重，又要緊密而迅速；偵探敵情、觀察其變動，既要隱蔽而深入，又要多方比較而反覆檢驗；對付敵人進行決戰，一定要根據自己已瞭解清楚的情況去行動，不要根據自己懷疑的情況去行動，以上這些是六種策略。不要熱中於當將軍而怕被罷免，不要急於求勝而忘記了有可能失敗，不要只以為自己有威力而輕視外敵，不要看見了有利的一面而不顧有害的一面，凡是考慮事情時要仔細周詳，而使用財物進行獎賞時要大方，這是五種要權衡的事。

「不從君主那裡接受命令的原因有三種：寧可被殺而不可使自己的軍隊駐紮在守備不完善的地方，寧可被殺而不可使自己的軍隊打不能取勝的仗，寧可被殺而不可使自己的軍隊去欺負老百姓，這是三條最高的原則。大凡從君主那裡接受了命令就巡視三軍，三軍已經穩定，各級軍官得到了合適的安排，各種事情都治理好了，不去考慮君主是否會高興，敵人是否會憤怒，這是最合格的將領。將領一定在戰事之前深思熟慮，並且反覆告誡自己要慎重，慎重地對待結束就像開始時一樣，始終如一，這叫做最大的吉利。大凡各種事情成功一定在於慎重，失敗一定在於怠慢，所以慎重勝過怠慢就吉利，怠慢勝過慎重就滅亡，冷靜的謀劃勝過衝動的欲望就順利，衝動的欲望勝過冷靜的謀劃就凶險。

「攻戰要像防守一樣不輕率追擊，行軍要像作戰一樣毫不鬆懈，有了戰功要像僥倖取得的一樣不驕傲自滿。慎重對待謀劃而不要大意，

慎重對待戰事而不要大意，慎重對待軍吏而不要大意，慎重對待士兵而不要大意，慎重對待敵人而不要大意，這是五種不大意。謹慎地根據這六種策略、五種權衡、三條最高原則辦事，並且用恭敬而不大意的態度來處理一切，這就是舉世無雙的將領，他就能與神明相通了。」

臨武君說：「說得好。請問稱王天下者的軍隊制度。」

荀卿說：「將軍為戰鼓而犧牲，駕馭戰車的死在韁繩旁，各級官吏以身殉職，戰士死在隊伍中。聽見戰鼓的聲音就前進，聽見鉦、鐃的聲音就後退。服從命令是最重要的，取得戰功在其次。命令不准前進卻前進，就像命令不准後退卻後退一樣，它們的罪過是相同的。不殺害年老體弱的，不踐踏莊稼，對不戰而退的敵人不追擒，對抵抗的敵人不放過，對前來投順的不抓起來當俘虜。凡是討伐殺戮，不是去討伐殺戮百姓，而是去討伐殺戮那擾亂百姓的人。百姓如果有保護亂賊的，那麼他也就是亂賊了。

「因為這個緣故，所以順著我們的刀鋒轉身逃跑的就讓他活命，對著我們的刀鋒進行抵抗的就把他殺死，前來投順的就赦免其罪。微子啟歸順周朝而被封在宋國；曹觸龍負隅頑抗而被斬首於軍中；商王朝那些降服周朝的民眾和周朝的人沒有什麼兩樣，所以近處的人歌頌周朝而且熱愛周朝，遠處的人竭盡全力地來投奔周朝，即使是幽隱閉塞偏僻邊遠的國家，也無不前來歸附而聽從役使，並且喜歡周朝。四海之內就像一個家庭似的，凡是交通能到達的地方，沒有誰不服從，這可以稱作是人民的君長了。《詩經》上說：『從那西邊和東邊，從那南邊和北邊，沒有哪個不服從。』說的就是這種情況。稱王天下的君主有討伐而沒有攻戰，敵城堅守時不攻打，敵軍抵抗時不攻擊，敵人官兵上下相親相愛就為他們慶賀，不摧毀城郭而屠殺居民，不祕密出兵偷襲，不留兵防守佔領的地方，軍隊出征不超過預先約定的時限。政治混亂的國家中的人民都喜歡這些政策，而不愛自己的君主，都希望這樣的君主來治理。」

臨武君說：「說得好！」

陳囂問荀卿說：「先生議論用兵，經常把仁義作為根本。仁者愛人，

義者遵循道理，既然這樣，那麼又為什麼要用兵呢？大凡用兵的原因，是為了爭奪啊！」

荀卿說：「這道理不是你所知道的那樣。仁者愛人，正因為愛人，所以就憎惡別人危害他們；義者遵循道理，正因為遵循道理，所以就憎惡別人搞亂它。用兵，是為了禁止橫暴、消除危害，並不是爭奪啊！所以仁者的軍隊，他們停留的地方會得到全面治理，他們經過的地方會受到教育感化，就像及時雨的降落，沒有人不歡喜。因此堯討伐驩兜，舜討伐三苗，禹討伐共工，湯討伐夏桀，周文王討伐崇國，周武王討伐商紂，這兩帝、四王都是使用仁義的軍隊馳騁於天下的。所以近處的人們喜愛他們的善良，遠方的人們仰慕他們的道義，兵器的刀口上還沒有沾上鮮血，遠近的人就來歸附了。德行偉大到這種地步，就會影響到四方極遠的地方。《詩經》上說：『善人君子忠於仁，堅持道義不變更。他的道義不變更，四方國家他坐鎮。』說的就是這種情況。」

李斯問荀卿說：「秦國四代都有勝利的戰果，在四海之內兵力最強，威力擴展到諸侯各國，但他們並不是依靠仁義去從事戰爭，而只是根據便利的原則去做罷了。」

荀卿說：「這道理不是你所知道的那樣。你所說的便利，是一種並不便利的便利。我所說的仁義，才是極其便利的便利。仁義，是用來做好政治的工具。政治做好了，那麼民眾就會親近他們的君主，喜愛他們的君主，而不在乎為君主去犧牲。所以說，一切都在於君主，將帥是次要的事。秦國四代都有勝利，卻還是提心吊膽地經常怕天下各國團結一致來蹂躪自己，這就是人們所說的衰落時代的軍隊，還沒有抓住根本的綱領。從前商湯流放夏桀，並不只是在鳴條之地追擊的時候；武王誅殺商紂，並不是甲子日早晨之後才戰勝他的，而都是靠了以前的措施與平時的治理，這就是我所說的仁義的軍隊。現在你不從根本上去尋找原因而只是從枝節上去探索緣由，這就是社會混亂的原因。」

禮，是治理社會的最高準則，是使國家強大的根本措施，是威力

得以擴展的有效辦法，是功業名聲得以成就的要領。天子諸侯遵行了它，所以能取得天下；不遵行它，就會丟掉國家政權。所以，堅固的鎧甲、鋒利的兵器不足以用來取勝，高聳的城牆、深深的護城河不足以用來固守，嚴格的命令、繁多的刑罰不足以用來造成威勢，遵行禮義之道才能成功，不遵行禮義之道就會失敗。

【延伸閱讀】

　　韓信是著名的將領，曾經對漢高祖劉邦說自己帶兵「多多益善」。井陘一戰正面表現了其卓絕而奇特的軍事才能。

　　韓信和張耳率領幾十萬人馬，想要突破井陘口，攻擊趙國。趙王及成安君陳餘聽說漢軍將要來襲擊趙國，在井陘口聚集兵力，號稱二十萬大軍。

　　韓信派人暗中打探消息，得知陳餘不採納廣武君的計策，非常高興，因此便率軍逕自前進，在距離井陘口三十里的地方停下來宿營。到半夜時分，韓信傳令部隊出發，挑選兩千名輕騎兵，每人手拿一面紅旗，從小道上山隱蔽起來，觀察趙軍的動向，並告誡將士：「交戰時趙軍看到我軍退逃，必會傾巢出動來追趕我們，你們即趁機迅速衝入趙軍營壘，撤去趙軍的旗幟，遍插漢軍的紅旗。」韓信又叫副將讓將士們隨便吃些東西，說道：「待今天打敗趙軍後再會餐！」將士們都不相信，只是假意應承道：「好吧。」韓信說：「趙軍已經搶先佔據了有利地形安營紮寨，而且他們沒有看見我軍大將的旗鼓，是不肯出兵攻打我們的先頭部隊的，這是因為他們認為我軍遇到險阻就會撤回去。」韓信隨即派遣一萬人打先鋒，開出營寨，背靠河水擺開陣勢，趙軍望見後譁然大笑。

　　天剛濛濛亮的時候，韓信軍大張旗鼓，鑼鼓喧天地出了井陘口。趙軍洞開營門迎擊，雙方激戰許久。這時，韓信和張耳便假裝丟旗棄鼓，逃回河邊的陣營。河邊部隊大開營門放他們進去，然後又和趙軍鏖戰。趙軍果然傾巢而出，爭搶漢軍拋下的旗鼓，追逐韓信和張耳。韓信、張耳進入河邊的陣地後，全軍立即拚死奮戰，趙軍無法打敗他們。韓信接著派出二千名騎兵突擊隊，等到趙軍將士全體出動去追逐爭奪戰利品時，立刻奔入趙軍營地，拔掉所有趙軍旗幟，插上兩千面漢軍紅旗。趙

軍知道無法擒獲韓信等人後，便想退回營地，卻見自己的營壘中遍是漢軍的紅旗，不禁驚惶失措，以為漢軍將趙王的將領全部擒獲了，於是士兵大亂，紛紛逃跑，儘管趙將不停地斬殺逃兵，也無法阻止潰敗之勢。漢軍隨即又前後夾擊，大敗趙軍，殺了陳餘，並活捉趙王。

　　將領們獻上敵人的首級和俘虜，齊向韓信祝賀，並趁勢問韓信：「兵法上提出：『布軍列陣要右邊和背面靠山，前面和左邊臨水。』但這次您卻讓我們背水佈陣，還說什麼『待打敗趙軍後再會餐』。我們當時都頗不信服，但是竟然取勝了，這是什麼戰術呀？」

　　韓信說：「這戰術也是兵法上有的，只不過你們沒有留意罷了！兵法上不是說『陷之死地而後生，置之亡地而後存』嗎？況且我所率領的並不是平時訓練有素的將士，此即所謂『驅趕著街市上的平民百姓去作戰』，勢必將其置於死地，使人人為各自的生存奮戰。倘若為他們留下活路，他們便會逃走。這樣一來，難道還能夠指望他們去衝鋒陷陣嗎？」將領們莫不心悅誠服地說：「對啊！您的謀略的確非我們所能比呀！」

三、兼人者有三術

【原文】

楚人鮫①革、犀兕②以為甲，鞈如金石；宛鉅③鐵釶，慘④如蜂蠆⑤；輕利僄遨⑥，卒⑦如飄風⑧。然而兵殆⑨於垂沙⑩，唐蔑死，莊蹻起，楚分而為三四，是豈無堅甲利兵也哉？其所以統之者非其道故也。汝、穎以為險，江、漢以為池，限之以鄧林，緣之以方城，然而秦師至而鄢、郢舉，若振槁然。是豈無固塞隘阻也哉？其所以統之者非其道故也。紂剋比干，囚箕子，為炮烙刑，殺戮無時，臣下懔然其必其命，然而周師至而令不行乎下，不能用其民，是豈令不嚴、刑不繁也哉！其所以統之者非其道故也。

古之兵，戈、矛、弓、矢而已矣，然而敵國不待試而詘。城郭不辨⑪，溝池不拑⑫，固塞不樹，機變不張，然而國晏然不畏外而固者，無它故焉，明道⑬而鈞⑭分之，時使而誠愛之，下之和⑮上也如影響，有不由令者，然後誅之以刑。故刑一人而天下服，罪人不郵⑯其上，知罪之在己也。是故刑罰省而威流，無它故焉，由其道故也。古者帝堯之治天下也，蓋殺一人，刑二人而天下治。傳曰：威厲⑰而不試，刑錯⑱而不用。此之謂也。

凡人之動也，為賞慶為之，則見害傷焉⑲止矣。故賞慶刑罰勢詐⑳不足以盡人之力，致人之死。為人主上者也，其所以接下之百姓者，無禮義忠信，焉㉑慮㉒率用賞慶刑罰勢詐險阨㉓其下，獲其功用而已矣。大寇則至，使之持危城則必畔，遇敵處戰則必北，勞苦煩辱㉔則必奔，霍焉㉕離耳，下反制其上。故賞慶刑罰勢詐之為道者，傭徒鬻賣之道也，不足以合大眾，美國家㉖，故古之人羞而不道也。故厚德音以先之，明禮義以道之，致忠信以愛之，尚賢使能以次之，爵服慶賞以申之，時其事、輕其任以調齊之，長養之，如保赤子。政令以定，風俗以一。有離俗不順其上，則百姓莫不敦㉗惡，莫不毒孽㉘，若祓㉙不祥，然後刑於是起矣。是大刑之所加也，辱孰大焉？將以為利邪？則大刑加焉。身苟不狂惑戇陋，誰睹是而不改也哉？然後百姓曉然皆知循上

之法，像上之志而安樂之。於是有能化善、修身、正行、積禮義、尊道德，百姓莫不貴敬，莫不親譽，然後賞於是起矣。是高爵豐祿之所加也，榮孰大焉？將以為害邪？則高爵豐祿以持養之，生民之屬，孰不願也！雕雕焉縣貴爵重賞於其前，縣明刑大辱於其後，雖欲無化，能乎哉？故民歸之如流水，所存者神，所為者化而順。暴悍勇力之屬為之化而願，旁辟曲私之屬為之化而公，矜糾收繚之屬為之化而調，夫是之謂大化至一。詩曰：「王猶允塞。徐方既來。」此之謂也。

　　凡兼人者有三術：有以德兼人者，有以力兼人者，有以富兼人者。彼貴我名聲，美我德行，欲為我民。故辟門除塗以迎吾入。因其民，襲其處，而百姓皆安，立法施令莫不順比。是故得地而權彌重，兼人而兵俞③⁰強，是以德兼人者也。非貴我名聲也，非美我德行也，彼畏我威，劫我勢，故民雖有離心，不敢有畔慮，若是則戎甲俞眾，奉養必費。是故得地而權彌輕，兼人而兵俞弱，是以力兼人者也。非貴我名聲也，非美我德行也，用③¹貧求富，用饑求飽，虛腹張口來歸我食，若是則必發夫掌窌③²之粟以食之，委之財貨以富之，立良有司以接之，已朞三年，然後民可信也。是故得地而權彌輕，兼人而國俞貧，是以富兼人者也。故曰：以德兼人者王，以力兼人者弱，以富兼人者貧，古今一也。

　　兼併易能也，惟堅凝之難焉。齊能並宋③³，而不能凝也，故魏奪之③⁴。燕能並齊③⁵，而不能凝也，故田單奪之。韓之上地③⁶，方數百里，完全富足而趨趙³⁷，趙不能凝也，故秦奪之³⁸。故能並之而不能凝，則必奪；不能並之又不能凝其有，則必亡。能凝之則必能並之矣。得之則凝，兼併無強。古者湯以薄，武王以鎬，皆百里之地也，天下為一，諸侯為臣，無它故焉，能凝之也。故凝士以禮，凝民以政。禮修而士服，政平而民安。士服民安，夫是之謂大凝。以守則固，以征則強，令行禁止，王者之事畢矣。

【注釋】

　　①鮫：海鯊。②兕：雌性的犀牛。

　　③宛：楚國地名，在今河南南陽。鉅：鋼。

　　④慘：狠毒，厲害。⑤蠆：蠍子一類的有毒動物。

⑥慓遫：輕捷。遫：同「速」。⑦卒：通「猝」，急速。

⑧飄風：旋風。⑨殆：危亡，失敗。

⑩垂沙：地名，在今河南唐河縣境。⑪辨：治理的意思。

⑫拑：掘。⑬道：指禮義之道。這裡作狀語，表示「用名分」。

⑭鈞：通「均」，調節，平衡。⑮和：附和，回應。

⑯郵：通「尤」，怨恨。⑰厲：高舉。⑱錯：通「措」。

⑲焉：於之，對自己。⑳埶：與「詐」同義連用，是權謀的意思。

㉑焉：於是間。㉒慮：大致，大凡。率：與「慮」同義連用。

㉓險阨：使窮困而走投無路，引申指控制。

㉔煩辱：兩字同義，同「繁縟」。㉕霍焉：渙然，散去的樣子。

㉖美國家：指美化國家的風俗。㉗敦：通「憝」，怨恨。

㉘毒：禍害，這裡用作意動詞。孽：妖孽，災害，這裡用作意動詞。

㉙祓：古代一種除災驅邪的儀式，此泛指驅除。

㉚俞：通「愈」。㉛用：因為。

㉜掌：當作「稟」，同「廩」，米倉。窌：地窖。

㉝齊能並宋：西元前 286 年，齊伐宋，宋王偃出逃，死於溫，齊兼併了宋國。

㉞魏奪之：西元前 284 年，魏與秦、趙、韓、燕一起伐齊而攻破臨淄，齊湣王出逃而死於淖齒之手。於是齊國被瓜分，魏國得到了原屬宋國的大部分土地。

㉟燕能並齊：西元前 284 年，燕昭王以樂毅為上將軍攻齊，秦與三晉協同作戰，樂毅破齊臨淄，隨後又攻佔齊城七十餘座，齊僅剩莒、即墨二城。

㊱上地：指上黨地區，在今山西省東南部長治市一帶。

㊲趨趙：西元前 262 年，秦將白起攻韓，取野王，完全封閉了韓與上黨郡的交通。上黨郡守馮亭不願降秦，附趙。

㊳秦奪之：上黨歸附趙國後，趙派廉頗屯長平拒秦，趙、秦相持，不分勝負。西元前 260 年，秦攻上黨，趙王中了秦國范雎的反間計，命趙括替代廉頗為將，結果被白起打敗於長平。西元前 259 年，秦將司馬

梗北定太原，完全佔領了上黨郡。

【譯文】

楚國人用鯊魚皮、犀兕皮做成鎧甲，堅硬得就像金屬、石頭一樣；宛地出產的鋼鐵長矛，狠毒得就像蜂、蠍的毒刺一樣；士兵行動輕快敏捷，迅速得就像旋風一樣。但是兵敗垂沙，唐蔑陣亡，莊蹻起兵造反，楚國被分裂成了三、四塊。這難道是因為沒有堅固的鎧甲、鋒利的兵器嗎？這是因為他們用來統治國家的辦法並不是禮義之道啊！

楚國以汝水、潁水作為天險，以長江、漢水作為護城河，把鄧地一帶的山林作為它的邊界屏障，拿方形的城牆來圍繞保護自己，但是秦軍一到，鄢、郢就被攻取了，摧枯拉朽。這難道是因為沒有要塞險阻嗎？這是因為他們用來統治國家的辦法，並非禮義之道啊！商紂王將比干剖腹挖心，囚禁箕子，設置了炮烙的酷刑，隨時殺人，臣下心驚膽戰地沒有誰能肯定自己會壽終正寢，但是周軍一到，他的命令就不能貫徹執行了，他就不能使用他的民眾了。這難道是因為命令不嚴格、刑罰不繁多嗎？這是因為他用來統治國家的辦法並非禮義之道。

古代聖王的兵器，不過是戈、矛、弓、箭罷了，但是敵國不等他使用就屈服了。他的城牆不整修，護城河不挖掘，要塞不建立，機智變詐不施展，但是他的國家卻平安無事，不怕外敵而又能昌盛，這沒有其他的緣故，是由於彰明了禮義之道而用名分來教化臣民，適時使用人民而真誠地愛護他們，因而臣民附和君主就像影子和繚繞的回音一樣。有不遵從命令的，然後再用刑罰來懲處他，所以懲罰了一個人而天下都服了，罪犯也不怨恨自己的君主，知道罪責在自己身上。所以刑罰用得少而威力卻行於四方，這沒有其他的緣故，是因為遵行了禮義之道。古代堯治理天下，只殺了一個人、懲罰了兩個人而天下就治理好了。古話說：「威勢高舉而不使用，刑罰設置而不施行。」說的就是這個道理。

舉凡人們的行動，如果是為了賞賜和表揚才去做的，那麼看見對自己有損害就罷手不做了。所以賞賜表揚、行刑處罰、權謀詭詐不足

以竭盡人們的力量，使人們獻出生命。現在做人民君主的，他們用來對待下面老百姓的，不是禮義忠信，而大抵只是使用賞賜表揚、行刑處罰、權謀詭詐控制臣民來獲得他們的功用罷了。

強大的敵寇到來，讓他們去把守危險的城邑，就一定會叛變；讓他們去抵抗敵人進行戰鬥，就一定會敗北；讓他們做費力艱苦繁雜的事，就一定會逃跑。他們渙散地悖離了，就等於臣民反過來制裁了他們的君主。所以賞賜表揚、行刑處罰、權謀詭詐作為一種辦法，實是一種雇傭人出賣氣力的辦法，它不足以團結廣大民眾，使國家的風俗淳美，所以古代的聖王認為可恥而不遵行它。

古代的聖王提高道德聲譽來引導人民，彰明禮制道義來指導他們，盡力做到忠誠守信來愛護他們，根據尊崇賢人、任用能人的原則來安排他們的職位，用爵位、服飾、表揚、賞賜去一再激勵他們，根據時節安排他們的勞動，減輕他們的負擔來調劑他們，撫養他們就像保護初生的嬰兒一樣。政策法令已經確定，風氣習俗已經一致，如果還有人違背習俗而不順從自己的君主，那麼百姓就沒有誰不怨恨厭惡他，就沒有誰不把他當作禍害妖孽，就像要驅除不祥一樣要除掉他，這種情況發生以後，刑罰就從此產生了。這種人便是重刑所施加的對象，哪還有比這個更大的恥辱呢？要把它看作為有利的事嗎？但是結果卻是重刑加身！如果本身不是發瘋、糊塗、愚蠢、淺陋的人，誰能看到了這種處罰而不改過自新呢？這樣做了以後，百姓就明明白白地知道要遵從君主的法令、依順君主的意志而愛戴君主。

在這種情況下，如果有人被善道所感化，修養身心、端正品行，不斷奉行禮義、崇尚道德，百姓就沒有誰不器重尊敬他，就沒有誰不親近讚譽他，這種情況發生以後，獎賞就從此產生了。這種人便是高官厚祿的授予對象，哪還有比這個更光榮的呢？要把它看作為有害的事嗎？高官厚祿供養了他們。凡是人，哪一個不願意這樣呢？明明白白地把高貴的官爵和優厚的獎賞擺在他們的前面，把彰明罪行的刑罰與最大的恥辱放在他們的後面，即使要他們不變好，可能嗎？所以民眾歸順投奔君主就像流水奔向大海一樣，君主所在的地方就得到全面

的治理，君主採取措施的地方人們都受到教育感化而順服。殘暴、兇狠、膽大、強壯的一類人都會被他感化而變得忠厚老實，偏頗、邪僻、從事歪門邪道、偏私的一類人都會被他感化而變得大公無私，驕傲自大、尖刻傷人、爭搶不讓、糾纏不休的一類人都會被他感化而變得和氣溫順，這就是深廣的教化、極大的一致。《詩經》上說：「王道遍行於天下，遠方的徐國也來朝拜。」說的就是這種情形。

一般而言，兼併別國有三種方法：有依靠德行去兼併別國的，有依靠強力去兼併別國的，有依賴財富去兼併別國的。那個國家的人民景仰我的名聲，讚賞我的德行，想做我的下民，所以打開國門清除道路來迎接我進城。依靠這個國家的民眾，沿用它的住處，而使百姓都安寧，對我制定的法律與頒佈的命令沒有人不順從。所以得到了土地而權勢更大，兼併了別國而兵力越來越強。這是依靠德行去兼併別國的君主。

那個國家的人民並不景仰我的名聲，也不讚賞我的德行，他們只是害怕我的威武，被我的勢力所脅迫，所以他們雖然有離開我的心思，但不敢有背叛我的打算。像這樣，那麼戰士就要越來越多，給養一定花費很大。所以得到了土地而權勢更輕，兼併了別國而兵力越來越弱。這是依靠強力去兼併別國的君主。

那個國家的人民並不景仰我的名聲，也不讚賞我的德行，而是因為貧窮而追求富裕，因為饑餓而想吃飽，所以空著肚子張著嘴來投奔我求食。像這樣，就必須發放米倉地窖中的糧食來供養他們，給他們財物來使他們富足，委任善良的官吏來接待他們，這要等三年以後，這些歸附的老百姓才可以信任。所以得到了土地而權勢更輕，兼併了別國而國家越來越貧窮。這是依靠財富去兼併別國的君主。所以說，依靠德行兼併別國的君主稱王，依靠強力兼併別國的君主衰弱，依靠財富兼併別國的君主貧窮。這種情況古今是一樣的。

兼併別國容易做到，只是鞏固凝聚它很難。齊國能夠兼併宋國，但不能凝聚，所以魏國奪走了宋國。燕國能兼併齊國，但不能凝聚，所以田單奪回了它。韓國的上黨地區，方圓幾百里，城池完備、府庫

充足而歸附趙國，趙國不能凝聚，因而秦國奪取了它。所以，能兼併別國的土地而不能凝聚，就一定會被奪走。不能兼併別國又不能凝聚自己本來擁有的國家，就一定會滅亡。能凝聚自己的國家，就一定能兼併別國了。得到別國的土地就能凝聚，那麼再去兼併就不會有強大而不能兼併的對手了。古代商湯憑藉亳，周武王憑藉鄗，都不過是方圓百里的領土，而天下被他們統一了，諸侯做了他們的臣屬，這沒有其他的緣故，是因為他們能凝聚取得的土地啊！凝聚士人要依靠禮義，凝聚民眾要依靠政策。禮義做好了，士人就會歸服；政治清明了，民眾就安定。士人歸服、民眾安定，這就是最大的凝聚。靠這種政治局面來守衛國家就牢不可破，靠它來出征就強大無比，有令必行，有禁必止，稱王天下者的事業就可以完成了。

【延伸閱讀】

荀子的軍事思想的核心是「仁義」，他主張「禁暴除害」，「以德兼人」，反對「爭奪」，不依仗「權謀」、「勢詐」。他認為用兵作戰的關鍵在於「民」，所以，在本篇中多次談到軍隊和人民的關係。如「用兵攻戰之本在乎壹民」、「在乎善附民」，要「附民」就必須「隆禮」、「貴義」、「好士」、「愛民」、「政令信」、「賞重」、「刑威」、「權出一」。只有這樣，才能「壹民」，才能使「三軍同力」，從而取得戰爭的勝利。

在談到做將領的原則的時候，荀子認為「知莫大乎棄疑，行莫大乎無過，事莫大乎無悔」，所以在行兵打仗的時候，要做到「制號政令，欲嚴以威；慶賞刑罰，欲必以信；處舍收藏，欲周以固；徙舉進退，欲安以重，欲疾以速；窺敵觀變，欲潛以深，欲伍以參；遇敵決戰，必道吾所明，無道吾所疑」的「六術」，「無欲將而惡廢，無急勝而忘敗，無威內而輕外，無見其利而不顧其害，凡慮事欲孰而用財欲泰」的「五權」，「可殺而不可使處不完，可殺而不可使擊不勝，可殺而不可使欺百姓」的「三至」，「敬謀無壙，敬事無壙，敬吏無壙，敬眾無壙，敬敵無壙」的「五無壙」。將領只有做到這「六術」、「五權」、「三至」、「五無壙」，才能達到出神入化的境界。

第十一章

天論①

天人相分，各有其道

一、大巧在所不為，大智在所不慮

【原文】

天行有常，不為堯存，不為桀亡。應②之以治則吉，應之以亂則凶。強本③而節用，則天不能貧；養備而動時，則天不能病；循道而不貳，則天不能禍。故水旱不能使之饑④，寒暑不能使之疾，祅怪不能使之凶。本荒而用侈，則天不能使之富；養略而動罕，則天不能使之全；倍⑤道而妄行，則天不能使之吉。故水旱未至而饑，寒暑未薄⑥而疾，祅怪未至而凶。受時⑦與治世同，而殃禍與治世異，不可以怨天，其道然也。故明於天人之分，則可謂至人矣。

不為而成，不求而得，夫是之謂天職。如是者，雖深⑧，其人不加慮也；雖大⑨，不加能焉；雖精，不加察焉，夫是之謂不與天爭職。天有其時，地有其財，人有其治，夫是之謂能參⑩。舍其所以參，而願其所參⑪，則惑矣！

列星隨旋，日月遞炤⑫，四時代御⑬，陰陽大化，風雨博施，萬物各得其和以生，各得其養以成，不見其事而見其功，夫是之謂神。皆知其所以成，莫知其無形，夫是之謂天。唯聖人為不求知天。

天職既立，天功既成，形具而神生。好惡、喜怒、哀樂臧⑭焉，夫是之謂天情；耳、目、鼻、口、形能，各有接而不相能⑮也，夫是之謂天官；心居中虛，以治五官，夫是之謂天君；財非其類，以養其類，夫是之謂天養；順其類者謂之福，逆其類者謂之禍，夫是之謂天政。暗其天君，亂其天官，棄其天養，逆其天政，背其天情，以喪天功，夫是之謂大凶。聖人清其天君，正其天官，備其天養，順其天政，養其天情，以全其天功。如是，則知其所為⑯，知其所不為矣，則天地官⑰而萬物役矣。其行曲⑱治，其養曲適，其生不傷，夫是之謂知天。

故大巧在所不為，大智在所不慮。所志於天者，已⑲其見⑳象之可以期者矣；所志於地者，已其見宜之可以息者矣㉑；所志於四時者，已其見數之可以事者矣；所志於陰陽者，已其見知之可以治者矣。官人㉒守天而自為守道也。

【注釋】

①天論：此文中荀子認為「天行有常」，是按照固有的次序運動和變化的，批判了「天有意志」、「治亂在天」、「天命可畏」等謬論。從而提出「制天命而用之」，認為人類不應消極順應自然，而應努力去利用和改造自然。

②應：對待。③本：指農業生產。④「饑」原下有「渴」字。

⑤倍：通「背」，違背。⑥薄：迫近，侵襲。⑦受時：遇到的天時。

⑧深：思慮深遠。⑨大：才能廣大。⑩能參：能和天地相互配合。

⑪所參：指天時、地財。⑫炤：同「照」，照耀。

⑬御：進。⑭臧：蘊藏。⑮相能：互相替代。

⑯所為：指人所能為與所當為的事。⑰官：職守。

⑱曲：各方面，周遍。⑲已：同「以」。

⑳見：同「現」，顯現。㉑息：繁殖生長。

㉒官人：掌管天文曆法的專職人員。

【譯文】

自然界的運行變化有一定的規律，不因為堯是聖人而存在，也不因為桀是暴君而消亡。採用合理的措施去對待它就吉利，採用不合理的措施去對待它就會發生災難。增強農業生產而且節制用費，上天就不會使人貧困；供養充足而且行動適時，上天就不會使人患病；遵循自然的法則而且堅定不移，上天就不會嫁人災禍。所以，水災旱災不能使人饑餓，寒冷暑熱不能使人患病，自然災害和變異不能使人遭受災禍。如果農業生產荒廢而且奢侈浪費，上天就不能使人富裕；供養不足而且行動不適時，上天就不能使人健全地生活；違背自然法則而且胡作亂為，上天就不能使人吉祥。因此，水旱災害還沒有發生人們卻已經鬧饑荒，寒冷和暑熱還未迫近人已經生病，自然災害和變異還未出現人已經遭到了災難。遇到的天時與社會安定時期相同，但是災難禍患卻與社會安定時期有很大的不同，這不能埋怨上天，是自然法則如此。所以，明白天與人的分別，就是最高明的人了。

　　不用做就成功了，不用謀求就得到了，這是天的職能。如果這樣，即使天的職能深奧莫測，那最高明的人也不會去探求；雖然天的職能廣大無邊，那最高明的人也不去多施力量；雖然天的職能十分精微，那最高明的人也不去多做考察。這就叫做不和天爭職能。天有四時的變化，地有豐饒的資源，人有自己治理自然和社會的辦法，這就叫做能和天地相配合。放棄人治理自然和社會的努力，而一心嚮往對天時地物的依賴，那就是太糊塗了。

　　星辰相隨運轉，日月交替照耀，四季輪番交替，陰陽二氣相互作用和轉化，風雨普施萬物，萬物各自得到這些自然現象的協調和諧而產生，各自得到它們的滋養而成長。看不見大自然是怎麼做的，卻可以看到它的功效，這就叫做「神」。人們都知道天生成萬物，卻不知道在生成萬物中那種沒有形跡可見的過程，這就叫做天。只有聖人不希求去瞭解天。

　　天的職能已經確定，天的功效已經產生，人的形體已經具備了，於是人的精神活動隨而產生。喜好與憎惡、高興與憤怒、悲哀與歡樂都蘊藏於人體，這就叫做人的天然的情感；人的耳朵、鼻子、嘴巴、身體，各有不同的感觸外物的能力而不能互相代替，這就叫做人的天然的感官；心處在胸腔內，用來統管上述五官，這就叫做人的天然的主宰；利用人類以外的萬物來養育人類，這就叫做「天養」；順應人類的需求來供養人類的叫做「福」，違背人類的需求的叫做「禍」，這就叫做「天政」。如果使人的心這個天然的主宰昏暗糊塗，擾亂了人的天然的感官，放棄了「天養」，違背了「天政」，背棄了人自然具有的情感，從而喪失了人的天然功能，這就叫做最大的災難。聖人能使天然形成的主宰純淨，使人類天然具有的感官端正，使人的「天養」完備充足，使人的「天政」順應暢行，使人自然具有的情感得到調養，因此使人的天然功能齊全。如果這樣，人們就知道什麼是能做和應做的事，什麼是不能做和不應做的事了，那麼天地都能為人類所任用，萬物能供人類役使了。人類的行動各方面都治理得很好，人類的保養各方面也恰到好處，人的生命就不會受到傷害，這就叫做「知

天」。

　　所以最能幹的人在於懂得什麼是不能做和不應做的事，最聰明的人在於他不去考慮那些不能考慮和不應考慮的事。對於天的認識，要根據已經顯現出來的徵象預測未來的變化。對於地的認識，要根據已經顯現出來的適合作物生長的條件因地制宜地培養和繁殖各種作物。對於四季的認識，要根據已經顯現出來的節氣變化的次序，合理地安排農業生產。對於陰陽二氣的認識，要根據它反映出來的和諧的現象進行調理。有專管天文曆法的人觀察天象，而聖人自己卻掌握著治理自然和社會的根本原則。

【延伸閱讀】

　　年齡問題是人生需要面對的一個大問題。如何處理各個階段的問題，需要磨練自己的意志。

　　進入老年，人生的角色轉換了，老人的心理、行為應該有相適應的轉換，但是自強不息、積極進取的精神不能換，更不能棄。人生總應該有所追求，一旦放棄了對生活的追求就會變成真正的老翁。隨著年事日高，老人不可避免地要出現體力下降、身體衰弱等多方面退行性的變化，但是老人也有經驗豐富、見識面廣等很多優勢，孔夫子早就認為「五十而知天命，六十而耳順，七十而從心所欲，不踰矩」。蕭伯納也說過「六十歲以後才是真正的人生」。

　　我國古代的姜子牙八十歲為相，唐代醫學家孫思邈上百歲還能完成醫學鉅著《千金方》，說明老年人尚能有所作為，有所貢獻。能不能做到這一點，重要的是要有種「老驥伏櫪，志在千里；烈士暮年，壯心不已」的自強精神，樹立一種不服老的積極生活態度，做到「人老心不老」，「活到老，學到老，做到老」。

　　《莊子·刻意》中說：「平易恬淡，則憂患不能入，邪氣不能襲，故其德全而神不虧。」自古以來，人們都懂得心理活動與生理功能的關係是非常密切的，提倡養生必須養心。而老人的養心則以「平易恬淡」為基石。著名作家冰心一生信仰「無欲則剛，心地寧靜」的健身之道，使她一生作品如林，高齡百歲。

　　要做到「平易恬淡」，就要做到以下幾點：一要心存愛心。「仁愛」是我國傳統的道德標準，「大德必得其壽」，有愛心的老人，心地善良，助人為樂，盡天人之職，做愛人之人，從而使自己經常心悅氣爽，精神煥發，提高機體免疫力，有利於老年人的健康長壽。富裕的新加坡有良好的社會風氣，施愛心蔚然成風，老年人也不坐享清福，喜歡走出家門，做些利於別人益於社會的事，被人稱為「樂義」人士。這個國家人的平均壽命達七十八歲，真是愛心頤養福壽。二要善於寬容。一位著名的心理學家說：「人類要開拓健康之坦途，首先要學會寬容。」世界是由矛盾組成的，任何人或事都不會是一帆風順，盡善盡美的。因此朋友間的爭執，家庭裡的矛盾等等都是難以避免的。所以，就要學會寬容，特別是老年人，不可事事斤斤計較，處處患得患失，這樣一定會使自己活得很累。多一分寬容，加一分忍讓，來一個忘卻，用一個諒解，堅持以德報人，以理服人，以情感人，讓生活充滿陽光。三要常懷平常心。茫茫人海，芸芸眾生，風雲人物畢竟是少數，平常者為最多。老年人更要有這種平常人的心境，心氣不浮躁，心地平穩持重，坦然面對人生，充實中透著灑脫，忙碌中享有輕鬆。

二、禮義之不愆，何恤人之言兮

【原文】

　　治亂天邪？曰：日月、星辰、瑞曆①，是禹、桀之所同也，禹以治，桀以亂，治亂非天也。時邪？曰：繁啟②、蕃長於春夏，畜③積收藏於秋冬，是又禹、桀之所同也，禹以治，桀以亂，治亂非時也。地邪？曰：得地則生，失地則死，是又禹、桀之所同也，禹以治，桀以亂，治亂非地也。詩曰：「天作高山，大王荒之。彼作矣，文王康之。」④此之謂也。

　　天不為人之惡寒也輟⑤冬；地不為人之惡遼遠也輟廣；君子不為小人之匈匈⑥也輟行。天有常道矣，地有常數矣，君子有常體矣。君子道其常，而小人計其功。詩曰：「禮義之不愆，何恤人之言兮⑦。」此之謂也。

　　楚王后車千乘⑧，非知也；君子啜⑨菽飲水，非愚也，是節然⑩也。若夫志⑪意修，德行厚，知慮明，生於今而志乎古，則是其在我者也。故君子敬⑫其在己者，而不慕其在天者；小人錯其在己者，而慕其在天者。君子敬其在己者，而不慕其在天者，是以日進也；小人錯其在己者，而慕其在天者，是以日退也。故君子之所以日進，與小人之所以日退，一也。君子、小人之所以相縣⑬者在此耳！

　　星隊⑭、木鳴，國人皆恐。曰：是何也？曰：無何也，是天地之變，陰陽之化，物之罕至者也。怪之可也，而畏之非也。夫日月之有蝕，風雨之不時，怪星之黨見⑮，是無世而不常有之。上明而政平，則是雖並世起無傷也；上暗而政險，則是雖無一至者，無益也。夫星之隊木之鳴，是天地之變，陰陽之化，物之罕至者也。怪之可也，而畏之非也。

　　物之已至者，人祅⑯則可畏也。楛⑰耕傷稼，耘耨失薉⑱，政險失民，田薉稼惡，糴貴民饑，道路有死人，夫是之謂人祅；政令不明，舉錯不時，本事不理，夫是之謂人祅；禮義不修，內外無別，男女淫亂，則父子相疑⑲，上下乖離，寇難並至，夫是之謂人祅。祅是生

於亂，三者錯，無安國。其說甚爾，其菑甚慘。勉力不時，則牛馬相生，六畜作秩，可怪也，而亦[20]可畏也。傳曰：「萬物之怪書不說，無用之辯，不急之察，棄而不治。」若夫君臣之義，父子之親，夫婦之別，則日切瑳而不舍也。

【注釋】

①瑞曆：曆象，指日月星辰運轉的現象。

②繁啟：指農作物紛紛發芽出土。③畜：同「蓄」。

④作：生。荒：大。彼：指天。⑤輟（ㄔㄨㄛˋ）：廢止。

⑥匈匈：同「洶洶」。

⑦「禮義之不愆」六字原脫，據文義和《正名》篇引同詩補。

⑧乘（ㄕㄥˋ）：古代一車四馬為一乘。⑨啜（ㄔㄨㄛˋ）：吃。

⑩節然：偶然，湊巧。⑪志：原為「心」，指意志端正。

⑫敬：重視。⑬縣：同「懸」，懸殊，差別。

⑭隊：同「墜」。⑮黨見：同「儻現」，偶然出現。

⑯人襖：人為的災禍。⑰楛（ㄎㄨˇ）：粗劣。

⑱原為「耘耨失薉」，據文義和《韓詩外傳》引文改。

⑲父子相疑：「父」字上原衍「則」字。

⑳「亦」字原為「不」字，據文義改。

【譯文】

社會的安定和混亂是由天造成的嗎？答道：日月、星辰、時序氣象的變化，這在禹桀時代都相同，禹能使天下安定，桀卻使天下混亂，可見社會安定與混亂不是天造成的。那麼是時令氣候造成的嗎？答道：在春季和夏季眾多作物紛紛出土抽芽、繁榮生長，在秋冬之季便收穫、儲存，這在禹和桀的時代又是相同的，禹使天下安定，桀卻使天下混亂，可見社會的安定與混亂不是時令造成的。那麼是土地造成的嗎？答道：有了土地萬物就能生長，失去土地萬物就不能存活，這在禹和桀的時代又是相同的，禹使天下安定，桀卻使天下混亂，可見社會的安定與混亂也不是由土地造成的。《詩經》上說：「上天造就了這座

高山，太王又將它擴大。太王已擴大了它，文王又讓它定安康。」就
是說的這個道理。

上天不會因為人們厭惡寒冷而廢止冬季，大地不會因為人們厭惡
路途遙遠而縮小本來廣大的面積，君子不會因為小人氣勢洶洶地叫嚷
而改變自己的行為。上天有一定的常規，大地有一定的法則，君子有
一定的行為規範。君子遵循他的行為規範，而小人卻斤斤計較眼前的
功利得失。《詩經》上說：「在禮義上沒有違背，何必顧慮別人的議
論呢？」就是說的這個道理。

楚王出行，隨行的車輛多達千輛，不是他聰明；君子吃粗糧喝清
水，不是他愚笨。這些只是偶然湊巧的事情。至於志向端正，品行高
尚，思慮精明，生在今天卻能有志於古代的正道，這就在於他自身的
努力了。所以，君子重視自身的修養努力，而不指望得到天的賜予，
因此日益進步，小人放棄自身的修養努力，而指望得到天的賜予，因
此日益後退。所以君子日益進步，小人日益後退，君子與小人相差很
遠的原因也在於此。

流星墜落，祭神的社樹發聲，全國的人都感到很恐懼。有人問這
是什麼原因呢？答道：這沒有別的原因，這是天地自然界的一種變化，
陰陽二氣的交互作用，是事物變化中很少出現的一種現象。對這些感
到奇怪，可以理解。但對此感到恐懼，就錯了。太陽、月亮發生日蝕、
月蝕，不適時的颱風下雨，怪異的星象偶然出現，這些現象是任何一
個時代都曾出現過的。只要君主賢明，政治清平，那麼即使這些異常
現象在同一時代發生，對現實政治也沒有什麼損害；如果君主昏庸，
政治險惡，那麼即使沒有一種這樣的現象發生，對於現實政治也沒有
什麼好處。所以，流星墜落，祭神的社樹發聲，這是天地自然界的一
種變化，陰陽二氣的交互作用，是事物變化中很少出現的一種現象。
對這些現象感到奇怪，可以理解。但對此感到恐懼，就錯了。

在已經發生的事件中，人為的怪現象是最可怕的。耕作粗劣造成
對莊稼的傷害，鋤草馬虎造成收成不好，政治險惡就會失掉民心。田
地荒蕪，莊稼枯萎，因而糧價昂貴，人們饑餓，路上有餓死的人，這

些就叫做人為的怪現象；政治法令不明確，國家的各種措施不適時，農業生產不治理，這些就叫做人為的怪現象；禮義不加整頓，男女內外事務沒有分別，男女荒淫亂倫，父子相互猜疑，上下彼此悖離，外患內亂並起，這些就叫人為的怪現象。怪現象是由人為的混亂造成的。上述三種怪現象交錯發生，國家就無法安寧了。人為怪現象產生的道理很淺近，但它帶來的災難卻十分慘重。不按照時節役使人力，牛馬就互生怪胎，六畜發生怪異現象，這些都是怪事，而且也使人感到害怕。古話說：「各種事物的怪現象，古書上是不講的。」沒有用的辯論，不切需要的考察，可以放棄不理。至於君臣的禮義，父子的相親，夫婦之有別，那就應該天天用心運作，不能有片刻停止。

【延伸閱讀】

　　老人上了年紀，肌體功能衰退，情緒極易波動，加之往往有大小疾病纏身，身體的不適也會引起性情的變化或失控，顯得乖戾、不近情理，難以相處，所以常被稱為「老小孩」。與子女發生矛盾，固然有老人一方的問題，但子女不要一味強調這些，而應設身處地地多替老人著想，拿出老人當年撫育我們這些「小小孩」的耐心和愛心，對老人多一些理解、忍讓、關心、體貼。這樣，長幼之間就能少些不快、多些溫情，家庭也就會和睦了。

　　老年人與晚輩住在一起，常會產生意見和矛盾，甚至引起糾紛和不快。兩代人的時代背景不同，會有不同的人生觀、價值觀和生活習慣，對事物有各種不同的看法，這是社會上十分普遍的現象，也可稱為「代溝」。處理恰當，「代溝」就可逐步消除，相互諒解，取得共識。反之，矛盾也可激化，成為對立和衝突。

　　消除「代溝」，應由老年一代和年輕一代共同努力。年輕人對老年人要尊敬孝順，老年人對年輕人要關懷愛護，還應該彼此諒解，要尊重各自的思想方法和生活方式，不要以自己的想法和做法來強迫代替或強加給對方，這樣矛盾就會緩和或消失。

　　對老年人來說，應該適應自己在家庭中角色的改變。有不少人在角色剛起變化時，容易心理失衡，尤其在剛步入老年時，如原來是理所當

然的一家之主，家庭中的事由自己說了算，計畫開支都由自己安排，但一旦子女獨立工作，媳婦和女婿進門，或第三代出世，情況就會發生很大變化。若不分家，居住會較前擁擠，開支會相應增加，而年輕人的收入的增加很多，一切若再由老年人安排支配，兩代人之間矛盾可能就會更多，尤其在婆媳、翁婿之間常會難以統一。即使年輕一代對老人能夠孝順，也消除不了老人若有所失的感覺，因為「一家之主」的地位得逐步為「被贍養者」所替代。因此，老年人應克服這種角色轉變時可能引起的失落感、被遺棄感，要順應環境，協助晚輩安排好家中事務，但不要強調按過去的老習慣辦事，也要尊重和信任年輕人，相信他們會把這些處理好。

老年人嘮叨一些很正常，這也是一種發洩和排解的方式，但一定要注意自我克制，切忌喋喋不休，這樣反而沒有好效果，操心還落埋怨。反過來試試，兒女也對您方方面面嘮叨不停，您受得了嗎？

時代在發展，社會日新月異，作為老人，與年輕人存在認識上的落差是肯定的，但長輩們應該努力去瞭解、去適應新的生活，實在看不慣的，盡量置之不理，不必橫加干涉。不是有句話：「活到老，學到老」嗎？與時俱進的您不僅會更加快樂和充實，還會令晚輩驚歎和佩服。

三、治民者表道，表不明則亂

【原文】

雩①而雨，何也？曰：無何也，猶不雩而雨也。日月食而救之，天旱而雩，卜筮然後決大事，非以為得求也，以文②之也。故君子以為文，而百姓以為神。以為文則吉，以為神則凶也。

在天者莫明於日月，在地者莫明於水火，在物者莫明於珠玉，在人者莫明於禮義。故日月不高，則光暉不赫；水火不積，則暉潤不博；珠玉不睹③乎外，則王公不以為寶；禮義不加於國家，則功名不白。故人之命在天，國之命在禮。君人者，隆禮尊賢而王，重法愛民而霸，好利多詐而危，權謀傾覆幽險而盡亡矣。

大天而思之，孰與物畜而制之！從天而頌之，孰與制天命而用之！望時而待之，孰與應時而使之！因物而多之，孰與騁能而化之！思物而物之，孰與理物而勿失之也！願與物之所以生，孰與有④物之所以成！故錯人而思天，則失萬物之情。

百王之無變，足以為道貫。一廢一起，應之以貫。理貫不亂，不知貫，不知應變。貫之大體未嘗亡也。亂生其差，治盡其詳。故道之所善，中則可從，畸則不可為，匿⑤則大惑。水行者表⑥深，表不明則陷；治民者表道，表不明則亂。禮者，表也；非禮，昏世也；昏世，大亂也。故道無不明，外內異表，隱顯有常，民陷乃去。

萬物為道一偏⑦，一物為萬物一偏，愚者為一物一偏，而自以為知道，無知也。慎子⑧有見於後，無見於先；老子有見於詘，無見於信⑨；墨子有見於齊，無見於畸⑩；宋子有見於少，無見於多。有後而無先，則群眾無門⑪；有詘而無信，則貴賤不分；有齊而無畸，則政令不施；有少而無多，則群眾不化。書曰：「無有作好，遵王之道。無有作惡，遵王之路。」此之謂也。

【注釋】

①雩（ㄩˊ）：古代求雨的祭祀。②文：文飾，掩飾。

③睹（ㄉㄨˇ）：顯耀，明亮。④有：通「右」，促進。

⑤匿：通「慝」（ㄊㄜˋ），差錯。⑥表：標誌，標準。

⑦一偏：一部分，一方面。⑧慎子：即慎到，戰國中期法家。

⑨信：同「伸」。⑩畸：不齊。

⑪群眾無門：群眾找不到前進的方向。

【譯文】

祭神求雨就下雨了，這是為什麼呢？答道：這沒有什麼別的原因，如同不祭神求雨而下雨是一樣的。發生日蝕、月蝕，人們就敲盆打鼓呼救，發生乾旱人們就祭神求雨，占卜問卦之後決定大事，這並不是因為能求得什麼，而是用來文飾政事。君子把這些做法認為是文飾政事，但老百姓認為這是神靈。把這些做法認為是文飾政事就吉祥，把這些做法認為是神靈就會有兇險。

天上的事物沒有比太陽、月亮更明亮的了，地上的事物沒有比水、火更明亮的了，在萬物中沒有比珠玉更明亮的了，在人類社會中沒有比懂得禮義的君子更明亮的了。日月如不高懸於天空，那麼它的光輝就不會顯赫；水火不聚集在一起，那麼它的光亮潤澤就不會多；珠玉的光彩不露於外，那麼天子諸侯就不會把它當成寶貝；禮義不用於治理國家，那麼功業和名望就不會顯著。所以人的命運在於如何對待天，國家的命運在於如何實行禮義。國君，只有尊崇禮義，尊重賢人才能稱王於天下；重視法令，愛護人民，便可以稱霸於諸侯。如果貪圖私利而多欺詐，國家就會危殆；玩弄權術陰謀，為人反覆無常、幽暗陰險，國家就會徹底滅亡。

推崇天而思慕天，怎能比得上把天當作物來畜養而控制利用它呢！順從天而讚頌天，怎能比得上掌握天的規律而利用它呢！盼望天時而等待上天的恩賜，怎能比得上順應天時而駕馭它呢！聽任萬物自然增多，怎能比得上施展人的才能，對萬物加以變革發展呢！一心想著如何用掉萬物，怎能比得上治理萬物而使萬物都能得到充分合理地利用！仰慕萬物想知道萬物產生的原因，怎能比得上促進已經生長的萬物更好地成長呢！所以，放棄人的努力，只是指望上天恩賜，那麼

萬物就不會對你恩賜什麼。

　　歷代帝王沒有變更的，足以作為一貫通用的原則。朝代的興衰變化，都要用一貫的原則去順應變化。一貫的原則理順了，就不會發生混亂。不懂得一貫的原則，就不懂得如何順應事物的變化。一貫原則的主要內容並沒有消亡，社會混亂是由於運用一貫原則時出現了偏差。社會安定，是由於運用一貫的原則十分完備。所以用「道」作為衡量正確的標準，凡符合道的就依從照辦，不合道的就不去做，出了偏差就會使人陷入迷惑。涉水的人要靠指示水的深淺的標誌，如果標誌不清楚，就會使人掉進水裡淹死；統治人民的君主要以道為標準，如果標準不清楚，國家就要混亂。禮義，就是治國的標準。違背禮義，社會必然會昏暗。社會昏暗，就會導致天下大亂。所以，「道」在各個方面都不能不規定明白，外事與內政都有不同的標準，隱蔽的與顯現的都有一定的常規，這樣人民的災難就可以免除了。

　　各種事物都只是道的一個方面，一種事物又只是各種事物的一個方面。愚蠢的人只瞭解一種事物的一個方面，可是他還自以為認識了全面的道，這實在是太無知了。慎子只看到事物發生之後的一面，而不能根據事物的變化看到事物發生之前的另一面；老子只看到委曲求全的一面，看不到積極進取的一面；墨子只看到均等的一面，看不到等級差別的一面；宋子只看到人寡欲的一面，看不到多欲的一面。如果人人都只看到事物發生的結果而看不到事物發生的原因，群眾就會失去前進的方向；如果人人都只是委曲求全而不去積極進取，高貴和卑賤就無法區分；如果只有均等而沒有等級差別，政令就無法推行；如果人人欲望少而不多，群眾就得不到教化了。《尚書》中說：「不要偏重個人的愛好，應當遵循聖王的法則前進。不要偏重個人的厭惡，應當遵循聖王的道路前進。」說的就是這個意思。

【延伸閱讀】

　　長輩久經歲月洗禮，飽嚐人生滄桑，造就了他們的個性，有各自的價值觀和是非判斷標準。也許他們有些思維定勢難以改變，或者剛愎自用頑固不化；但是他們的身分、閱歷、成就和對下一代的愛心都是不容

他人小覷的。

　　特別是在父子之間，當兒子長大之時，父親既感到欣喜，也感到權威受到挑戰。當兒子勝過父親時，父親的心理感受是很複雜的。假如不能以妥善的方式保全父親的面子，既解決問題又讓父親有台階下，而去苛求長輩們不顧自己的面子和尊嚴，低頭認錯，甚至希望他們改變價值觀念，改善早已習慣了的解決問題的方式，那是不可能的。

　　在解決代溝衝突的時候，主動權常常在年輕人一方。以什麼樣的態度和方式對待長輩？如何認識和尊重長輩？年輕人都應該保持科學的態度和有效的方法。要努力做到既尊重長輩，又能堅持發展自己個性。不照搬照抄前代人的東西，堅持走自己的路，成就新一代的自我。

　　現代的青年人要有自己的主見，對待老一代人最好的辦法是「虛心接受，自有主見」。在兩代人的交往中出現分歧應該是正常的，如何正確對待和處理這些分歧才最重要。年輕人不能覺得自己真理在握，就可以勢不可當，不能忘記應該對長輩保持最基本的尊敬和寬容才對。

第十二章

正論 ①

名定實辨，道行志通

一、主道利周

【原文】

世俗之為說者曰：「主道利周②。」是不然。主者，民之唱③也；上者，下之儀也。彼將聽唱而應，視儀而動。唱默則民無應也，儀隱則下無動也。不應不動，則上下無以相胥④也。若是，則與無上同也，不祥莫大焉。故上者下之本也，上宣明則下治辨矣，上端誠則下願慤⑤矣，上公正則下易直矣。治辨則易一，願慤則易使，易直則易知。易一則強，易使則功，易知則明，是治之所由生也。上周密則下疑玄⑥矣，上幽險則下漸詐矣，上偏曲則下比周矣。疑玄則難一，漸詐則難使比周則難知。難一則不強，難使則不功，難知則不明，是亂之所由作也。故主道利明不利幽，利宣不利周。故主道明則下安，主道幽則下危。故下安則貴上，下危則賤上。故上易知則下親上矣，上難知則下畏上矣。下親上則上安，下畏上則上危。故主道莫惡乎難知，莫危乎使下畏已。傳曰：惡之者眾則危。書曰：「克明明德。」詩曰：「明明在下⑦。」故先王明之，豈特宣⑧之耳哉！

世俗之為說者曰：「桀紂有天下，湯武篡而奪之。」是不然。以桀紂為常⑨有天下之籍⑩則然，親有天下之籍則不然，天下謂在桀紂則不然。古者天子千官，諸侯百官。以是千官也，令行於諸夏之國，謂之王；以是百官也，令行於境內，國雖不安，不至於廢易⑪遂亡，謂之君。聖王之子也，有天下之後也，勢籍之所在也，天下之宗室也，然而不材⑫不中，內則百姓疾之，外則諸侯叛之，近者境內不一，遙者諸侯不聽，令不行於境內，甚者諸侯侵削之、攻伐之。若是，則雖未亡，吾謂之無天下矣。聖人沒⑬，有勢籍者罷⑭不足以縣天下，天下無君，諸侯有能德明威積，海內之民莫不願得以為君師。然而暴國⑮獨侈，安能誅之，必不傷害無罪之民，誅暴國之君若誅獨夫。若是，則可謂能用天下矣。能用天下之謂王。湯武非取天下也。修⑯其道，行其義，興天下之同利，除天下之同害，而天下歸之也。桀紂非去天下也，反禹湯之德，亂禮義之分，禽獸之行，積其凶，全其惡·而天下

去之也。天下歸之之謂王，天下去之之謂亡。故桀紂無天下，而湯武不 君，由此效之也。湯武者，民之父母也；桀紂者，民之怨賊也。今世俗之為說者，以桀紂為君，而以湯武為 ，然則是誅民之父母，而師民之怨賊也，不祥莫大焉。以天下之合為君，則天下未嘗合於桀紂也，然則以湯武為 ，則天下未嘗有說也，直墮之耳！故天子唯其人。天下者，至重也，非至強莫之能任；至大也，非至辨莫之能分；至眾也，非至明莫之能和。此三至者，非聖人莫之能盡。故非聖人莫之能王。聖人備道全美者也，是縣天下之權稱⑰也。桀紂者，其知慮至險也，其志意至暗也，其行為至亂也⑱；親者疏之，賢者賤之，生民怨之；禹湯之後也而不得一人之與；刳比干，囚箕子，身死國亡，為天下之大僇⑲，後世之言惡者必稽焉，是不容妻子之數也。故至賢疇⑳四海，湯武是也；至罷不容妻子，桀紂是也。今世俗之為說者，以桀紂為有天下而臣湯武，豈不過甚矣哉！譬之，是猶傴巫跛匡㉑大㉒自以為有知也。故可以有奪人國，不可以有奪人天下；可以有竊國，不可以有竊天下也。可以奪之者可以有國，而不可以有天下；竊可以得國，而不可以得天下，是何也？曰：國，小具也，可以小人有也，可以小道得也，可以小力持也；天下者，大具也，不可以小人有也，不可以小道得也，不可以小力持也。國者，小人可以有之，然而未必不亡也；天下者，至大也，非聖人莫之能有也。

世俗之為說者曰：「治古㉓無肉刑，而有象刑㉔，墨黥㉕；慅嬰㉖；共㉗，艾畢㉘；菲㉙，枲屨㉚，殺，赭衣㉛而不純。治古如是。」是不然。以為治邪㉜？則人固莫觸罪，非獨不用肉刑，亦不用象刑矣。以為輕刑邪㉝？人或觸罪矣，而直輕其刑，然則是殺人者不死，傷人者不刑也。罪至重而刑至輕，庸人不知惡矣，亂莫大焉。凡刑人之本，禁暴惡惡㉞，且征㉟其未也。殺人者不死，而傷人者不刑，是謂惠暴而寬賊也，非惡惡也。故象刑殆非生於治古，並起於亂今也。治古不然，凡爵列官職賞慶刑罰皆報也，以類相從者也。一物失稱㊱，亂之端也。夫德不稱位，能不稱官，賞不當功，罰不當罪，不祥莫大焉。昔者武王伐有商，誅紂，斷其首，縣之赤旆㊲。夫征暴誅悍，治之盛也。殺人者死，傷人者刑，是百王之所同也，未有知其所由來者也。刑稱罪則治，不稱罪則亂。故治則刑重，亂則刑輕。犯治之罪固重，犯亂之罪

固輕也。書曰：「刑罰世輕世重。」此之謂也。

世俗之為說者曰：「湯武不能禁令。是何也？曰：楚越不受制。」是不然。湯武者，至天下之善禁令者也。湯居亳[38]，武王居鎬[39]，皆百里之地也，天下為一，諸侯為臣，通達之屬，其不振動從服以化順之，曷為楚越獨不受制也！彼王者之制也，視形勢而制械用，稱遠邇而等貢獻，豈必齊哉！故魯人以榶[40]，衛人用柯[41]，齊人用一革[42]，土地刑制不同者，械用備飾不可不異也。故諸夏之國同服同儀，蠻夷戎狄之國同服不同制，封內甸服[43]，封外侯服[44]，侯衛賓服[45]，蠻夷要服[46]，戎狄荒服[47]。甸服者祭，侯服者祀，賓服者享，要服者貢，荒服者終王[48]。日祭，月祀，時享，歲貢，終王，夫是之謂視形勢而制械用，稱遠近而等貢獻，是王者之制也。彼楚越者，且時享歲貢終王之屬也，必齊之日祭月祀之屬然後曰受制邪？是規磨之說也[49]，溝中之瘠也[50]，則未足與及王者之制也。語曰：淺不足與測深，愚不足與謀知，坎井之蛙，不可與語東海之樂。此之謂也。

【注釋】

①正論：此篇對世俗的種種言論予以糾正，所以定名為《正論》。

②周：周密，這裡指隱蔽真情。③唱：同「倡」，宣導。

④胥：同須，待。原為「有」，據上下文義改。

⑤願愨：謹慎忠厚。⑥玄：同「眩」，迷惑。

⑦明明：光亮奪目。⑧宣：原為「玄」，據上下文義改。

⑨常：通「嘗」。⑩籍：權位。

⑪廢易：指諸侯國君主被廢黜。⑫材：同「才」，才能。

⑬沒：同「歿」，死。⑭罷（ㄆㄧˊ）：無能，不賢。

⑮暴國：暴君統治的國家。⑯修：行。

⑰權稱：標準，準則。⑱「其行」後原有「之」字，據文義刪。

⑲僇（ㄌㄨˋ）：恥辱。⑳疇：通「壽」，保全，保持。

㉑匡：瘦弱之人，這裡指死。

㉒大：一說當作「而」。㉓治古：古時安定的時代。

㉔象刑：象徵性的刑罰。㉕墨黥：臉上塗墨代替黥刑。

㉖慅嬰：讓犯人戴上草編的帽帶代替劓刑。

㉗共：通「宮」，宮刑。㉘畢：同「韠」，古代朝服上的蔽膝。

㉙菲：通「荊」。㉚枲屨（ㄒㄧˇ ㄐㄩˇ）：麻鞋。

㉛赭（ㄓㄜˇ）衣：赤褐色的衣服。

㉜以為治邪：認為安定的時代就應該是這樣的嗎？

㉝以為輕刑邪：認為這是減輕刑罰嗎？原無「輕刑邪」三字，據上下文補。

㉞惡（ㄨˋ）惡：反對作惡。㉟征：通「懲」，懲戒。

㊱稱：相稱，恰當。㊲斾（ㄆㄟˋ）：旌旗。

㊳亳（ㄅㄛˋ）：商湯王的都城，在今河南商丘縣東南。

㊴鎬（ㄏㄠˋ）：周武王的都城，在今西安市西南。

㊵槾（ㄊㄤˊ）：碗。㊶柯（ㄎㄜ）：古代盛食物的器具。

㊷一革：不詳，大概是一種皮製的酒器。

㊸甸服：指耕種王田，以服事天子。

㊹侯服：指擔任警衛，以服事天子。

㊺賓服：按時進貢，以服事天子。

㊻要服：用禮義教化約束，使之順服天子。

㊼荒服：不定時向天子進貢。

㊽終王：崇王，指承認天子的統治地位。

㊾規磨之說：有差錯的說法，一說是揣測的說法。

㊿溝中之瘠：因貧困死在溝中的人，這裡指知識缺乏的人。

【譯文】

　　社會上有人說：「君主治國的方法，最好是隱瞞真情，不讓下面的人知道。」這種說法不對。君主，是百姓的引導者；君主，是臣民的榜樣。百姓和臣民將隨著君主的引導而回應，看君主的榜樣而行動。引導者不公開說明，百姓就無法回應，行動標準隱密，臣民就無法行動。臣民不回應，也不行動，那麼君主與臣民就不能夠互相依靠了。如果這樣，那麼跟沒有君主一樣，這是最大的禍害。所以，君主是臣民根本，君主公開治國之道，那麼臣民就會明確治理的方向了；君主正直誠實，那麼臣民就會謹慎忠厚了；君主公正無私，那麼臣民就會

平易正直。治理的方向明確，就容易統一，謹慎忠厚，就容易役使，平易正直就容易瞭解和掌握。臣民容易統一，就能達到國家強盛，容易役使就能使事業有成效，容易瞭解君主心裡就明白。這就是國家安定的根源。君主隱瞞真情，那麼臣民就迷惑不解，君主陰險莫測，那麼臣民就欺詐作偽，君主偏私不公，臣民就互相勾結，結黨營私。迷惑不解就難以統一，欺詐作偽就難以役使，互相勾結，結黨營私就難以掌握控制。難以統一，國家就不能強盛，難以役使，事業就很難有成效，難以掌握控制，君主心裡就不明，這就是禍亂產生的根源。所以，君主治國，各種政令措施以公開明白為好，不宜於隱瞞真情。君主治國的各種政令措施如果公開明白，臣民就會安定，君主治國的各種政令措施陰險莫測，臣民就會人人自危而不安。臣民安定就能敬重君主，臣民自危不安就會輕視君主。君主的治國之道易於瞭解，臣民們就會親近君主；君主的治國之道難以瞭解，臣民們就會畏懼君主。臣民們親近君主，君主就安逸，臣民們畏懼君主，君主就會危險。所以君主治國之道沒有比臣民們不瞭解他的政令措施更壞的了，沒有比臣民們畏懼君主更危險的了。古話說：「憎恨他的人太多了就很危險。」《尚書》中說：「能夠使優良的品德發揚光大。」《詩經》中說：「在下的明亮是因為在上的光輝顯耀。」所以，先王做到光明顯露，僅僅只是公開而已！

　　社會上有人說：「夏桀商紂佔有了天下，商湯王、周武王把他們的天下篡奪了。」這種說法不對。認為桀、紂曾經佔有了天下的權位是對的，但是，認為他們是用自己的德才佔有天下的權位，那就不對了，因此認為天下應當歸於桀、紂就不對。古時天子下屬官員數以千計，諸侯下屬官員數以百計。任用這些數以千計的官員，使政令能通行於各諸侯國，於是天子可以稱為君王；任用這些數以百計的官員，使政令能通行於國境之內，國家即使不安定，諸侯國君主也不至於被廢黜而滅亡，於是可稱他們為諸侯國國君。聖王的子孫，是天子的後代，有著天子的勢位，是天下的宗主，可是沒有才能，品德也不符合禮義，在國內百姓就會痛恨他，在國外諸侯就會反對他，近處的國內

不能統一，遠處的諸侯也不服從，政令在國內不能通行，更嚴重的是，諸侯會來侵奪攻打他。如果這樣，那麼即使沒有滅亡，我認為他已經失去天下了。聖王死了，有著天子勢位的人由於沒有能力不足以掌管天下，於是天下沒有了君主，諸侯中有聲望大、威信重的，天下的百姓沒有不希望奉他為君主的。於是他就能夠討伐暴君，不過一定不會傷害無辜的百姓，誅殺暴君就像殺掉獨夫一樣。如果這樣，那麼可以稱得上是善於治理天下了。善於治理天下的人，就叫做王。商湯王、周武王並非篡奪了天下，他們實行禮義，興辦了天下共同的利益，除掉天下共同的禍害，於是天下的人都歸順他們。桀、紂並不是被別人奪去了天下，他們悖離了禹、湯的德行，違背了禮義的等級名分，行為如同禽獸，罪惡累累，作惡多端，於是天下的人都悖離他們。天下的人心都歸向他，就叫做王，天下的人心都悖離他，就叫做滅亡。所以，桀、紂沒有擁有天下，而商湯王、周武王誅殺桀、紂也不屬於弒君，從這裡就可以得到證明。商湯王、周武王，是百姓的父母；桀、紂，是百姓怨恨的暴賊。現在社會上有人把桀、紂視為君主，而把商湯王、周武王誅殺他們視為弒君，既然這樣，就等於是商湯王、周武主誅殺了百姓的父母，而又效法了百姓怨恨的暴賊，再沒有比這種看法更糟糕的了。如果認為只有天下的人心歸向他，才能把他視為君主，那麼，天下的人心從來就沒有歸順過桀、紂，既然這樣，那麼把商湯王、周武王視為弒君的說法，是沒有任何理由的，這只是對他們的誹謗罷了！所以要成為天子只能看他本人的德行。治理天下，是最為重大的任務，不是最強有力的人是不能勝任的；天下的事情是最為廣大的，不是最善於治理的人是不能夠處理好等級名分的；天下的人最多，不是最賢明的人是不能使他們和諧一致的。這三種「至」，不是聖人是不能完全做到的。所以，不是聖人是不能稱王的。聖人是道德完美的人，他是衡量萬物是非的準則。桀、紂，他們的思慮最陰險，他們的心志最卑下，他們的行為最淫亂，親近的人疏遠他們，賢良的人輕視他們，百姓怨恨他們。他們雖然是禹、湯的後代，卻得不到一個人的讚許。紂將叔父比干剖腹，把箕子囚禁，結果落得身死國亡，成為天下最可

恥的人。後代的人提起最壞的人都一定要以他們為例證，他們連妻子兒女也保不住。所以，最賢明的人能保全四海，像商湯王、周武王就是這種人；最昏庸無能的人連妻子兒女也保不住，像桀、紂就是這種人。現在社會上有的人把把桀、紂視為擁有天下的君主，而把商湯王、周武王視為臣，這難道不是極端錯誤的嗎？這就好像是駝背瘸腿的巫婆自以為十分有智慧。所以可以用強力奪取別人的國家，但是不可能用強力奪取別人的天下；可以用不正當的手段篡奪別人的國家，但是不可能用不正當的手段得到別人的天下。強力奪取別人國家的人可以佔有一個諸侯國，但是不可能佔有天下；用不正當的手段篡奪別人國家的人可以得到一個諸侯國，但是不能夠得到天下。這是為什麼呢？答道：一個諸侯國只是一個小的器具，可以為小人所佔有，可以用歪門邪道取得，可以憑藉較小的力量來掌握。而天下是大的器具，不可能為小人所佔有，不可能用歪門邪道取得，憑藉較小的力量也不可能掌握它。一個諸侯國，小人可以佔有它，然而沒有不滅亡的，天下是極重大的，不是聖人是不能佔有它的。

　　社會上有人說：「在安定的古代沒有肉刑，只有象徵性的刑罰。臉上塗墨代替鯨刑；戴上用草編的帽帶代替劓刑；宮刑，用割去犯人衣服上的護膝部分代替；刑，讓犯人穿麻鞋代替；殺頭，讓犯人穿沒領的赤褐色衣服代替。安定的古代就是這樣。」這種說法不對。以為安定的時代就應該是這樣嗎？那麼，如果人們本來就沒有犯罪，不但不動用肉刑，而且連象徵性的刑罰也沒必要用。人如果犯了罪，而只用輕刑，那麼殺人的人也沒有死刑了，傷人的人也不受刑罰了。犯最重的罪而刑罰最輕，那麼普通人就不知道什麼叫罪惡了，沒有比這種做法更混亂的了。用刑罰處治犯人的根本在於禁止兇殘暴亂，反對作惡，而且要警戒那沒有作惡的人。如果殺人的人不被處死，傷人的人不受刑罰，這就是縱容暴行、寬容犯罪的人，不是反對作惡了。所以象刑這種說法大概不是產生於安定的古代，而是產生於混亂的今世。在安定的古代不是這樣的，凡是爵位、官職、獎賞、刑罰都是一種相應的回報，即善惡各得所報。賞罰事情有一件處理不當，就會引起混

亂。如果品德與地位不相稱，才能與官職不相稱，獎賞與功勞不相稱，刑罰與罪行不相稱，就沒有比這更不吉祥的了。過去周武王討伐殷商，誅殺商紂，砍了他的頭，並掛在紅色的旗子上示眾。懲罰強暴的人，誅殺兇悍的人，這樣才是國家安定的表現。殺人的人處死刑，傷人的人受刑罰，這是歷代帝王所共同的，沒有人知道這種刑罰的來源。刑罰與罪行相稱，國家就安定，刑罰與罪行不相稱，國家就混亂。所以，國家安定是由於刑罰重，國家混亂是由於刑罰輕。在安定時代犯罪，刑罰必定是重的，在混亂時代犯罪，刑罰必定是輕的。《尚書》上說：「刑罰隨著社會的治亂的不同而有輕重。」說的就是這個意思。

　　社會上有人說：「商湯王、周武王不能使天下的人都服從他們的法令，為什麼這麼說呢？因為楚國和越國不接受他們法令的制約。」這種說法不對。商湯王、周武王是最善於使天下的人服從他們法令的人。商湯王當初居於亳地，周武王當初居於鎬地，兩個地方方圓都不過百里，但是卻統一了天下，諸侯稱臣，凡是人跡可到達的地方，沒有不被他們的威力所震懾而服從的，並且受到教化歸順他們的，怎麼能說楚國和越國獨不接受他們法令的制約呢？那些王者的制度，是按照地區的不同來規定使用的器械用具，根據距離的遠近規定進貢的等級，難道一定要一樣嗎？魯國人用碗，衛國人用盂，齊國人用皮囊，各個地區環境和風俗不同，器械用具和裝飾圖案就不能不有差別。所以中原各諸侯國同是服侍天子，而且制度也相同。四方偏遠地區的屬國也同是服侍天子，制度卻不相同。在天子都城周圍五百里的地方以耕種王田服侍天子，五百里以外的地方以擔任警衛服侍天子，從侯圻到衛圻各佔五百里的地方，是按時進貢服侍天子，蠻、夷各地方是接受禮義教化的約束，使之順服服侍天子，戎狄等偏遠地區不定時向天子進貢而服侍天子。耕種王田服侍天子的供給每日祭品，擔任警衛服侍天子的供給每月祭品，按時進貢服侍天子的供給四季祭品，接受禮義教化的約束的每年給天子進貢，不定時向天子進貢的只要承認天子的統治地位，而不必定時進貢。日祭、月祀、時享、歲貢、終王，這些都叫做按照地區的不同來規定使用的器械用具，根據距離的遠近規

定進貢的等級，這是王者的制度。那楚國和越國，正是屬於時享、歲貢、終王的範圍之內，難道一定要他們和日祭、月祀範圍內的諸侯國一樣，然後才說這是服從統治嗎？這是一種有差錯的說法，抒這種說法的人與貧困死在溝中的人一樣無知，不值得與他們談論王者的制度。俗話說：「淺的東西不能用來測量深的東西，愚蠢的人是不足以參與智謀活動的，枯井裡的青蛙是不足以跟它談論東海裡的樂趣的。」說的就是這個道理。

【延伸閱讀】

　　子產是孔子比較欣賞的鄭國宰相，他不相信鬼神，把鄭國治理得非常好，是歷史上難得的潔身自好的大臣。

　　春秋末期，鄭國的宰相是子產。他善於執政，把國家治理得有條不紊，深得民心。他的執政之道就在於剛柔並濟，把握住高壓和懷柔兩種政策的最佳尺度。

　　當時，許多大國都覬覦鄭國。子產認為，鄭國要求得生存，當務之急是加強國力。於是子產一面提倡振興農業，另一方面為確保軍事費用，決定徵收新稅。

　　一時間，民怨四起，對他恨得咬牙切齒，甚至有人還密謀殺害他。他的家人和朋友都紛紛勸他改變主張，朝中大臣也站出來反對他的政策。

　　面對來自各個方面的壓力，子產沒有絲毫動搖。他力排眾議，義無反顧地繼續實施既定的政策。

　　「我所做的一切都是為了國家和人民，即使犧牲我自己的名利也在所不惜。如果虎頭蛇尾，我苦心竭慮想出來的興國之道就會付諸東流。我決心一如既往地貫徹我的政策。老百姓的責難只是因為我的政策沒有立竿見影的效果。過一段時間後，他們就會明白的。」子產這樣對別人解釋。他不改初衷，面對責難仍然堅持己見。

　　過了幾年，農業的振興計畫收效甚大，人民的生活水準日益提高。軍隊也逐步強大起來，足以抵抗外來的入侵。鄭國在諸侯國中逐漸樹立起不可動搖的地位。

子產的政策並不都是如此「剛硬」，他在教育政策的制定上就表現得非常「寬容」。

鄭國為了大力培養知識分子，在各地普遍設立了稱為「鄉校」的學校。但是許多對當政者不滿的人就利用鄉校傳播與統治者相反的觀點。若任其發展，就會不利於民心安定，對統治也造成威脅。因此，許多大臣提議關閉鄉校。

子產卻不以為然，反駁道：「如果那些人聚集在鄉校談論政治，我們可以聽取他們好的意見，不斷改良我們的政策，這樣看來，不是一件好事嗎？」

子產借用了一個比喻，繼續說：「人們的言論就好比是河川裡的水一樣，如果我們限制他們的言論，就如堵塞河水一樣。儘管暫時控制住了，不久那些不滿就會像洪水一樣滾滾而來，堤壩和堰塘終將被沖毀。與其這樣，還不如疏通流水，引導它們暢通無阻地流出來，這樣不是更合適嗎？」

從此以後，鄭國的教育文化事業得到了繁榮。

由於子產廣開言路，集思廣益，在他為政期間，鄭國國泰民安，國家呈現出一派欣欣向榮的景象。

棉裡藏針、柔中存剛是成功之道，剛柔並濟是行之有效的處世手段，治理國家同樣如此。

子產深知，如果君主實行嚴刑厲法，過於苛刻，就會使人們畏而遠之，但如果太寬鬆，就會使臣子驕縱跋扈，不易駕馭。所以必須恩威並濟，把握好時機和火候，正如老子所言：「治大國如烹小鮮。」

二、天子者‧勢位至尊

【原文】

　　世俗之為說者曰：「堯舜擅①讓。」是不然。天子者，勢位至尊，無敵於天下，夫有②誰與讓矣！道德純備，智惠③甚明，南面④而聽天下，生民之屬，莫不振動從服以化順之。天下無隱士，無遺善，同焉者是也，異焉者非也，夫有惡⑤擅天下矣？曰：「死而擅之。」是又不然。聖王在上，決德而定次，量能而授官，皆使民載其事而各得其宜，不能以義制利，不能以偽飾性，則兼以為民。聖王已沒，天下無聖，則固莫足以擅天下矣。天下有聖而在後子⑥者，則天下不離，朝不易位，國不更制，天下厭然與鄉⑦無以異也；以堯繼堯，夫又何變之有矣？不在後子而在三公⑧，則天下如歸，猶復而振之矣，天下厭然與鄉無以異也；以堯繼堯，夫有何變之有矣？唯其徙朝改制為難。故天子生，則天下一，隆致順而治，論德而定次；死，則能任天下者，必有之矣。夫禮義之分盡矣，擅讓惡用矣哉？曰：「老衰而擅。」是又不然。血氣筋力則有衰，若夫智慮取捨則無衰。曰：「老者不堪其勞而休也。」是又畏事者⑨之議也。天子者，勢至重而形至佚，心至愉而志無所詘，而形不為勞，尊無上矣。衣被則服五彩，雜間色，重文繡，加飾之以珠玉；食飲則重大牢⑩而備珍怪，期臭味⑪，曼⑫而饋，伐皋⑬而食，雍而徹⑭乎五祀⑮，執薦者⑯百人侍西房；居則設張⑰容，負依而立，諸侯趨走乎堂下，出戶而巫覡⑱有事，出門而宗祀有事，乘大路⑲趨越席以養安，側載睪芷⑳以養鼻，前有錯衡以養目，和鸞之聲，步中武、象，騶㉑中韶、護以養耳，三公奉軶持納㉒，諸侯持輪，挾輿、先馬、大侯編後，大夫次之，小侯、元士次之，庶士介而夾道，庶人隱竄莫敢視望，居如大神，動如天帝，持老養衰，猶有善於是者與不？老者，休也。休猶有安樂恬愉如是者乎！故曰：諸侯有老，天子無老，有擅國，無擅天下，古今一也。夫曰堯舜擅讓，是虛言也，是淺者之傳，陋者之說也，不知逆順之理，小大、至不至之變者也，未可與及天下之大理者也。

世俗之為說者曰：「堯舜不能教化。是何也？曰：朱象㉓不化。」是不然也。堯舜者，至天下之善教化者也，南面而聽天下，生民之屬莫不振動從服以化順之。然而朱象獨不化，是非堯舜之過，朱象之罪也。堯舜者，天下之英也；朱象者，天下之嵬㉔，一時之瑣也。今世俗之為說者，不怪朱象而非堯舜，豈不過甚矣哉？夫是之謂嵬說。羿、蠭門者，天下之善射者也，不能以撥弓曲矢中微㉕；王梁、造父者，天下之善馭者也，不能以辟㉖馬毀輿致遠；堯舜者，天下之善教化者也，不能使嵬瑣化。何世而無嵬，何時而無瑣，自太㉗、燧人莫不有也。故作者不祥，學者受其殃，非者有慶。詩曰：「下民之孽，匪㉘降自天；噂沓㉙背憎，職競由人㉚。此之謂也。

世俗之為說者曰：「太古薄葬，棺厚三寸，衣衾三領㉛，葬田不妨田，故不掘也。亂今厚葬，飾棺，故抇也。」是不及知治道，而不察於抇不抇者之所言也㉜。凡人之盜也，必以有為，不以備不足，足㉝則以重有餘也。而聖王之生民也，皆使當厚優猶㉞知足㉟，而不得以有餘過度。故盜不竊，賊不刺，狗豕㊱吐菽粟㊲，而農賈皆能以貨財讓，風俗之美，男女自不取㊳於塗，而百姓羞拾遺。故孔子曰：「天下有道，盜其先變乎！」雖珠玉滿體，文繡充棺，黃金充槨，加之以丹矸㊴，重之以曾青，犀、象以為樹，琅玕、龍茲、華覲㊵以為實，人猶且莫之抇也。是何也？則求利之詭緩，而犯分之羞大也。

夫亂今然後反是：上以無法使，下以無度行，知者不得慮，能者不得治，賢者不得使。若是，則上失天性，下失地利，中失人和。故百事廢，財物詘，而禍亂起。王公則病不足於上，庶人則凍餒羸瘠於下，於是焉桀紂群居而盜賊擊奪以危上矣。安禽獸行，虎狼貪，故脯㊶巨人而炙嬰兒矣。若是，則有何尤抇人之墓、抉㊷人之口而求利矣哉？雖此倮㊸而埋之，猶且必齕也，安得葬埋哉？彼乃將食其肉而齕㊹其骨也。夫曰：太古薄葬，故不抇也；亂今厚葬，故抇也。是特奸人之誤於亂說，以欺愚者而淖陷之，以偷取利焉，夫是之謂大奸。傳曰：危人而自安，害人而自利。此之謂也。

子宋子㊺曰：「明見侮之不辱，使人不鬥。人皆以見侮為辱，故鬥也；知見侮之為不辱，則不鬥矣。」應之曰：然則亦以人之情為不惡侮乎？曰：「惡而不辱也。」曰：「若是，則必不得所求焉。凡人之

鬥也，必以其惡之為說，非以其辱之為故也。今俳優⑯、侏儒、狎徒⑰豎⑱侮而不鬥者，是豈⑲知見侮之為不辱哉！然而不鬥者，不惡故也。今人或入其央瀆⑳竊其豬彘，則援劍戟而逐之，不避死傷，是豈以喪豬為辱也哉？然而不憚鬥者，惡之故也。雖以見侮為辱也，不惡則不鬥；雖知見侮為不辱，惡之則必鬥。然則鬥與不鬥邪，亡於辱之與不辱也，乃在於惡之與不惡也。夫今子宋子不能解人之惡侮，而務說⑤人以勿辱也，豈不過甚矣哉？金舌弊口，猶將無益也。不知其無益，則不知。知其無益也，直以欺人，則不仁。不仁不知，辱莫大焉。將以為有益於人，則與無益於人也，則得大辱而退耳！說莫，病是矣。

【注釋】

①擅：同「禪」。②有：通「又」。③惠：同「慧」。

④南面：指帝位，古代天子位置面向南，臣的位置面向北。

⑤惡（ㄨˋ）：何，為什麼。

⑥後子：兒子，原無「子」字，據下文「聖不在後子」文義補。

⑦鄉：同「向」，過去。

⑧三公：太師、太傅、太保，這裡泛指大臣。

⑨畏事者：怕苦怕累的人。

⑩大牢：即「太牢」，指牛、羊、豬三牲齊備。

⑪臭（ㄒㄧㄡˋ）味：指香味。⑫曼：同「萬」，古代的一種列隊舞蹈。

⑬伐皋：敲鼓，原為「代軍」，據《淮南子・主術訓》「饗鼓而食，奏雍而徹」文義改。

⑭徹：同「撤」。

⑮五祀：古代的五種祭祀，灶是五祀之一，這裡指祭灶。

⑯執薦者：服事天子吃飯的人。⑰張：同「帳」。

⑱巫覡：古代專門從事求神卜卦的人，女的叫巫，男的叫覡。

⑲大路：即「大輅」，天子乘坐的車。

⑳睪芷（ㄍㄠˇㄓˇ）：一種香草。㉑騶（ㄗㄡ）：通「趨」，這裡指車快行。

㉒納：同「軜」，古時一車四馬，指兩旁兩匹馬的內側韁繩。

㉓朱：丹朱，堯的兒子，傳說他遊手好閒，品德不好。象：舜的同父異母弟弟，傳說他曾設計殺害舜。

㉔蒐（ㄨㄟˊ）：指奸邪的小人。㉕微：指微小的目標。原脫。

㉖辟：同「躄」，腳有病。

㉗太皡（ㄏㄠ）：又稱伏羲，是古代東方部落的首領。

㉘匪：同「非」。㉙噂𠴫（ㄗㄨㄣ ㄊㄚ`）：當面談笑。

㉚職競由人：全在於人為。㉛三領：三套。

㉜所言：一說「言」字為「由」字之誤。

㉝足：一說「足」字應刪掉。㉞猶：通「裕」。

㉟知足：前原有「不」字，據上下文義刪。

㊱豕（ㄕˇ）：豬。㊲菽粟：泛指糧食。

㊳取：通「聚」，聚集。

㊴丹矸（ㄍㄢ）：朱砂，又叫丹砂。

㊵華覲（ㄐㄧㄣˇ）：珠玉的名稱。㊶脯：肉乾。

㊷抉（ㄐㄩㄝˊ）：剜出。㊸倮：同「裸」，赤身露體。

㊹齕（ㄏㄜˊ）：咬，啃。㊺子宋子：即宋鈃。

㊻俳優：古代歌舞藝人。

㊼狎（ㄒㄧㄚˊ）徒：用一些低級趣味的東西相互逗笑的人們。

㊽詈（ㄌㄧˋ）：責罵。㊾鉅：通「詎」。

㊿竇（ㄅㄨˋ）：通「竇」，洞穴、窟窿。

51務說（ㄕㄨㄟˋ）：盡力勸說。

【譯文】

社會上有人說：「堯和舜把帝位禪讓給別人。」這種說法不對。天子，是權勢地位最尊貴的人，天下沒有誰能和他匹敵，他又能把帝位讓給誰呢？堯舜的道德完美，智慧十分明達，南面稱王決斷天下大事，所有的百姓沒有不被感動、順服的，受其教化而歸順他的，天下沒有被埋沒的人才，沒有被遺漏的好事，合乎堯舜的就是正確的，跟這些不同就是錯誤的，他們又有什麼理由要禪讓天下呢？有人說：「堯舜死了就把帝位禪讓給了別人。」這種說法也不對。聖王的統治，是

根據一個人德行的好壞來決定等級次序，衡量一個人能力的大小來授予官職，使每個人擔任的職務都能適合自己。如果不能用禮義克制私利，不能夠透過人為的努力整飭自己惡的本性，那麼就只能做普通的老百姓。如果聖王死後，天下沒有後繼的聖王，那麼本來就沒有誰能夠接受禪讓的天下了。如果天下有後繼的聖王，而且就是原來聖王的兒子，那麼天下的人心就不會離散，朝廷內的等級次序也不會改變，國家的制度也不會更改，天下的人都很順服，跟以往沒有什麼不同，這等於是以堯這樣的人繼承堯，那又有什麼值得改變的呢？如果繼承聖王的不是他的兒子，而是三公這樣的朝廷重臣，那麼天下人心歸向他，這就好像天下重新振興起來，而天下的人也都一樣順服，跟先前沒有什麼不同，這也等於是以堯這樣的人繼承堯，又有什麼值得改變的呢？只有改朝換代變更制度比較困難。所以聖王活著的時候，天下的人就只尊崇他一人，天下很有秩序而且安定，都根據一個人德行的好壞來決定等級次序。聖王死了之後，能夠治理天下的人必定會出現。因此聖王只要禮義的等級名分做得完美，又何必要禪讓呢？有人說：「聖王年老體衰就把帝位禪讓給了別人。」這仍然不對。人的氣血精力會衰弱，至於他的智慧、思慮和分辨事物的能力則不會因老而衰弱。又有人說：「年老的人不能承受勞累而需要休息。」這又是怕苦怕累的人的說法。天子，權勢極大而身體特別安逸，心情特別愉快而心志不會遭受什麼曲折，身體不會做勞累的事情，地位無比的尊貴。穿的衣服五彩紛呈，繡著華麗文采，並用珠玉加以裝飾。吃則是牛、豬、羊三牲齊備而且有各色珍饈美味，香味撲鼻，僕役們列隊跳著曼舞進獻食物，敲擊大鼓伴奏而食，演奏撤膳的《雍》樂，祭祀灶神，有一百多個服侍天子吃飯的人在西廂房。居處設置帳幕、小屏風，背靠門窗之間的屏風而立，讓諸侯在殿堂下小跑著向前朝見。走出宮門就有男女巫師為天子掃除不祥。走出王城門，就有祭祀官大宗伯和祈福官大祝為天子求神祈福。天子乘坐車時，腳踏在蒲草編的席子上來養護身體，車兩旁還放置著香草使嗅覺舒適，車前有塗金的橫木使視覺輕鬆愉快，車上響著鈴鐺，車子緩緩而行合乎《武》、《象》樂曲的

節奏，車子快速而行時合乎《韶》、《護》樂曲的節奏。三公重臣抬
著駕車時夾在牲口脖子上的曲木，牽著套馬的韁繩，諸侯在旁有的扶
著車輪、有的扶著車廂、有的牽著馬在前面引路，大國的公侯列隊走
在後面，大夫隨後，小國的侯伯、上士再在其後，士兵們身披甲冑在
道路兩旁護衛，普通百姓隱藏迴避起來不敢張望。聖王靜處時如同大
神莊嚴肅穆，行動時如同天帝威風凜凜，保養得很好，還有比這更好
的嗎？年老了，要休息。休息，還有比天子這樣更安逸愉快的嗎？所
以說，諸侯有因衰老而休息的時候，天子沒有因衰老而休息的。只有
諸侯有禪讓一國的事，絕沒有天子禪讓一國的事，從古到今都是這樣。
所以說堯舜禪讓，這是不存在的，這是淺陋無知的人的訛傳，他們不
懂得什麼不合情理什麼合情理，不懂得「小」和「大」、「至」和「不
至」的不同，所以不值得跟他們談論天下的大道理。

　　社會上有人說：「堯和舜不能教化所有的人，這是為什麼呢？丹
朱是堯的兒子，象是舜的同父異母的弟弟，就都沒有接受堯和舜的教
化。」這種說法不對。堯、舜是天下最善於教化人的人，他們南面稱王，
決斷天下大事，天下百姓沒有不被懾服而受到教化順服他們的。然而
唯獨丹朱和象不被教化，這並不是堯、舜的過錯，而是丹朱、象的罪
過。堯、舜是天下的英傑，丹朱、象是天下邪惡的小人，是當時行為
卑鄙的人。今天社會有的人，不去責怪丹朱、象卻來否定堯、舜的德
政，難道不是錯得太厲害了嗎？所以這是奸邪的言論。后羿、蠭門是
天下善於射箭的人，但是也不能夠用不正的弓、彎曲的箭射中微小的
目標；王梁、造父是天下善於駕車的人，但是也不能夠用蹩腳的馬、
壞了的車行駛得很遠。因此，堯、舜雖是天下最善於教化別人的人，
但是也不能夠使奸邪、卑鄙的小人受到教化。哪個社會、哪個時代沒
有這樣奸邪、卑鄙的小人？自上古伏羲氏、燧人氏起沒有哪個朝代沒
有這種人。所以編造這種世俗之說的人很不好，接受這種世俗之說的
人會遭殃，而不接受這種世俗之說的人值得慶幸。《詩經》上說：「老
百姓的罪孽，不是從天上降下來的，當面談笑，背後搗鬼，這完全在
於人為啊！」就是說的這個意思。

　　社會上有人說：「遠古的時候實行薄葬，棺材板只有三寸厚，隨葬衣被只有三套，葬在田野裡也不妨礙耕田，所以不會有人去盜墓。當今的亂世實行厚葬，用珠玉裝飾棺槨，所以有人盜墓。」這是不懂得治國的道理，對盜墓的原因也沒有進行考察。人所以要盜竊，必有原因，不是為了防備不足，就是為了增加自己的財物。而聖王養育百姓，使他們生活優厚富裕而知足，但又不允許財物過多，超過限度。所以，偷盜者不會去偷盜，搶劫者不去探取，連豬狗都有吃不完的糧食，農民與商人都能把錢財貨物作為禮讓，風俗淳美，男女自然不會聚集在道路上，而且老百姓羞於拾取別人的失物據為己有。所以孔子說：「天下有了正道，盜賊會首先改變他們的惡習啊！」即使死者滿身都是珍珠寶玉，棺材之內儘是繡上花紋的繡品，外棺裡放滿了黃金，棺槨用朱砂、曾青等顏料粉飾，墓內用犀角和象牙做樹枝，用琅玕、龍茲、華覲等珠玉作為樹上的果實，人們仍然不會去盜墓。這是什麼原因呢？因為人們求利的貪欲少了，而認為違反禮法是最大的恥辱。

　　當今混亂的時代，與古代安定的時代相反，君主不按法令施政，臣民不按法度行事，有智慧的人不讓他出謀獻策，有才能的人不讓他治理國家，有德行的人得不到任用。這樣上失天時，下失地利，中失人和，因此各種事情廢止，財物窮盡，於是禍亂乘機而起。在上的王公貴族擔心財物不夠用，在下的老百姓饑寒交迫，貧病交加，於是像桀、紂一類的昏庸無能的人大量出現，而且盜賊到處劫奪財物，危害國家。於是禽獸橫行，虎狼貪婪，因此以大人為肉乾、燒烤小孩的事都發生了。如果這樣，那又何必要怨恨挖掘別人墳墓，撬開死人嘴巴盜取珠寶的求利行為呢？即使將死人赤身裸體地埋葬，仍然還一定有人要盜墓。人死後又怎麼能夠得到埋葬呢？他們仍然要吃他們的肉咬他們的骨頭。他們說：「遠古的時候實行薄葬，所以不會有人去盜墓；當今的亂世實行厚葬，所以才會有人盜墓。」這只是奸邪的人故意製造的謬論，欺騙那些愚昧的人而使他們陷入迷惑，以便從中獲利，這種人可以稱為最壞的人。俗話說：「危害別人而保全自己，損害別人而自己獲利。」說的就是這種人。

　　宋鈃先生說：「明白受到侮辱並不是恥辱，人們就不會發生爭鬥。人們都把受到侮辱視為恥辱，所以就會發生爭鬥。懂得受到侮辱並不是恥辱的道理，那就不會發生爭鬥了。」回答他說：「既然這樣，那麼是否也認為人的情感不憎惡受到侮辱呢？」宋鈃先生說：「雖然憎惡那種欺侮，但不認為是恥辱。」又回答說：像這樣，那麼就一定達不到宋鈃先生所追求的目標了。凡是人們互相之間發生爭鬥，一定是由於感到憎惡，而不是受到恥辱的緣故。現在唱戲曲的人、矮子、獻意滑稽者也互相責罵侮辱而不會爭鬥，這難道是因為他們懂得受到侮辱並不是恥辱的道理嗎？他們不爭鬥，是因為他們彼此沒有感到憎惡。如果現在有人進到人家裡，偷別人的豬，主人就會拿著刀劍去追逐盜賊，不顧死傷地追打。這難道是把丟失了豬視為受到了恥辱嗎？主人不懼怕爭鬥，這是因為他憎惡盜賊偷了自己的豬的緣故。所以即使把受到侮辱認為是恥辱，只要不憎惡他就不會爭鬥；懂得受到侮辱並不是恥辱的道理，但只要憎惡他就必然進行爭鬥。既然這樣，那麼爭鬥與否，不在於是否感到恥辱，而在於是否感到憎惡。如今宋鈃先生不能解除人們對侮辱的憎惡，而盡力勸說人們把受到侮辱視為不是恥辱，這難道不是錯誤得太厲害了嗎？即使用金舌辯說，說破了嘴也是無益的。不懂得這種說法對人無益，就是不明智。懂得這種說法對人無益，竟然還用它來騙人，就是不仁。如果不仁不智，就沒有比這更大的恥辱了。宋鈃先生認為他的說法對別人有益，實際對別人毫無益處，那就只能落得個最大的恥辱而退走了！沒有什麼說法比他的說法毛病更大的了。

【延伸閱讀】

　　莊子是道家學派的代表人物，主要思想主要集中在《莊子》一書中，特別是〈秋水〉、〈逍遙遊〉等篇展現了他的觀點。他的文章善於行文措辭，描摹事物的情狀，用來攻擊和駁斥儒家和墨家，即使是當世博學之士，也難免受到他的攻擊。他的語言汪洋浩漫，縱橫恣肆，以適合自己的性情。

　　莊子名周，蒙人。他年輕時曾做過漆園小吏，但很快便放棄仕途，

隱居而專心於學問著作。

　　楚威王聽說莊周頗有賢德之名，便派遣使者去重金禮聘莊子，並答應給予莊子楚國相國之位。

　　面對楚威王厚禮豐爵的對待，莊子並沒有欣喜若狂的表現，反倒心境平和地以戲謔的口氣對使者說道：「對世人而言，千金之金，確實是貴重無比的利益，卿相之位，更是尊崇至極的高位。但是，人們難道就不曾見過用以祭祀而犧牲的供品嗎？一頭牛被精心飼養了幾年時間，最後被精心裝飾起來送入大廟之中。真要到了那個時候，就算是想自保，也力不能逮了。你還是趕緊離去吧！免得破壞了我的清靜。」

　　使者害怕無功而返難以向楚王交代，又不厭其煩地勸莊子，致使莊子深感不快，不得不再次坦言相告：「我寧可在僻陋的市井鄉村中怡然自得，也絕不會為虛無污濁的世俗之事所羈絆。你再費口舌，只會增加彼此的不快。終身不仕是我矢志不渝的人生目標，你還是趕快離開吧。」使者無奈，只好識趣地離去了。

　　後來，莊子的妻子不幸死了，莊子蹲在地上，一面敲著瓦盆，一面唱歌。惠子批評莊周說：「結髮妻子與你形影相伴這麼多年，你對她的死非但不悲傷反而鼓盆而歌，這是很不對的。」

　　莊子回答：「宇宙間本來就沒有生，也無所謂形和氣，從芒芴之間變而有氣，氣變而有形，形變而有生，生又變而到死，這就好像春夏秋冬四季的交替一樣。現在我的妻子正安然地回到宇宙這個大自然中去，我為什麼要為她傷心痛苦？」

　　惠子啞口無言。

　　莊子一生著述頗豐，尤善為文，從而流芳後世。在當時，莊子崇尚自適自樂的人生態度，不肯與王公大人同流合污，自是合於情理。

三、凡議，必將立隆正然後可也

【原文】

子宋子曰：「見侮不辱。」應之曰：凡議，必將立隆正①然後可也，無隆正則是非不分而辯訟不決。故所聞曰：「天下之大隆，是非之封界，分職名象②之所起，王制是也。」故凡言議期命，是非③以聖王為師，而聖王之分，榮辱是也。是有兩端矣，有義榮者，有勢榮者，有義辱者，有勢辱者。志意修，德行厚，知慮明，是榮之由中出者也，夫是之謂義榮。爵列尊，貢祿厚，形勢勝，上為天子諸侯，下為卿相士大夫，是榮之從外至者也，夫是之謂勢榮。流淫汙僈④，犯分亂理，驕暴貪利，是辱之由中出者也，夫是之謂義辱。詈侮捽⑤搏，捶笞臏腳⑥，斬斷枯磔⑦，藉靡⑧後縛⑨，是辱之由外至者也，夫是之謂勢辱。是榮辱之兩端也。故君子可以有勢辱而不可以有義辱，小人可以有勢榮而不可以有義榮。有勢辱無害為堯，有勢榮無害為桀。義榮勢榮，唯君子然後兼有之；義辱勢辱，唯小人然後兼有之。是榮辱之分也。聖王以為法，士大夫以為道，官人以為守，百姓以為成俗，萬世不能易也。

今子宋子案⑩不然，獨詘容⑪為己，慮一朝而改之，說必不行矣。譬之，是猶以塼⑫塗塞江海也，以焦僥⑬而戴太山也，顛跌碎折不待頃矣。二三子之善於子宋子者，殆不若止之，將恐得傷其體也。

子宋子曰：「人之情，欲寡，而皆以己之情為欲多，是過也。」故率其群徒，辨⑭其談說，明其譬稱，將使人知情之欲寡也。應之曰：然則亦以人之情為欲。目不欲綦色，耳不欲綦聲，口不欲綦味，鼻不欲綦臭，形不欲綦佚。此五綦者，亦以人之情為不欲乎？曰：「人之情欲是己。」曰：若是則說必不行矣。以人之情為欲此五綦者而不欲多，譬之猶以人之情為欲富貴而不欲貨也，好美而惡西施也。

古之人為之不然。以人之情為欲多而不欲寡，故賞以富厚，而罰以殺損⑮也，是百王之所同也。故上賢祿天下，次賢祿一國，下賢祿田邑，願愨之民完衣食。今子宋子以是之情為欲寡而不欲多也，然則先

王以人之所不欲者賞，而以人之所欲者罰邪？亂莫大焉。今子宋子嚴然⑯而好說⑰，聚人徒，立師學，成文典，然而說不免於以至治為至亂也，豈不過甚矣哉！

【注釋】

①隆正：指判斷是非的最高標準。

②名象：名物制度。

③是非：一說疑為「莫非」。

④僈（ㄇㄢˋ）：通「漫」，放蕩。

⑤捽（ㄗㄨˊ）：揪著頭髮。

⑩臏（ㄅㄧㄣˋ）腳：古代去掉膝蓋骨的刑罰。

⑦磔（ㄓㄜˊ）：車裂。

⑧藉靡：捆綁。

⑨後縛：反綁，原為「舌縛」，據文義改。

⑩案：卻，轉折詞。

⑪詘容：屈辱容忍。

⑫塼：同「磚」。

⑬焦僥：傳說中的矮人。

⑭辨：同「辯」。

⑮殺（ㄕㄚ）損：減少。

⑯嚴然：同「儼然」，莊重。

⑰好說：對自己的學說沾沾自喜。

【譯文】

宋鈃先生說：「受到侮辱並不認為是恥辱。」回答他說，凡是立論，必須要確立一個最高準則才能進行，沒有一個最高準則，那麼是非就不能區分，辯論與爭訟不能決斷。據傳聞說，天底下最高的準則、是非的界限、確定各種等級官職名物制度的依據，就是「王制」。所以凡是立論或約定命名，都要以聖王為準則，而聖王的總綱就是榮辱。榮辱各有兩個方面，有的以道義為榮，有的以權勢為榮。心志美好，德行敦

厚，智慮精明，這是從他自身產生的榮耀，這叫做以道義為榮。爵位尊貴，貢品俸祿豐厚，權勢地位顯赫，上等的是天子諸侯，次等的為卿相士大夫，這些是依靠外部權勢得到的榮耀，這就叫做以權勢為榮。一個人下流淫亂污濁放蕩，違反等級名分擾亂事理，驕橫兇暴貪圖私利，這是他自身產生的恥辱，這就叫做以道義為辱。一個人受到辱罵抓打，鞭打受臏刑，砍頭斷屍曝屍車裂，用繩索反綁，這種侮辱是外部權勢加到身上的，這是以權勢為辱。這就是榮辱的兩個方面。所以君子可以有「勢辱」，但不能有「義辱」，小人可以有「勢榮」，但是不可能有「義榮」。有「勢辱」並不妨礙他成為堯那樣的聖人，有「勢榮」也並不妨礙他成為桀那樣的暴君。「義榮」和「勢榮」，只有君子才能兼而有之，「義辱」和「勢辱」，只有小人才全部具有。這就是榮辱的總綱。聖王把它作為法則，士大夫把它作為正道，一般的官吏把它作為守則，百姓把它作為行為規範，這是永世不能改變的。

現在宋鈃先生卻不是這樣，不單自己甘心屈辱容讓，還想很快使人們改變榮辱的觀念，他的這種學說是肯定行不通的。這好比用磚和泥去堵塞江海，要很矮的人去揹負泰山，那麼片刻之間就會跌得粉身碎骨了。那些崇拜宋鈃先生的少數人，若不停止這種做法，恐怕就要傷害自身了。

宋鈃先生說：「人的本性，是寡欲的。可是都把自己的本性認為是多欲的，這是錯誤的。」所以宋鈃先生率領他的許多門徒，四處辯論他的學說，闡明他的比喻和引證，想使別人懂得人的本性是寡欲的。回答他說：既然這樣，那麼也把人的本性視為眼睛不想看最美的色彩，耳朵不想聽最動聽的音樂，嘴巴不想嚐最美味的食物，鼻子不想聞最芬芳的香味，身體不想享受最大的安逸。這五種是最美的享受，可以把人的本性視為不要這些欲望嗎？他答道：「這是人的本性欲望。」如果這樣，那麼宋鈃先生的說法是必然行不通的了。把人的本性視為希望得到這五種最美的享受，卻又說欲望不多，這好比把人的本性視為希望富貴，卻又說不想要財物，喜歡美色卻又說討厭西施一樣。

古時候的人不是這樣的，他們把人的本性視為多欲而不是少欲，所以用豐厚的俸祿作為獎賞，有過失就給予減少俸祿的懲罰，這是歷代帝

王相同的做法。所以，德才上等的如三公可以享有天下的俸祿，德才次等的如諸侯可以享有一國的俸祿，德才三等的如士大夫可以享有封地內的俸祿，忠厚老實的百姓就保全他們衣食之類的基本生活需要。如今宋鈃先生認為人的本性是欲望少而不是欲望多，既然這樣，那麼古代聖王難道是把人們不想要的東西拿來進行獎賞，而把人們想要的東西拿來作為懲罰嗎？如果這樣，就沒有什麼能比這造成更大的混亂了。如今宋鈃先生顯出一副莊重的樣子對自己的學說沾沾自喜，聚集門徒，樹立學說典範，並寫成文章，但是這種學說必然會把最安定的說成最混亂的，這難道不是錯得太離譜了嗎？

【延伸閱讀】

荀子認為社會上流行著一些謬論，所以他在這裡把它們逐條列出，然後以公正的議論來批駁它們。

這種駁論式的文章展現了當時百家爭鳴的學術氣氛，對韓非寫作〈難〉篇顯然具有直接的影響。

孔子曰：「吾嘗終日不食，終夜不寢，以思，無益，不如學也。」荀子也結合自己的經驗說：「吾嘗終日而思矣，不如須臾之所學也。」他們都厭惡那些不學無術，靠玩弄詞藻來自誇的人。所以荀子專門寫下了〈正論〉來一一駁斥他們的學說。

在戰國百家爭鳴的氛圍中，各個學派的士人紛紛著書立說，遊走於七國之間，推行自己的治國理論。

荀子主要列舉了其中的幾家加以批判，包括「主道利周」，「桀、紂有天下，湯、武篡而奪之」，「治古無肉刑，而有象刑」，「湯、武不善禁令」，「堯、舜擅讓」、「堯舜不能教化」、「太古薄葬」，特別是對宋鈃先生的「見侮不辱」，「人之情，欲寡」等論點，荀子進行逐條反駁，清晰地闡明了自己的觀點。

從現在的觀點來看，其實宋鈃先生的論點也有它合理之處，不能一概地斥為胡說八道，但是相對於荀子這個以儒家思想為正統的人來說，宋鈃的學說確實有離經叛道的嫌疑。無怪乎荀子在自己短短的幾篇論著中，多次把他作為批判的對象了。

第十三章

禮論①

禮樂之統，管乎人心

一、爭則亂，亂則窮

【原文】

　　禮起於何也？曰：人生而有欲，欲而不得，則不能無求，求而無度量分界②，則不能不爭。爭則亂，亂則窮。先王惡其亂也，故制禮義以分之，以養③人之欲，給人之求。使欲必不窮乎物，物必不屈④於欲，兩者相持而長，是禮之所起也。

　　故禮者，養也。芻豢⑤稻粱，五味調香⑥，所以養口也；椒蘭⑦芬苾⑧，所以養鼻也；雕琢刻鏤黼黻文章，所以養目也；鐘鼓管磬琴瑟竽笙，所以養耳也；疏⑨房檖⑩𨵦越席床第⑪幾筵⑫，所以養體也。故禮者，養也。

　　君子既得其養，又好其別。曷謂別？曰：貴賤有等，長幼有差，貧富輕重皆有稱者也。故天子大路越席，所以養體也；側載睪芷，所以養鼻也；前有錯衡⑬，所以養目也；和鸞⑭之聲，步中武、象，趨中韶、護，所以養耳也；龍旗九斿⑮，所以養信也；寢兕⑯、持虎⑰、蛟韅⑱、絲末⑲、彌龍⑳，所以養威也；故大路之馬必信至教順然後乘之，所以養安也。孰知夫出死要節之所以養生也！孰知夫出費用之所以養財也！孰知夫恭敬辭讓之所以養安也！孰知夫理義文理之所以養情也！故人苟生之為見，若者必死；苟利之為見，若者必害；苟怠惰偷懦之為安，若者必危；苟情說㉑之為樂，若者必滅。故人一之於禮義，則兩得之矣；一之於情性，則兩喪之矣。故儒者將使人兩得之者也，墨者將使人兩喪之者也，是儒墨之分也。

　　禮有三本：天地者，生之本也；先祖者，類之本也；君師者，治之本也。無天地，惡生？無先祖，惡出？無君師，惡治？三者偏亡㉒焉，無安人。故禮，上事天，下事地，尊先祖而隆君師，是禮之三本也。

　　故王者天太祖㉓，諸侯不敢壞㉔，大夫士有常宗，所以別貴始。貴始，得㉕之本也。郊止乎天子，而社止於諸侯，道㉖及士大夫，所以別尊者事尊，卑者事卑，宜大者巨，宜小者小也。故有天下者事七世，

有一國者事五世，有五乘之地者事三世，有三乘之地者事二世，持手而食者不得立宗廟，所以辨積厚者流澤廣，積薄者流澤狹也。

大饗㉗尚㉘玄尊㉙，俎㉚生魚，先㉛大羹，貴食飲之本也。饗，尚玄尊而用酒醴，先黍稷而飯稻粱；祭，齊大羹而飽庶羞，貴本而親用也，貴本之謂文，親用之謂理，兩者合而成文，以歸大㉜一，夫是之謂大隆。故尊之尚玄酒也，俎之尚生魚也，豆之先大羹也，一也。利爵㉝之不醮㉞也，成事之俎不嘗也，三臭㉟之不食也，一也。大昏之未發齊㊱也，太廟之未入屍也，始卒之未小斂也，一也。大路之素末㊲也，郊之麻絻㊳也，喪服之先散麻㊴也，一也。三年之喪，哭之不反也，清廟之歌，一倡而三歎也，縣一鐘，尚拊膈㊵，朱弦而通越㊶也，一也。

凡禮，始乎梲㊷，成乎文，終乎悅校㊸。故至備，情文俱盡；其次，情文代勝；其下，復情以歸大一也。天地以合，日月以明，四時以序，星辰以行，江河以流，萬物以昌，好惡以節，喜怒以當，以為下則順，以為上則明，萬變不亂，貳之則喪也。禮豈不至矣哉！立隆以為極，而天下莫之能損益也。本末相順，終始相應，至文以有別，至察以有說。天下從之者治，不從者亂；從之者安，不人者危；從之者存，不從者亡。小人不能測也。

禮之理誠深矣，「堅白」「同異」之察入焉而溺；其理誠大矣，擅作典制辟陋之說入焉而喪；其理誠高矣，暴慢恣睢輕俗以為高之屬入焉而隊㊹。故繩墨誠陳矣，則不可欺以曲直；衡誠縣矣，則不可欺以輕重；規矩誠設矣，則不可欺以方圓；君子審於禮，則不可欺以詐偽。故繩者，直之至；衡者，平之至；規矩者，方圓之至；禮者，人道之極也。然而不法禮，不足禮，謂之無方之民；法禮，足禮，謂之有方之士。禮之中焉能思索，謂之能慮；禮之中焉能勿易，謂之能固。能慮，能固，加好之者焉㊺，斯聖人矣。故天者，高之極也；地者，下之極也；無窮者，廣之極也；聖人者，道之極也。故學者，固學為聖人也，非特學為無方之民也。

【注釋】

①禮論：這篇文章闡明了「禮」的起源、內容，強調了「禮」在治國中的重大作用。

②無度量分界：指沒有一定的限度和界限。③養：調養。

④屈：竭盡。⑤芻豢：指牛羊豬犬等肉類食物。

⑥香：當作「盉」，通「和」。⑦椒蘭：兩種香草。

⑧芬（ㄒㄧㄣˋ）：馨香。⑨疏：敞亮。⑩檖（ㄙㄨㄟˋ）：深遠。

⑪第（ㄗˇ）：竹編的床席。

⑫幾筵：古人席地而坐，倚靠的叫幾，墊席叫筵。

⑬錯衡：指塗金的橫木。⑭和鸞（ㄌㄨㄢˊ）：車鈴。

⑮斿（ㄧㄡˊ）：旗上的飄帶。⑯兕（ㄙˋ）：獨角犀。

⑰持：通「跱」，持虎：蹲著的虎。⑱韅（ㄒㄧㄢˇ）：馬肚帶。

⑲絲末：絲織的車簾。⑳彌龍：在車耳上畫上龍。

㉑說：同「悅」。㉒偏亡：缺一方面。

㉓太祖：朝代的始皇帝。㉔不敢壞：不敢毀壞始祖的廟。

㉕得：同「德」。㉖道：通「禫」（ㄊㄢˋ），除喪的祭。

㉗大饗（ㄒㄧㄤˇ）：在太廟中合祭歷代祖先。㉘尚：上，供上。

㉙玄尊：盛著清水的酒杯，這裡是以清水為酒的意思。

㉚俎（ㄗㄨˇ）：盛祭品的器皿。㉛先：先獻。

㉜大：通「太」。㉝利爵：獻上的酒。㉞醮：喝盡。

㉟臭（ㄒㄧㄡˋ）：勸食。通「侑」。

㊱齊：通「醮」，古代婚禮中一種儀式。

㊲素末：絲織的車簾，原為「素未集」，據上下文義改。

㊳統（ㄨㄣˋ）：同「冕」著喪服，去冠紮髮，以布纏裏。㊴散麻：小斂時腰間繫上麻帶。

㊵柎膈：古代樂器。原為「柎之膈」，據文義和《史記》等改。

㊶通越：在瑟底通孔，使瑟音低沉。㊷梲：一作「脫」。

㊸校：應為「恔」（ㄒㄧㄠˋ），快意，稱心。

㊹隊：通「墜」。㊺原脫「之」字。

【譯文】

禮起源於什麼？答道：人生下來就有欲望，人的欲望得不到滿足，就不能沒有索求，索求若沒有一定的限度和界限，就一定會發生爭鬥。

爭鬥就會產生混亂，混亂就會導致窮困。先王厭惡這種混亂局面，所以制定禮義來劃分等級，來調節人們的欲望，滿足人們的要求，使人們的欲望不因物資不足而得不到滿足，使物資也不因滿足人們的欲望而耗盡，物資和欲望兩者相互制約而能長久地保持協調發展，這就是禮的起源。

　　所以禮，就是用來滿足人們的欲望和要求。各種肉類食物以及糧食，五味調和，這是用來滿足人們嘴巴需要的；散發著芳香的椒蘭，是用來滿足人們鼻子需要的；各種刻有圖案的器物和繪有花紋的華麗的服裝，是用來滿足人們眼睛的需要的；鐘、鼓、管、磬、琴、瑟、竽、笙等樂器吹奏出動聽的音樂，是用來滿足人們耳朵的需要的；寬敞明亮的房子，高大莊嚴的宮室，床上鋪著蒲席、竹席以及席地而坐的幾墊，這是用來滿足人們身體的需要的。所以，禮，就是用來滿足人們的欲望和要求的。

　　君子既要得到各方面的給養，又要區別給養的等級差別。什麼叫做等級差別呢？答道：貴與賤有等級，年長的與年幼的有差別，貧與富、卑與尊都各有相稱的給養。所以，天子乘坐大輅之車，車上鋪著蒲席，是用來滿足身體的；車旁放置各種香草，是用來滿足嗅覺的；車前有塗金的橫木，是用來滿足視覺的；車鈴聲聲，慢行時，符合《武》、《象》的音樂，疾行時，符合《韶》、《護》的音樂，這是用來滿足聽覺的；在天子的龍旗上掛有九根飄帶，是用來滿足天子的神氣的；在車輪上畫著臥犀、蹲虎等圖畫，用鮫魚皮製成馬肚帶，掛著絲織的車簾，車耳上畫著龍，是用來滿足天子的威嚴的。所以，大輅車的馬一定要訓練有素而且非常馴服才能乘坐它，這是為了保護天子的安全的。誰知道捨生以求名節，正是用來滿足生存的欲望的呢？誰知道不怕花錢的人正是為了達到求財的目的呢？誰知道恭敬謙讓正是用來達到安定不亂的目的呢？誰知道遵守禮義規範和儀式正是用來培養崇高的情操的呢？所以，只是為了偷生的人就一定會死；只是為了貪圖私利的人一定會遭到禍害；只是鬆懈懶惰的人一定會有危險；只是為了縱情愉悅、貪圖享樂的人一定會喪失禮義道德品質。所以，

　　如果人的思想統一於禮義，那麼，禮義與性情二者就會都能得到。如果統一於性情，那麼兩者都會喪失。所以，儒家使人兩者都得到，而墨家使人兩者都喪失，這就是儒家和墨家的區別了。

　　禮有三條根本原則：天地是生存的根本；先祖是宗族的根本；君主是治國的根本。沒有天地，人怎麼能生存？沒有先祖，人從哪裡出生？沒有君主，怎能治理國家？這三者缺一方面，人們就沒法安寧。所以，對上用來祭祀天，對下用來祭祀地，尊崇先祖而又推重君主，這是禮的三條根本原則。

　　所以王者把開國之君和天同祭，諸侯不敢毀壞始祖的廟，大夫和士有一個祖先傳下來的宗族系統，這是用來尊重各自宗族的始祖的。尊重始祖，這是道德的根本。只有天子才能祭天，只有諸侯以上才能祭地，士大夫以上都可有除喪服的祭，這是為了區別，只有尊貴的才能祭祀尊貴的，卑賤的只能祭祀卑賤的，應當大的就大，應當小的就小。所以擁有天下的君主，可以立七代的祖廟，擁有一國的諸侯可以立五代的祖廟，擁有五十里封地的大夫可以立三代的祖廟，擁有三十里封地的士可以立兩代的祖廟，靠雙手維持生活的普通百姓不能建立宗廟祭祖。這是為了區別，功績大的流傳給後人的恩德大，功績小的流傳給後人的恩德小。

　　在太廟祭祀歷代祖先，供上清水當作酒，在祭器俎上放置生魚，先獻上不加調味的肉湯，這是為了尊重飲食的根本。四季的祭祖，供上清水，然後再供上甜酒，先獻生的五穀雜糧，再供上熟米飯。每月的祭，供上不加調味的肉湯再供上各種美味的食品，這既尊重飲食的根本又便於祖先食用。尊重飲食的根本叫做完備的形式，便於食用叫做合乎常理，把兩者結合起來就是完備的禮的制度，從而合乎太古時代的情況，這就叫做最隆重的禮。所以，酒杯裡供上清水為酒，俎上放置生魚，先獻上不加調味的肉汁，這合乎太古時代的情況。代替死者受祭的人──「屍」，不把勸「屍」吃東西的人──「利」獻上的酒喝完，祭禮完畢後，不嘗俎上的生魚。「利」三次勸「屍」吃，而自己不吃，這合乎太古時代的情況。舉行大婚還沒有去迎親時，祭祀

太廟當「屍」還沒有進入太廟時，人剛剛死去還沒有換上壽衣時，這
些在禮開始時合乎太古時代的情況。祭天的大車上覆蓋的絲簾，郊祭
時用的麻布帽，喪服腰間繫的麻帶，這合乎太古時代的情況。三年服
喪，哭聲很大，唱《清廟》之歌，一個人先唱而三人後和，奏樂時懸
掛一口鐘，還有柎、膈，瑟等樂器，又在瑟底通孔，使瑟音低沉，這
也合乎太古時代的情況。

　　凡是禮，在開始時簡略，逐漸比較完備，最後令人滿意。禮到達
了最完備的程度，就能使感情和禮的儀式充分地表達出來。次一等則
是感情勝過儀式，或者儀式勝過感情。再其次，那就是只注重質樸的
感情，而符合於太古時代的情況。天地因此而和諧，日月因此而明亮，
四季因此而更替有序，星辰因此而運行正常，江河因此而奔流不息，
萬物因此而繁榮昌盛；人的喜好憎惡因此而有節制，喜怒因此而表現
恰當。用此來約束百姓，百姓就順從，用此來規範君主，君主就英明，
千變萬化也不會混亂。違背了它就會喪失一切。這樣，禮的作用難道
不是達到最佳境界了嗎？建立完備的禮制，作為一切事物和言行的最
高準則，天下沒有任何事物能更改它。禮的根本原則和禮在各方面的
具體規定都有一定的次序，禮的終結和開始互相呼應，禮義制度十分
完備，而有明確的貴賤等級差別，禮義制度極其細密而又合情合理，
這樣天下的人順從禮義就能安定，不順從禮義就會導致混亂，順從禮
的人就能平安，不順從禮的人就會危險，順從禮的國家就能得以保全，
不順從禮的國家將會滅亡。這些小人是不能深刻理解的。

　　禮的道理實在高深，那些像「離堅白」，「合同異」等繁瑣難懂
的辯說，遇到了禮就會被淹沒而站不住腳了；禮的理論實在偉大，那
些擅自編造的典章制度和各種奇談怪論，遇到了禮就消亡了；禮的理
論實在崇高，那些傲慢、放蕩不羈、輕視習俗而又自大的人，遇到了
禮就要失敗。所以真正把繩墨這些標準放在那裡，就不能混淆曲直來
騙人了；真正把稱重的秤懸掛在那裡，就不能以輕冒重騙人了；真正
把圓規曲尺擺在那裡，就不能以方為圓騙人了；君子如果明察禮的內
容，就不能用欺詐虛偽的手段來騙人了。繩墨，是直中最直的；秤，

是公平中最公平的；圓規曲尺，是繪製方圓工具中最標準的；禮，是為人、治國的最根本的原則。不遵循禮，不重視禮，這是不走正道的人；遵循禮，又重視禮，這是走正道的士人。在禮的範圍內能思考，這叫做能謀慮；在禮的範圍內能始終不變，這叫做堅定。既能謀慮，又能堅定，在禮上能到達最完善的境界的就是聖人了。所以，天是高的極限，地是低的極限，無窮無盡是寬廣的極限，聖人是道德的最高典範。所以求學的人，本來就應該學做聖人，而不是要學做不走正道的人。

【延伸閱讀】

我國的封建制度和禮儀基本上都是在漢朝產生的，特別是漢高祖劉邦奪得天下之後，制定了一系列的規章制度，在後來的各個朝代幾乎都得到了延續。

漢高祖劉邦登基後，完全廢除了秦朝種種繁瑣苛刻的禮儀法令。然而，他沒有想到，他的文武大臣多半來自平民，無視禮節，不懂規矩，喜歡飲酒爭功，酒足飯飽後，還往往拔劍亂舞，在大殿的柱子上留下了一道道印痕，讓劉邦看得心煩意亂。

博士叔孫通便勸劉邦說：「儒生無法建立戰功，但可以治理天下。臣願意去魯地徵召儒生，與臣的弟子共同制定朝規禮儀。」

劉邦沒有信心，他遲疑地說：「會很難做嗎？」

「禮儀是根據世事人情的變化制定的，所以夏商周的禮儀各有不同，都是依據前朝的禮儀有所增減。臣打算結合古禮和秦禮制定一套新的禮儀。」

「那就試試看吧，要簡單易學。」

叔孫通馬上前往魯地徵召儒生，不久他就召集了三十多位儒生，只有兩位拒絕了，他們挖苦說：「叔孫公侍奉的君主不下十位，贏得榮華富貴靠的是曲意奉承。如今天下初定，死者尚未安葬，傷者還沒有痊癒，卻又要制定什麼朝儀。要知道，禮樂需要積百年德行才能興盛，叔孫公的行為不合古道，我們是不會做的。叔孫公走吧！不要玷污我們。」

叔孫通並不生氣，笑了笑說：「真是些鄙儒，一點都不懂時事變遷。」

他領著儒生返回長安後，加上劉邦身邊的學者和他自己的一百多位

弟子，找到一塊野外空地，拉起長繩，紮結茅草表示尊卑位次，起勁地排練。

叔孫通當年追隨劉邦時，脫掉長衫改穿短衣，他的一百多位弟子也追隨他投奔漢軍。可是令他們不解的是，叔孫通從來不向劉邦引薦弟子，卻專替那些壯士甚至當過盜賊的人說好話。

弟子們滿腹牢騷地說：「跟隨先生數年，卻不被引薦，而先生專門引薦那些狡猾之人，這不知是什麼意思？」

叔孫通好言解釋：「漢王正箭石齊飛地爭天下，諸生能出力動武嗎？所以先推薦有能力斬將奪旗的壯士，諸生暫且耐心等待，我不會忘了你們的。」

現在，弟子們總算有了用武之地，他們跟隨叔孫通賣力地演練禮儀。一個月後，叔孫通拜見劉邦說：「請主上親往觀看。」劉邦目睹整個禮儀後，很滿意地說：「我能做到。」同時，他命令群臣也馬上學習演練。

西漢高帝七年，長樂宮建成，各地諸侯雲集。天剛濛濛亮，兵器排列整齊，旌旗迎風飄揚，諸侯大臣們在謁者的引導下魚貫進殿。威武莊重的衛兵圍繞宮殿內外，排列在宮中的臺階兩側，功臣、諸侯和將領們面東而立，文官丞相面西恭候，劉邦乘輦由寢宮上殿，百官持旗傳呼清道，文武官員惶恐肅靜，依次趨前恭賀。

行禮完畢，宮中酒宴開場，御史巡視執法，發現誰不依禮節行事，立即請出宮門。陪侍的群臣一改往日的喧鬧，敬畏地低著頭，按照尊卑次序，挨個向劉邦敬酒祝壽。酒過九巡，謁者高聲宣佈：「酒宴結束。」

朝拜儀式圓滿結束，劉邦高興地感歎道：「我今天才體會到身為皇帝是多麼尊貴啊！」

他當即任命叔孫通為太常，賞賜五百金。

叔孫通乘機說：「諸弟子儒生跟臣許久，與臣一起制定朝儀，希望陛下也能封賞他們。」

劉邦十分痛快地把他們都任命為郎。叔孫通將賞賜的五百金全部分給儒生們。儒生們都得到了官職，高興地說：「叔孫通先生真是聖人，明白什麼才是當今要務啊！」

二、禮者，謹於治生死者也

【原文】

禮者，以財物為用，以貴賤為文，以多少為異，以隆殺①為要。文理繁，情用省，是禮之隆也。文理省，情用繁，是禮之殺也。文理情用相為內外表裡，並行而雜②，是禮之中流也。故君子上致其隆，下盡其殺，而中處其中。步驟馳騁厲騖不外是矣，是君子之壇宇宮廷也。人有③是，士君子也；外是，民也；於是其中焉，方皇④周挾，曲得其次序，是聖人也。故厚者，禮之積也；大者，禮之廣也；高者，禮之隆也；明者，禮之盡也；詩曰：「禮儀卒度，笑語卒獲⑤。」此之謂也。

禮者，謹於治生死者也。生，人之始也；死，人之終也。終始俱善，人道畢矣。故君子敬始而慎終。終始如一，是君子之道，禮義之文也。夫厚其生而薄其死，是敬其有知而慢其無知也，是奸人之道而倍叛之心也。君子以倍叛之心接臧穀⑥，猶且羞之，而況以事其所隆親乎！故死之為道也，一而不可得再復也，臣之所以致重其君，子之所以致重其親，於是盡矣。故事生不忠厚不敬文，謂之野；送死不忠厚不敬文，謂之瘠。君子賤野而羞瘠，故天子棺椁七重⑦，諸侯五重，大夫三重，士再重，然後皆有衣衾多少厚薄之數，皆有翣菨⑧文章之等，以敬飾之，使生死終始若一，一足以為人願，是先王之道，忠臣孝子之極也。天子之喪動四海，屬諸侯；諸侯之喪動通國，屬大夫；大夫之喪動一國，屬修士⑨；修士之喪動一鄉，屬朋友；庶人之喪合族黨，動州里；刑餘罪人之喪，不得合族黨，獨屬妻子，棺椁三寸，衣衾三領，不得飾棺，不得晝行，以昏殮⑩，凡⑪緣⑫而往埋之，反無哭泣之節，無衰麻之服，無親疏月數之等，各反其平，各復其始，已葬埋，若無喪者而止，夫是之謂至辱。

禮者，謹於吉凶不相厭者也，紸⑬纊⑭聽息之時，則夫忠臣孝子亦知其閔⑮已，然而殯殮之具，未有求也。垂涕恐懼，然而幸生之心未已，持生之事未輟也。卒矣，然後作具之。故雖備家，必逾日然後

能殯，三日而成服。然後告遠者出矣，備物者作矣。故殯久不過七十日，速不損五十日。是何也？曰：遠者可以至矣，百求可以得矣，百事可以成矣，其忠至矣，其節大矣，其文備矣。然後月朝[16]卜日，月夕[17]卜宅，然後葬也。當是時也，其義止，誰得行之！其義行，誰得止之！故三月之葬，其貌[18]以生設飾死者也，殆非直留死者以安生也，是致隆思慕之義也。

喪禮之凡[19]：變而飾，動而遠，久而平。故死之為道也，不飾則惡，惡則不哀；邇則玩，玩則厭，厭則忘[20]，忘則不敬。一朝而喪其嚴親[21]，而所以送葬之者不哀不敬，則嫌[22]於禽獸矣。君子恥之。故變而飾，所以滅惡也；動而遠，所以遂敬也；久而平，所以優生[23]也。

禮者，斷長續短，損有餘，益不足，達愛敬之文，而滋成行義之美者也。故文飾，粗惡，聲樂，哭泣，恬愉，憂戚，是反也，然而禮兼而用之，時舉而代禦。故文飾、聲樂、恬愉，所以持[24]平奉吉也；粗惡、哭泣、憂戚，所以持險奉凶也。故其立文飾也，不至於窕冶；其立粗惡也，不至於瘠棄；其立聲樂恬愉也，不至於流淫惰慢[25]，其立哭泣哀戚也，不至於隘懾[26]傷生，是禮之中流也。故情貌之變，足以別吉凶、明貴賤親疏之節，期[27]止矣，外是，奸也，雖難，君子賤之。故量食而食之，量要[28]而帶之。相高以毀瘠，是奸人之道也，非禮義之文也，非孝子之情也，將以有為者也。故說豫娩[29]澤，憂戚萃[30]惡，是吉凶憂愉之情發於顏色者也。歌謠謸笑，哭泣諦號，是吉凶憂愉之情發於聲音者也。芻豢稻粱酒醴餰鬻，魚肉菽藿酒漿[31]，是吉凶憂愉之情發於食飲者也。卑絻[32]、黼黻、文織[33]，資粗[34]、衰絰[35]、菲繐[36]、菅屨[37]，是吉凶憂愉之情發於衣服者也。疏房檖貌越席床笫幾筵，屬茨倚廬席薪枕塊[38]，是吉凶憂愉之情發於居處者也。兩情者，人生固有端焉。若夫斷之繼之，博之淺之，益之損之，類之盡之，盛之美之，使本末終始莫不順比，足以為萬世則，則是禮也。非順[39]孰修為之君子，莫之能知也。

故曰：性者，本始材樸也[40]；偽者，文理隆盛也。無性則偽之無所加，無偽則性不能自美。性偽合[41]，然後成聖人之名一，天下之功於是就也。故曰：天地合而萬物生，陰陽接而變化起，性偽合而天下治。天能生物，不能辨物也；地能載人，不能治人也；宇中萬物、生人之

屬，待聖人然後分也。詩曰：「懷柔百神。及河喬嶽。」此之謂也。

【注釋】

①殺：減等，減省。②雜：通「集」，會合，兼用。

③有：通「域」，居住。④方皇：同「仿徨」。

⑤卒：盡，完全。⑥臧：奴僕。穀：小孩。

⑦七：原作「十」，據文義改。

⑧翣（ㄕㄚˋ）萎：當作「蔞翣」，古代棺材上的一種裝飾物。

⑨修士：指士中地位比較高的那一部分人。

⑩昏殣（ㄐㄧㄣˋ）：黃昏時埋葬。⑪凡：平常。

⑫緣：照舊、因襲。⑬紸：同「注」。⑭纊（ㄎㄨㄤˋ）：絲棉。

⑮閔：病危。⑯月朝：當作「日朝」，早上。

⑰月夕：晚上。⑱貌：效法。⑲凡：總括。

⑳忘：當作「怠」，怠慢。㉑嚴親：指君主和父母。

㉒嫌：近。㉓優生：對活著的人有好處。㉔持：對待。

㉕流淫惰慢：放蕩懈怠。㉖隘傴：過分悲傷。

㉗期：當為「斯」。㉘要：同「腰」。㉙娩（ㄇㄧㄢˇ）：明媚。

㉚莝（ㄘㄨㄟˋ）：面色憔悴。㉛酒：當為「水」。

㉜卑絻：同「椑冕」，祭服。㉝文織：有色彩花紋的絲織品。

㉞資粗：粗布。㉟衰絰：喪服。

㊱菲繐（ㄙㄨㄟˋ）：薄而稀的布。㊲菅（ㄐㄧㄢ）屨：用菅草編的鞋。

㊳枕塊：居喪時以土塊為枕。㊴順：通「慎」。

㊵材樸：自然的材質。㊶性偽合：本性和人為相合。

【譯文】

　　禮，以財物作為行禮的費用，以貴賤裝飾的不同來體現禮的紋飾，以祭物的多少區別上下，以隆重或簡省的恰當運用為綱要。儀式繁多，表達情感欲望簡省，這是隆重的禮。儀式簡省，表達情感欲望繁多，這是簡略的禮。儀式和感情互相配合，並行而兼用，這就是適中的禮。所以，君子對大禮要隆重，對小禮要簡省，對中等的禮要適中。不論

是行走、疾走還是奔跑，君子的一切行動都不應超出禮的範圍，這是君子言行的範圍界限。人的活動都在禮的範圍內，可稱為士君子；不在禮的範圍內，就只是普通百姓；如果在禮的範圍內能隨意地活動，又能一切都符合禮的次序要求，這就是聖人了。所以品德敦厚的君子，是由於不斷累積禮的結果；心胸大度的君子，是由於各方面遵循禮的結果；品德高尚的君子，是由於推崇禮的結果；英明的君子，是由於完全按照禮的結果。《詩經》中說：「只要禮義完全符合法度，那麼一笑一言就能得當了。」說的就是這種人。

　　禮，對待人們的生與死是慎重的。生，是人生的起始；死，是人生的終結，對待生和死都按禮處理得十分妥善，為人之道也就完備了。所以，君子重視生，也慎重地對待死，始終如一，這就是君子的原則，禮義的儀式。注重一個人的生但輕視一個人的死，這是他有知覺時就敬重他，他沒有知覺時就輕慢他，這是邪惡的人的處世之道，背叛了自己在對待別人活著時的那種敬重的態度。君子用這種態度來對待奴僕和小孩尚且感到羞愧，更何況用這種態度來侍奉他的君主和父母呢！死這件事，只有一次而不可能有二次，所以臣下對君主最敬重的感情，子女對父母最敬重的感情，在如何對待君主和父母的死這一點上，體現得最全面了。侍奉活著的人不忠厚、不注重禮節，這叫做粗野；對死去的人喪葬不忠厚、不注重禮節，這叫做輕薄。君子鄙視粗野，而以輕薄為羞恥。所以天子的棺槨共有七層，諸侯的有五層，大夫的三層，士的二層，然後衣服被子或多或少或厚或薄都有一定的規定，棺材上的裝飾及花紋都有等級區別，用這些表示敬意和裝飾喪禮，使生死始終如一，一切都適合人的願望，這就是先王的原則，忠臣孝子的最高標準。天子的喪事驚動天下，諸侯都彙集而來參加喪禮；諸侯的喪事驚動友好國家，大夫彙集而來參加喪禮；大夫的喪事驚動同朝的官吏，士人中的上層人物都彙集而來參加喪禮；士人中上層人物的喪事驚動整個鄉里，朋友們都彙集而來參加喪禮；普通百姓的喪事，使本族的人聚合而來，驚動本地方的人；犯法而受到制裁的人的喪事，不能夠聚合同族，只能妻子兒女來治喪，棺槨只有三寸厚，衣被只用

三件，不能裝飾棺材，不能夠在白天埋葬，只能在黃昏時候埋葬，死者的親屬穿戴和平常一樣的衣服前往下葬，回家時沒有哭泣的禮節，不穿粗麻布的喪服，沒有按親疏關係每月守喪的規定，埋葬後，他的親屬就回復到平時的那種狀態，像沒有喪事的樣子，這就叫最大的恥辱。

禮是謹慎地對待吉凶，使其不混淆。當人垂危而用新棉絮放在他的鼻子前試其是否斷氣時，忠臣孝子也就能斷定人已病危了，但是殯殮的物品還不能準備。他們流著眼淚驚慌恐懼，但是希望他活下來的念頭還沒放棄，侍奉活著的人的事也沒有停止。人死了，然後才準備殯殮死者的物品。即使是對殯殮物品有所準備的人家，也一定要過幾天才能殯殮，三天後才能穿喪服。然後去外地報喪的人可以出發了，準備治喪物品的人可以開始去辦理了。停柩的時間最長不能超過七十天，最短不能少於五十天。這是為什麼呢？因為這樣遠方的奔喪者才能趕到，許多需要的東西才能備辦妥當，許多的事務才能完成，這樣他們對死者的忠孝之心盡到了，子女對父母的孝節也表達了，禮節儀式也完備了。然後在白天卜卦選擇安葬的日期，晚上卜卦選擇葬地，這以後就可以安葬了。在這個時候，按照禮的規定辦完喪事，誰又能要求去做更多的事呢？按照禮的規定去辦理喪事，誰又能要求停止不做呢？所以三個月以後再埋葬，三個月內仿效生前的陳設來裝飾死者，這並不是為了留下死者來安慰活人，而是為了表達尊重、悼念死者。

喪禮需要注意：屍體逐漸變形，因此要整飾；從殯殮到下葬，死者放的地方越來越遠；時間長了哀痛的心情漸漸平復。如果不加整飾，屍體變形了，樣子就很難看，樣子難看人們也就不會哀傷，離死者近了，就會玩忽輕視，輕視就會產生厭棄，厭棄了就會怠慢，怠慢了就會不敬重。一旦死了君主和父母，為他們送葬的人既不悲哀又不嚴肅恭敬，那麼就近似禽獸了，君子認為這是可恥的。所以，屍體變形了而加以整飾，是為了避免難看；從殯殮到下葬，死者放的地方越來越遠，是為了達到恭敬的目的；喪禮時間長了，哀痛的心情漸漸平復，是為了對活著的人有好處。

禮，是要做到截長補短，減去多餘而增加不足，既表達後人愛慕崇敬的儀式，而且養成人們自覺按照禮的原則去做的美德。禮的儀式隆盛與簡略、音樂與哭泣、安詳愉悅與憂傷哀戚，這些都是相反的，但是禮儀能夠同時採用他們，並能隨時變換使用。禮的儀式的隆盛，演奏音樂，安詳愉悅，是用來處理平安吉祥的事情的；簡略、哭泣、憂傷哀戚，是用來處理險惡凶災的事情的。所以，採用隆盛的禮儀，不要流於妖冶，採用簡略的禮儀，不至於刻薄放棄，採用使人安詳愉悅的音樂的禮儀，不至於放蕩懈怠，採用哭泣哀傷的禮儀，不至於過分哀痛傷害身體。這就是禮儀要恰到好處。所以，人們情感狀貌的變化，只要能夠達到區別吉祥凶災，表明貴賤親疏的禮的差別就可以了，超出這個程度，就是奸邪的人的行徑。即使超出做起來還困難些，君子也鄙視這種做法。所以要估計食量而吃東西，根據腰的粗細繫腰帶。用毀傷自己來追求更多的名利，這是奸邪的人的行徑，不符合禮義的儀式，不符合孝子的情感，奸邪的人只是以此別有所圖而已。喜悅快樂、面色潤澤和憂傷悲戚、面色難看，這些都是吉凶哀樂的情感在人們臉色上的反映。唱歌嬉笑、哭泣啼號，這些都是吉凶哀樂的情感在人們聲音中的反映。各種肉食、米飯、甜酒、魚肉，粥飯、豆類、水漿，這些都是吉凶哀樂的情感在人們飲食中的反映。祭服、繡花禮服、有彩色花紋的絲織品、粗布、粗麻布喪服、稀薄的布、草鞋，這些都是吉凶哀樂的情感在人們衣著上的反映。敞亮的房子、深遠的宮室、蒲席、床、幾筵、草屋、木屋、柴草當席、土塊做枕頭，這些都是吉凶哀樂的情感在人們居處中的反映。吉與凶，哀和樂這兩種情感，是人生來就有的。取長補短，使小的擴大，大的變少，增加不足，減省有餘，同類事情，按照慣例盡量辦好，使豐盛完美，使文理情感始終都很協調，完全可以成為千秋萬世的法則，這就是禮。若不是對禮十分謹慎、精細，而且努辦去做的君子，是不能明白這個道理的。

所以說，人的本性，是自然的材質；後天人為的努力，是隆盛的禮法條文。人如果沒有質樸的本性，後天人為的努力就沒辦法對它進行加工，沒有人為的努力，人的本性就不能自行完美。人的本性與人

為的努力相結合，然後才能成全聖人的名聲，於是統一天下的功業就可以完成了。天與地相配合於是產生萬物，陰陽二氣接觸交匯於是產生了千變萬化，人的本性與人為的努力相結合於是天下得到治理。天能生長萬物，但不能治理萬物；地能養育人類，但不能治理人類。世界上的萬物和人類，只有等待聖人制定禮法，然後才能各有其位。《詩經》上說：「（只有聖人）才能安撫百神，以及大河與高山。」說的就是這個意思。

【延伸閱讀】

　　每個人都會有期望值，對事業，對家庭，對友誼，對財富，對子女。但是，在我們這一生當中，不稱心的事十有八九。你想在有生之年達到某一個高度，你想擁有豪宅名車，你想有一番轟轟烈烈的事業，你想你的每一位學生成為棟樑之材，你想你的每一次手術都成功，你想你的孩子出人頭地，你想過得比你周圍的人都要好……你想太多了！人的欲望永無止境。如果說這個世界上還有比海洋更大的東西，那就是人的欲望了。你可能會實現你的一部分人生目標，你永遠無法實現你所有的人生期望。沒有遺憾的人生是不真實的，就像十全十美的東西只能存在於夢幻之中一樣。

　　我們要學會滿足，我們要感謝生活給了我們這麼多美好的事物。

　　以前有一個小故事，說的是一個走路的人看到別人騎著馬，再前面有人坐著轎。他感到這世界對他真是不公平！為什麼別人比他過得好？他扭頭往後面一看：一個沒有雙腿的人正拿著一個小板凳艱難地往前面移動！他心情一下子非常好，覺得老天爺對他還不錯：給了他健全的肢體，他只要努力，更好的生活完全能夠創造出來！而那位沒有雙腿的人現在也充滿了感激。因為他剛剛看到一位年輕人病故，他覺得自己雖然沒有雙腿，但是照樣能夠生活，能夠四處走走，能夠看看田野上五顏六色的野花，能夠品嘗美味的飯菜，能夠跟別人講講話，能夠在太陽底下享受慵懶的感覺。

　　其實，一個普通人有時候真要有一點魯迅筆下的那種阿Q精神。一個有文化、有品位的人，多少要有一些陶淵明的境界。不然等到最後的

一天，會想我活得這麼累，為什麼？值得嗎？

　　「利益」是人類心靈的考官。看不到利益的兩面性，不善於取其利避其害的人，在利益來臨時，往往會利令智昏，被貪心所趨使，做出有損生命的憾事，而難以透過人生的「考試」。生活中方方面面的利益誘惑多不勝數，當我們在發揮「進取心」讓自己生活得更好時，千萬要提防「貪婪心」，不要讓心因過度膨脹而有損我們的生命和健康。古人說：「知足者富。」放下貪心，會讓自己活得坦然、健康，使自己變得真正富足，這是來自生活的智慧。

三、喪禮者，以生者飾死者也

【原文】

　　喪禮者，以生者飾死者也，大象①其生以送其死也。故如死如生，如亡如存，終始一也。始卒，沐②浴③鬠④體⑤飯唅，象生執也。不沐則濡櫛三律而止，不浴則濡巾三式⑥而止。充耳而設瑱⑦，飯以生稻，唅以槁骨⑧，反生術也。設褻衣⑨，襲三稱⑩，縉紳⑪而無鉤帶矣。設掩面儇⑫目，鬠而不冠笄⑬矣。書其名，置於其重⑭，則名不見而柩獨明矣。薦器則冠有鍪⑮而毋縱⑯，罋廡⑰虛而不實，有簟席而無床第，木器不成　，陶器不成物，薄器不成用，笙竽具而不和，琴瑟張而不均，輿藏而馬反，告不用也。具生器以適墓，象徙道也，略而不盡，　而不功，趨輿而藏之，金革轡靷⑱而不入，明不用也。象徙道，又明不用也。是皆所以重哀也。故生器文而不功，明器　而不用。凡禮，事生，飾歡也；送死，飾哀也；祭祀，飾敬也；師旅，飾威也。是百王之所同，古今之所一也，未有知其所由來者也。故壙⑲壟，其　象室屋也；棺槨，其　象版蓋斯拂⑳也；無靷㉑絲翣㉒縷翣㉓，其　以象菲帷幬尉也；抗折㉔，其　以象槾茨㉕番閼㉖也。故喪禮者，無它焉，明死生之義，送以哀敬而終周藏也。故葬埋，敬藏其形也；祭祀，敬事其神也；其銘誄系世，敬傳其名也。事生，飾始也；送死，飾終也。終始具而孝子之事畢，聖人之道備矣。

　　刻死而附生謂之墨，刻生而附死謂之惑，殺生而送死謂之賊。大象其生以送其死，使死生終始莫不稱宜而好善，是禮義之法式也，儒者是矣。

　　三年之喪，何也？曰：稱情㉗而立文，因以飾群㉘別，親疏貴賤之節，而不可益損也。故曰：無適不易之術也。創巨者其日久，痛甚者其愈遲，三年之喪，稱情而立文，所以為至痛極也。齊衰，苴杖，居廬，食粥，席薪，枕塊，所以為至痛飾也。三年之喪，二十五月而畢，哀痛未盡，思慕未忘，然而禮以是斷㉙之者，豈不以送死有己，復生有節也哉？凡生乎天地之間者，有血氣之屬必有知，有知之屬莫不

愛其類。今夫大鳥獸則失亡其群匹，越月逾時，則必反鉛[30]；過故鄉，則必徘徊焉，鳴號焉，躑躅焉，踟躕焉，然後能去之也。小者是燕爵[31]猶有啁噍之頃焉，然後能去之。故有血氣之屬莫知於人，故人之於其親也，至死無窮。將由夫愚陋淫邪之人與？則彼朝死而夕忘之，然而縱之，則是曾鳥獸之不若也，彼安能相與群居而無亂乎？將由夫脩飾之君子與？則三年之喪，二十五月而畢，若駟之過隙，然而遂之，則是無窮也。故先王聖人安為之立中制節，一使足以成文理，則舍之矣。

然則何以分之？曰：至親以期[32]斷。是何也？曰：天地則已易矣，四時則已遍矣，其在宇中者莫不更始矣。故先王案以此象之也。然則三年何也？曰：加隆焉，案使倍之，故再期也。由九月以下，何也？曰：案使不及也。故三年以為隆，緦[33]、小功以為殺，期、九月以為間。上取象於天，下取象於地，中取則於人，人所以群居和一之理盡矣。故三年之喪，人道之至文者也。夫是之謂至隆，是百王之所同，古今之所一也。

君之喪所以取三年，何也？曰：君者，治辨之主也，文理之原也，情貌之盡也，相率[34]而致隆之，不亦可乎？詩曰：「愷悌君子，民之父母[35]。」彼君子者，固有為民父母之說焉。父能生之，不能養之；母能食之，不能教誨之；君者，已能食之矣，又善教誨之者也，三年畢矣哉！乳母，飲食之者也，而三月；慈母，衣被之者也，而九月；君，曲備之者也，三年畢乎哉！得之則治，失之則亂，文之至也。得之則安，失之則危，情之至也。兩至者俱積焉，以三年事之猶未足也，直無由進之耳！故社，祭社也；稷，祭稷也；郊者，並百王於上天而祭祀之也。

三月之殯，何也？曰：大之也，重之也，所致隆也，所致親也，將舉錯之，遷徙之，離宮室而歸丘陵也，先王恐其不文也，是以縣[36]其期，足之日也。故天子七月，諸侯五月，大夫三月，皆使其須足以容事，事足以容成，成足以容文，文足以容備，曲容備物之謂道矣。

祭者，志意思慕之情也。愄[37]詭唈噎[38]而不能無時至焉。故人之歡欣和合之時，則夫忠臣孝子亦愄詭而有所至矣。彼其所至者，甚大動也，案屈然已，則其於志意之情者惆然不嗛[39]，其於禮節者闕然不具。

故先王案為之立文，尊尊親親之義至矣。故曰：祭者，志意思慕之情也，忠信愛敬之至矣，禮節文貌之盛矣，苟非聖人，其之能知也。聖人明知之，士君子安行之，官人以為守，百姓以成俗。其在君子，以為人道也；其在百姓，以為鬼事也。故鐘鼓管磬，琴瑟竽笙，韶、夏、護、武、汋、桓、箾、簡象，是君子之所以為悷詭其所喜樂之文也。齊衰、苴杖、居廬、食粥、席薪、枕塊，是君子之所以為悷詭其所哀痛之文也。師旅有制，刑法有等，莫不稱罪⑩，是君子之所以為悷詭其所敦⑪惡之文也。卜筮視日，齋戒修塗⑫，几筵、饋、薦、告祝⑬，如或饗之。物取而皆祭之，如或嘗之。毋利舉爵，主人有尊⑭，如或觴之。賓出，主人拜送，反易服，即位而哭，如或去之。哀夫！敬夫！事死如事生，事亡如事存，狀乎無形影，然而成文。

【注釋】

①大象：大致效法。②沐：洗頭。③浴：洗澡。

④鬠（ㄙㄥ）：把頭髮束在一起。⑤體：指剪指甲等。

⑥式：同「拭」。⑦瑱（ㄊㄧㄢˋ）：塞耳的玉。⑧檽骨：指貝。

⑨褻（ㄒㄧㄝˋ）衣：內衣。⑩襲三稱：殮前給死者加外衣三套。

⑪縉紳，插笏的腰帶。縉：同「搢」。⑫幎（ㄒㄩㄢ）：通「幋」。

⑬笄（ㄐㄧ）：簪。⑭重（ㄔㄨㄥˊ）：木做的神主牌。

⑮鍪（ㄇㄡˊ）：帽子。⑯縰（ㄕˇ）：包頭髮的絲織物。

⑰甕廡：陶製器皿。

⑱轡（ㄆㄟˋ）：嚼子和韁繩。靷：繫在馬上的皮帶。⑲壙（ㄎㄨ
ㄤˋ）：墓穴。

⑳拂：同「弗」。㉑無靷（ㄧㄣˇ）：通「憮褚」，棺木上的裝飾物。

㉒絲嚅（ㄩˊ）：不詳，可能是絲織的車飾。

㉓縷翣（ㄕㄚˋ）：即「蔞翣」。

㉔抗：擋土的葬具。折：墊在坑下的葬具。

㉕墁：用泥塗抹牆壁和屋頂。茨（ㄘˊ）：用茅草或葦蓋房。

㉖闔（ㄜˋ）：遮蓋。這裡指遮擋風塵的門戶。

㉗稱情：根據哀情輕重。㉘飾群：指區別人們不同的等級。

㉙斷：終止，指脫掉喪服。㉚鉛：同「沿」。㉛爵：同「雀」。

㉜期：週年。㉝緦（ㄙ）：用細麻布做成的喪服，服期三個月。

㉞相率：共同。㉟愷悌：平易近人。㊱繇：通「遙」。

㊲愕（ㄍㄜˊ）：變。㊳唈僾（ㄧˋㄞˋ）：鬱悶不樂的樣子。

㊴嗛（ㄑㄧㄢˋ）：愉快滿意。㊵稱罪：刑罰和罪惡相稱。

㊶敦：通「憝」（ㄉㄨㄟˋ），厭惡，憎恨。㊷塗：通「除」，打掃。

㊸告祝：祭禮的一種儀式。㊹有尊：即「侑尊」，指獻酒。

【譯文】

　　喪禮，像活著時那樣去裝飾死者，大致就像活著時那樣來送別死者。所以，對待死如同對待生一樣，對待亡故如同對待活著一樣，都是按照禮的規定一樣對待。人剛死時，要給他洗頭、洗澡、束髮、修整身體，把玉、珠、貝、米之類放在死者的嘴裡含著，仿效活著時所做的那樣。如果不洗頭，就要用沾濕的梳篦梳理三次頭髮，如果不洗澡，就要用沾濕的毛巾擦拭三次。用玉石塞住死者的耳朵，用生米當飯，把白色貝殼放進死者的嘴裡含著，這和活著時的做法相反。置備貼身內衣，在殮前給死者加外衣三套，身上繫著插笏的腰帶，不再用鉤束帶。用絹帛蓋住死者的臉，死者頭髮束起來但男不戴帽女不插簪。把死者的名字書寫在旌旗上，放在木做的神主牌前，死者的名字在別處看不見，僅出現在靈柩前。陳列的陪葬的器物有帽子，但沒有包頭髮的絲織物，陶製的器皿空著裡面不放東西，棺內有席子但不設床墊，木器都沒有經過加工，陶製器物只有形狀而不能使用，竹葦器物也不能使用，笙竽等樂器都置辦了，但不能彈奏樂曲，喪車埋掉但馬要牽回，這些都表示不再使用。備辦活著時的用器到墓地，就像活著時搬家一樣。使用器具簡略而不齊備，只取其粗略的外貌，並不用精細加工，趕著車把送葬物送去埋掉，但車鈴、嚼子和韁繩、車套不埋，表示不再使用。像活著時搬家一樣，也是表示不再使用，這些都是用來強調悲哀的。所以，一切器物只起禮的儀式作用而不起實際功用，隨葬品只是貌似實物而不使用。凡是禮，侍奉生者，是為了表達歡樂；送別死者，是為了表示悲哀；祭祀，是為了表示敬意；軍事活動中的

禮儀，是為了表現威風，這些都是歷代帝王共同的，古今都是一樣的，而沒有人知道禮的來源。所以墳墓的外觀像房屋；棺槨的外觀像車子的廂板和車蓋以及車前的飾物和車後的擋板；棺木上的裝飾物和喪車車飾的外觀像死者生前使用的門簾帷帳；擋土墊在坑底的葬具的外觀像人的牆壁、屋頂、籬笆和門戶。喪禮並沒有別的意思，只是用來表示由生到死的意義，用哀痛崇敬的心情送別死者，然後最終加以周全的埋葬。所以埋葬，是為了恭敬地埋葬死者的軀體；祭祀，是為了恭敬地侍奉死者的靈魂；死者的銘文悼詞、家譜世系，是為了恭敬地傳揚、記載他的名聲於後世。侍奉生者，是為了表示生的開始；送別死者，是為了表示生命的終結。終結開始都完備了，孝子的侍奉就算完畢了，聖人之道也就完備了。

刻薄地對待死者而厚待生者叫做昏暗不明，刻薄的對待生者而厚葬死者叫做糊塗，用活人殉葬叫做殘害。大致仿效活著時的樣子來祭送他的死，使人的生與死、終結和開始都沒有不合宜完善的，這就是禮義的法則，儒者就是這樣。

有三年的喪禮，這是什麼原因？答道：根據哀情的輕重制定喪禮的規定，用來區別人們的不同等級。區別親疏貴賤的禮節，不能隨意增加或減損。所以這是到哪裡都不能變更的原則。哀痛大的，喪禮的日子就要久一些，哀痛更大的，喪禮的日子就可以更久一些，三年的喪禮，正是根據哀情的輕重制定的喪禮條文，用來表示生者極度的哀痛。穿麻布喪服、拄枯竹喪杖、築小木屋守喪、喝稀飯、以柴草為席、以土塊為枕，這是一種哀痛到極點的表示。三年的喪禮，只有二十五個月就完畢了。但哀痛還沒有完結，對死者的思慕之情還沒有忘掉，可是喪禮要就此而終止，難道不是因為送別死者的事一完，就要恢復有規律的、正常的生活了嗎？凡是生長在天地間的萬物，有血氣的生物，一定都有知覺，有知覺的生物沒有誰不愛他的同類的。那大的鳥獸，如果失散了牠的同類或配偶，過一些日子，就一定會沿途返回找尋，經過來時的地方，就一定會在那裡來來去去，在那裡鳴叫、徘徊、猶豫不前，然後才離開那裡。就是小小的燕雀也會有片刻的悲聲鳴叫，

然後才離開。有血氣的生物沒有哪一種知覺超過了人類的，所以人對於他的父母親人的感情沒有終止的時候。要依照那些愚蠢、鄙陋、邪惡的人去做嗎？他們那些人早上死去親人，晚上就忘掉了，如果放縱他們這樣，那就連鳥獸都不如了，這種人怎麼能和別人有善地相處而不作亂呢？要依照那些有美德修養的君子去做嗎？服三年的喪禮，到了二十五個月就完畢了，好像快馬從空隙中飛跑過去一樣，日子過得飛快，可是按照心願去做，服喪就沒有終止了。所以，古代聖王為人們制定適當的服喪年月加以限制，使人們只要達到禮的規定，就可以除去喪服了。

既然這樣，那麼如何來區分親疏的喪禮？答道：父母以週年作為終止喪禮的時間。這是為什麼呢？因為週年後，天地自然景象已經改變了，四季也輪流運行了一遍了，天地間的萬物沒有一樣不重新開始的，所以先王以週年為期象徵新的開始。既然這樣，那麼為什麼還要三年的喪禮呢？答道：這是為了更加隆重些，因而使喪禮加倍，所以再加了兩年。有從九個月喪禮往下的，這是為什麼呢？答道：是讓有的喪禮不如父母的喪禮隆重。所以服喪三年是最隆重的禮，服喪三個月或五個月是末等的禮，服喪一年、九個月是中等的禮。上等的禮取法於天，下等的禮取法於地，中等的禮是取法於人的情感，這樣不同等級的人所以能和諧相處的道理就完全體現出來了。所以三年的喪禮，是為人之道的最完善的禮義制度，是最隆重的禮義，是歷代帝王共同採取的制度，古今都是一樣的。

君主的喪禮取期三年，這是為什麼呢？答道：君主是治理天下的主宰，是禮義的根本，是忠誠的感情和恭敬的禮貌的最高典範，人們都推崇他，這難道不行嗎？《詩經》中說：「和藹可親的君主，你是百姓的父母。」那樣的君主，原本就已有為民父母的說法了。父親能生子，但不能哺育；母親能哺育孩子，但不能教誨；君主既能養育人，又善於教誨人，所以要享受三年的喪禮才能完畢啊！乳母，是餵養嬰兒的人，可以享受三個月的喪禮；養母，是照顧嬰兒穿衣蓋被的，可以享受九個月的喪禮；君主是各方面都具備的人，要享受三年的喪禮

才能完畢啊！按這樣去做，國家就會安定，不這樣做，國家就會混亂，這是最完美的禮法制度。按這樣去做，國家就會平安，不這樣做，國家就會危殆，這最充分地表達了情感。如果「文之至」和「情之至」這兩者都具備了，服喪三年還嫌不夠，但是沒有理由再增加了。所以，社祭是祭土地神，稷祭是祭祀穀神，郊祭則是把歷代帝王和天一起祭。

入殮後到埋葬前要停喪三個月，這是什麼原因呢？答道：是為了使喪禮盛大，使喪禮隆重，表達最尊崇最親敬的感情，同時還要為喪葬準備東西和辦各種事，為遷棺送葬做許多準備。要離開宮室歸葬在丘陵，所以先王擔心他們倉促從事不合禮儀，因此延長殯的日期，使出殯的時間充足。所以，天子殯禮為期七個月，諸侯殯禮為期五個月，大夫殯禮為期三個月，都是要使他們在待葬期間有足夠的時間去辦理喪葬用品和各種事務，辦喪事有了足夠的時間就可以完成了，完成的喪事便能包容全部禮儀，禮儀完全便能完備周到，喪事各方面完備周到就叫做喪禮的原則。

祭祀，是人們的心意和思慕情感的表達。（親人去世）使生者心情感動而不舒暢，但又不能隨時抒發。所以當人們在歡欣團聚的時候，那些忠臣孝子思君念親的心情因受感動就會有所表露了。他們這種思君念親的心情是很強烈的，如果沒有祭祀的禮儀，他們的要求只是空想而已。這樣，他們的心意和思慕的情感就會悲哀而不愉快，他們在禮節方面也是欠缺而不完備。所以，先王為此制定禮儀，於是尊敬君主，孝敬父母的禮義就產生了。所以說，祭祀，是人們的心意和思慕感情的表達，是忠誠信實愛人敬人的極至，是禮儀制度最盛大的表現，如果不是聖人，沒有誰能瞭解祭祀的意義。聖人明確地瞭解它，士君子安心地實行它，專管祭祀的官員把它視為自己的職責，百姓把它視為習俗。在君子，把它作為治國治人之道；在百姓，把它視為侍奉鬼神的事情。所以，鐘鼓管磬，琴瑟竽笙等樂器和《韶》、《復》、《護》、《武》、《汋》、《桓》、《象》等樂曲，是君子用來表達感情變化的禮儀形式。麻布喪服、竹喪杖、守喪的小木屋、喝稀飯、以柴草為席、以土塊為枕，這是君子用來表達感情變化和悲痛的禮儀形式。軍隊中

有一定的制度，刑法有等級差別，沒有不與罪犯的罪惡相稱的，這是君子用來表達感情變化和憎惡的禮儀形式。求神問卦看日子的吉凶，齋戒修飾掃除，在幾案桌子上供獻牲畜黍稷等祭品，向神靈禱告訴願，好像鬼神真來享受一樣。各種物品都取一點來奠祭死者，好像鬼神真的在品嘗一樣。不需要勸食的人──「利」代主人勸酒，主人自己進酒，好像鬼神真的在喝酒一樣。賓客離去，主人拜送，返回後脫去祭服，換上喪服，回到坐位上痛哭，好像鬼神真的離去了一樣。悲哀啊，恭敬啊！對待死者如同對待生者一樣，對待亡者如同對待活著時一樣，這情狀無形無影，但是完成了禮的儀式。

【延伸閱讀】

荀子在這裡告訴人們禮制的起源、內容、作用等各個方面。荀子認為，「人生而有欲」，為了滿足欲望，就會發生爭奪混亂，統治者為了避免這種局面，於是就制定了禮來加以約束。制定禮不但是為了調節與滿足人們的物質欲望，更是用來確立社會等級制度。它規定的各種道德規範和禮節儀式等都有利於等級制度的確立與鞏固，所以它是治國的根本，是「人道之極」，關係到國家的安危存亡，因此統治者必須重視實行禮。此篇中關於具體禮制的論述十分豐富，對我們瞭解古代的禮制具有重要的價值。

在儒家學派的理論中，禮就是維繫世間萬物等級、秩序的規定或制度。心底端正，從不產生邪念惡念，時刻想到自己的使命，富有獻身精神，儀表舉止端正，從不會衣冠不整邋裡邋遢，舉手投足、表情動作都有規範，言必行，行必果，從不搞陰謀詭計。《鏡花緣》中的「君子國」便是一個禮儀之邦，其中的人個個是正人君子，都風度翩翩，禮讓謙和，從不爭吵。

第十四章

正名 ①

何以知道？區別何在？

一、名定而實辨，道行而志通

【原文】

後王之成名：刑名②從商，爵名③從周，文名④從禮。散名⑤之加於萬物者，則從諸夏之成俗曲期⑥，遠方異俗之鄉，則因之而為通。散名之在人者，生之所以然者謂之性。性之和所生，精合感應，不事而自然謂之性。性之好、惡、喜、怒、哀、樂謂之情。情然而心為之擇謂之慮。心慮而能為之動謂之偽。慮積焉、能習焉而後成謂之偽。正利而為謂之事。正義而為謂之行。所以知之在人者謂之知，知有所合謂之智。智⑦所以能之在人者謂之能。能有所合謂之能。性傷謂之病。節遇⑧謂之命。是散名之在人者也，是後王之成名也。

故王者之制名，名定而實辨，道行而志通，而慎率民則一焉。故析辭⑨擅作名以亂正名，使民疑惑，人多辨訟，則謂之大奸。其罪猶為符節、度量之罪也。故其民莫敢托為奇辭以亂正名，故其民慤。慤則易使，易使則公⑩。其民莫敢托為奇辭以亂正名。故壹於道法而謹於循令矣，如是則其跡⑪長矣。跡長功成，治之極也，是謹於守名約之功也。

今聖王沒，名守慢⑫，奇辭起，名實亂，是非之形不明，則雖守法之吏，誦數之儒，亦皆亂也。若有王者起，必將有循於舊名，有作於新名。然則所為有名，與所緣以同異，與制名之樞要，不可不察也。

異形離心交喻，異物名實玄⑬紐，貴賤不明，同異不別。如是，則志必有不喻之患，而事必有困廢⑭之禍。故知者為之分別制名以指實，上以明貴賤，下以辨同異。貴賤明，同異別，如是，則志無不喻之患，事無困廢之禍，此所為有名也。

然則何緣而以同異？曰：緣天官⑮。凡同類同情者，其天官之意物也同；故比方之凝似而通。是所以共其約名以相期也。形體、色、理，以目異；聲音清濁、調竽奇聲，以耳異；甘、苦、鹹、淡、辛、酸、奇味，以口異；香、臭、芬、郁、腥、臊、灑、庮⑯奇臭，以鼻異；疾、養⑰、滄、熱、滑、鈹⑱、輕、重，以形體異；說、故、喜、

怒、哀、樂、愛、惡、欲，以心異。心有徵知。徵知，則緣耳而知聲可也，緣目而知形可也，然而徵知必將待天官之當薄其類然後可也。五官薄之而不知[19]，心徵之而無說，則人莫不然謂之不知，此所緣而以同異也。

然後隨而命之：同則同之，異則異之；單足以喻則單，單不足以喻則兼；單與兼無所相避則共，雖共，不為害矣。知異實[20]者之異名也，故使異實者莫不異名也，不可亂也。猶使同實者莫不同名也。故萬物雖眾，有時而欲遍舉[21]之，故謂之物。物也者，大共名也。推而共之，共則有共，至於無共然後止。有時而欲遍舉之，故謂之鳥獸。鳥獸也者，大別名也。推而別之。別則有別，至於無別然後止。名無固宜，約之以命，約定俗成謂之宜，異於約則謂之不宜。名無固實，約之以命實，約定俗成謂之實名。名有固善，徑易而不拂[22]，謂之善名。物有同狀而異所[23]者，有異狀而同所者，可別也。狀同而為異所者，雖可合，謂之二實。狀變而實無別而為異者，謂之化；有化而無別，謂之一實。此事之所以稽實定數也，此制名之樞要也。後王之成名，不可不察也。

「見侮不辱」[24]，「聖人不愛己」[25]，「殺盜非殺人也」[26]，此惑於用名以亂名者也。驗之所以為有名而觀其孰行，則能禁之矣。「山淵平」[27]，「情欲寡」[28]，「芻豢不加甘，大鐘不加樂」[29]，此惑於用實以亂名者也。驗之所緣以同異而觀其孰調，則能禁之矣。「非[30]而謁楹有[31]牛馬非馬也。」此惑於用名以亂實者也。驗之名約，以其所受[32]悖其所辭[33]，則能禁之矣。凡邪說辟言[34]之離正道而擅作者，無不類於三惑者矣。故明君知其分而不與辨也。

【注釋】

①正名：這是一篇闡明「名」與「實」關係的文章。荀子認為，確定正確的名稱是要達到對客觀事物能分辨清楚，使人們的思想得以交流，使一定的政治原則得到貫徹。

②刑名：刑法的名稱。

③爵名：爵位的名稱。

④文名：禮節儀式的名稱。

⑤散名：指一般事物的各種名稱。

⑥曲期：共同約定。⑦智：衍文。⑧節遇：偶然的遭遇。

⑨析辭：玩弄辭句。⑩公：通「功」。⑪跡：通「績」，業績，事業。

⑫名守慢：指遵守統一名稱的事懈怠了。

⑬玄：通「眩」，混亂。

⑭困廢：停止，做不成。

⑮天官：指耳、目、鼻、口等各種器官。

⑯庮（ㄡˇ）：牛膻氣。原為「酸」，據文義改。

⑰養：同「癢」。⑱鈹（ㄆㄧˊ）：同「澀」。

⑲不知：不認識。⑳異實：當為「同實」。

㉑遍舉：全面地概括起來。㉒拂：違背。㉓所：實質。

㉔見侮不辱：受到欺侮不感到恥辱，這是宋銒的學說。

㉕聖人不愛己：聖人不珍愛自己，對自己和對別人一樣。這一學說現已無從查考。

㉖殺盜非殺人也：這是墨家學派的一個觀點。

㉗山淵平：高山和深淵一樣平。這是名家惠施的觀點。

㉘情欲寡：人的欲望要少，這是宋銒的觀點。

㉙以上兩句可能是墨家的學說。

㉚非：通「排」，互相排斥。㉛有：通「又」。

㉜受：接受，贊成。㉝辭：推辭，反對。㉞辟言：謬論。

【譯文】

近代的君主已有可效法的確定的名稱：刑名的名稱仿照商代，爵位的名稱仿照周代，禮節儀式的名稱仿照《禮經》，施加在萬事萬物上面的各種名稱，就仿照中原地區已有的風俗習慣和共同的約定名稱，邊遠地區不同風俗的地方，就根據這些風俗習慣和共同的約定的名稱而互相溝通。關於人本身的各種名稱，生來就是這樣的，這叫做性。由本性的陰陽二氣相和而生的，人和外界事物接觸而產生的反應，不用經過人為的後天努力就自然這樣的，叫做性。性的好、惡、喜、怒、哀、樂，叫做情。情的這些方面，由心加以選擇判斷，叫做慮。內心

考慮以後，人的感官功能照著去行動的，叫做偽。思慮的長期累積、感官功能在這方面的反覆運用，然後就能成功，這也叫做偽（這裡指形成一種行為的規範）。符合功利的就去做叫做事。符合義而去做叫做行。人固有的認識事物的能力，叫做知。人的認識能力與外在事物相接觸後所產生的認識，叫做智。人本身固有的掌握事物的能力，叫做能。這種功能與外在事物相接觸後所形成的某種能力，也叫做能。人的本性受到傷害叫病。偶然的遭遇叫做命。這些都是關於人本身的各種名稱，這些就是近代君王確定的效法的名稱。

所以，君王制定事物的名稱，名稱制定了，就能對事物分辨清楚，制定名稱的基本原則實行了，思想意志就能互相溝通，那麼，就要謹慎地率領人民來一致地遵守這些名稱。那些玩弄詞句、擅自製造名稱而擾亂正確的名稱，使得人們懷疑迷惑，使許許多多的人陷於是非的爭論中的人是極端奸邪的人。他們的罪惡如同偽造取信的符節、尺、秤的罪惡一樣。老百姓沒有誰敢憑藉偽造奇談怪論來擾亂正確的名稱，他們都很誠實。誠實就容易統治，容易統治就能收到功效。老百姓沒有誰敢憑藉偽造的奇談怪論來擾亂正確的名稱，所以能專一於根本法度，謹慎地遵循法令。如果這樣，那麼他的功績就會長遠，功績長遠，功名成就，天下的治理達到極其完美的局面，這是謹慎地遵守統一名稱的功效。

現在聖王在世上消失了，遵守統一名稱的事懈怠了，各種奇談怪論紛紛出現了，命實關係混亂，是非界線模糊不清，那麼即使是遵守法令的官吏，學習典章制度的儒生，也都被搞得混亂了。如果有新的聖王興起，他一定會沿用一些舊的名稱，制定一些新的名稱。所以要有確定的名稱，以及制定名稱同異的根據和制定名稱的基本原則，這些都必須搞明白。

不同的人各有不同的看法，都要相互曉諭，不同的事物名實不同而混雜在一起，就會使貴與賤分不清，同與異無法區別。如果這樣，那麼思想一定有不能互相瞭解的弊病，事情一定會遇到做不成的禍害。所以明智的人（指聖王）對這些加以分別，制定各種名稱，用來表述

各種事物，在上用來明確貴和賤，在下用來區別同和異。貴賤明確了，同異區別了，那麼思想上就不會有不能交流的弊病，也沒有了讓事情做不成的禍害，這就是聖王制定名稱的原因。

　　既然這樣，那麼根據什麼來區別名稱的同和異？答道：根據人自然具有的感官。凡是人類，他們的感官對事物的感知是相同的，因此透過各種比方，摹妼得大體相似，就可以互相溝通了，這就是人們之所以要共同約定各種事物的名稱而互相交流的原因。事物的形狀、色彩、紋理，可以用眼睛來區別；聲音的清晰、混雜、和諧的樂曲與雜亂的聲音，可以用耳朵來區別；甜、苦、鹹、淡、辣、酸以及各種怪味，可以用嘴巴來區別；香、芳香、芬芳、馥郁、腥、臊、馬膻氣、牛膻氣以及各種怪氣味，可以用鼻子來區別；痛癢、寒涼、炎熱、潤滑、粗澀、輕、重，可以用身體觸覺來區別；舒暢、憋悶、喜、怒、哀、樂、愛好、厭惡、欲望，可以用心來區別。心有驗證、認識事物的作用。心的驗證、認識的能力，要依靠聽覺器官才可以辨別聲音的不同，要依靠視覺器官才可以辨別形狀的不同，一定要等到感覺器官接觸所感覺的物件，心的驗證、認識的能力才能發揮作用。如果感覺器官接觸外界事物而不能認識它，用心去驗證了外界事物，卻無法說出道理，那麼人們沒有誰不把這種情況說成是無知的，這就是根據感官接觸外物而確定名稱同和不同的情況。

　　然後隨即根據這種區別給事物命名：相同的事物就取相同的名稱，不同的事物就取不同的名稱；單名足以使別人明白的就取單名，單名不能使別人明白的就取複名；單名和複名沒有什麼相互混淆的就用共名，即使用了共名也沒有什麼妨害。知道不同的事物確實應有不同的名稱，就要使不同的事物具有不同的名稱，不可以混亂。這就像同樣的事物具有同樣的名稱一樣。所以世間上萬物雖然有許許多多，有時要把它們全面概括起來，就統稱他們為「物」。「物」這個概念，是最大的共名。按照這種推論的方法給事物取共名，那麼共名之上還有共名，一直到無法再推時然後才停止。有時想把事物部分地概括起來，所以統稱它為「鳥獸」。「鳥」、「獸」的概念，就是最大的別名。

按照這種推論的方法給事物取別名，別名之下還有別名，一直到無法再推時然後才停止。事物名稱沒有本來就合適的，而是由人們共同約定來命名，約定了，習慣了，就是合適的名稱，與約定的名稱不同的就是不合適的名稱。名稱並不是本來就代表某種事物，而是由於人們共同約定用某個名稱稱呼某種事物，約定了，習慣了，就是那種事物的名稱了。有本來就好的名稱，簡單明瞭而又不互相矛盾，這就叫做好的名稱。事物有形狀相同而實體不同的，有不同形狀但是實體又相同的，這種情況是可以加以區別的。事物形狀相同而實體不同的，名稱雖然可以合用一個，也應該說是兩個實物。有的形狀變化了但實質並沒有改變為另一種實物的，這就叫做「化」。這種只有形狀的變化，而沒有實質的區別，仍然叫做同一個實物。這就是要考察事物的實質，確定制定事物名稱的法度的緣故，這是制定名稱的關鍵所在。近代君主給事物命名，不可不仔細明察啊。

「受到了欺侮並不是羞辱」，「聖人不珍愛自己」，「殺死盜賊不是殺人」，這是用名稱表面的異同混淆實質的異同而使人迷惑的說法。考察一下為什麼要有名稱的原因，看看這些說法和通常的說法哪個能夠行得通，就能禁止這些說法了。「高山和深淵一樣平」，「人的欲望少」，「吃肉不比普通食物味道更香，大鐘的聲音並不使人更加快樂」，這是運用實物表面的異同混淆實質的異同而使人迷惑的說法。對此，只要考察事物為什麼有同有異，再看看這些說法同通常的說法究竟哪一種符合事實，就能禁止這種說法了。「把互相排斥說成互相包含，又說牛馬不是馬」，這是用事物名稱的異同混淆事物的實質的異同而使人迷惑的說法。對此，只要考察一下名稱約定的原則，用他所能接受的去反駁他所反對的，就能禁止這種說法了。凡是偏離正確的原則而擅自製造的種種邪說謬論，沒有不和以上三種情況相類似的。所以，英名的君主知道它們之間的區別而不會跟他們爭辯。

【延伸閱讀】

劉邦平定天下之後，第一件要做的事情，就是按功勞的大小來分封功臣。這也是我國實行分封制的首創，直到後來，漢景帝聽從晁錯的建

議實施「推恩令」，分封制才基本消亡。

西漢高帝六年正月，劉邦大封功臣。凡是在戰鬥中衝鋒陷陣的將領，都按照功勞大小接受封賞。一些還未受封的人焦急不安，惦記著自己的功勞大小，互不服氣，日夜爭吵不休，封賞難以順利進行。

這天，劉邦坐在洛陽南宮，放眼望去，遠處不少將領三五成群地聚集在沙地上，神情激動地低聲交談。他很納悶，不解地問陪在身邊的留侯張良：「他們這麼神神秘秘地在說些什麼？」

張良說：「陛下不知道麼？他們在謀反。」

劉邦大吃一驚：「什麼？天下剛剛太平安定，他們為什麼還要造反？」

張良解釋：「陛下由布衣起兵，依靠他們才奪得天下。如今陛下作了天子，封賞的功臣都是同陛下關係密切、受陛下喜愛的人，殺掉的都是陛下平時切齒痛恨的仇人。現在軍吏正在統計戰功，但天下再大也分封不了所有的有功之士。他們害怕不可能全部封賞，又害怕陛下記恨他們平日的過失而殺了他們，所以聚在那兒準備造反呢！」

劉邦憂心忡忡地問：「這可怎麼辦才好？」

「群臣知道主上平生最憎恨的人是誰嗎？」

「該是雍齒了，我還和他有舊賬沒算呢！他有好幾次逼我陷入困境，讓我蒙受奇恥大辱。我恨不得殺了他，只是念他功勞顯著，才不忍心下手。」

「那就先封雍齒，讓群臣放心。群臣見陛下最痛恨的人都能得到封賞，人心也就自然安定了。」

劉邦很欣賞張良的妙計，馬上大開宴席，召集群臣開懷痛飲。酒席間宣佈雍齒為什方侯，並命令丞相和御史們加快定功封賞的步伐。

酒宴結束後，群臣們都高興地說：「連雍齒都能封侯，我們還擔心什麼呢？」

二、明君臨之以勢，道之以道，申之以命

【原文】

　　夫民易一以道而不可與共故，故明君臨之以勢，道之以道，申之以命，章之以論，禁之以刑。故其民之化道也如神，辨勢①惡用矣哉！今聖王沒，天下亂，奸言起，君子無勢以臨之，無刑以禁之，故辨說也。實不喻然後命，命不喻然後期，期不喻然後說，說不喻然後辨。故期、命、辨、說也者，用之大文也，而王業之始也。名聞而實喻，名之用也。累而成文，名之麗②也。用麗俱得，謂之知名。名也者，所以期累實也。辭也者，兼異實之名以論一意也。辨說也者，不異實名以喻動靜之道也。期命③也者，辨說之用也。辨說也者，心之象道也。心也者，道之工宰也。道也者，治之經理也。心合於道，說合於心，辭合於說，正名而期，質請④而喻。辨異而不過，推類而不悖，聽則合文，辨則盡故。以正道而辨奸，猶引繩以持曲直。是故邪說不能亂，百家無所竄。有兼聽之明，而無奮矜之容；有兼覆之厚，而無伐德⑤之色。說行則天下正，說不行則白道而冥窮，是聖人之辨說也。詩曰：「顒顒⑥卬卬⑦，如珪如璋，令聞令望。豈⑧弟君子，四方為綱。」此之謂也。

　　辭讓之節得矣，長少之理順矣，忌諱不稱，祅⑨辭不出。以仁心說，以學心聽，以公心辨。不動乎眾人之非⑩譽，不治⑪觀者之耳目，不賂貴者之權勢，不利佳辟者之辭。故能處道而不貳，吐而不奪，利而不流，貴公正而賤鄙爭，是士君子之辨說也。詩曰：「長夜漫兮，永田冤兮。大古之不慢兮，禮義之不愆⑫兮，何恤人之言兮⑬。」此之謂也。

　　君子之言，涉然⑭而精，俛然⑮而類，差差⑯然而齊。彼正其名，當其辭，以務白其志義者也。彼名辭也者，志義之使也，足以相通則舍之矣；苟之⑰，奸也。故名足以指實，辭足以見極，則舍之矣。外是者謂之訒⑱，是君子之所棄，而愚者拾以為己寶。故愚者之言，芴然⑲而粗，嘖然而不類，誻誻然⑳而沸。彼誘其名，眩其辭，而無深於其

志義者也。故窮藉而無極，甚勞而無功，貪而無名。故知者之言也，慮之易知也，行之易安也，持之易立也，成則必得其所好而不遇其所惡焉。而愚者反是。詩曰：「為鬼為蜮（ㄩˋ），則不可得；有覥[21]面目，視人罔極。作此好歌，以極反側[22]。」此之謂也。

凡語治而待去欲者[23]，無以道欲而困於有欲者也。凡語治而待寡欲者，無以節欲而困於多欲者也。有欲無欲，異類也，生死也，非治亂也。欲之多寡，異類也，情之數也，非治亂也。欲不待可得，而求者從所可。欲不待可得，所受乎天也。求者從所可，所受乎心也。所受乎天之一欲，制於所受乎心之多[24]，固難類所受乎天也。人之所欲生甚矣；人之所惡死甚矣。然而人有從生成[25]死者，非不欲生而欲死也，不可以生而可以死也。故欲過之而動不及，心止之也。心之所可中理，則欲雖多，奚傷於治！欲不及而動過之，心使之也。心之所可失理，則欲雖寡，奚止於亂！故治亂在於心之所可，亡[26]於情之所欲。不求之其所在而求之其所亡，雖曰我得之，失之矣。

性者，天之就也；情者，性之質也；欲者，情之應也。以所欲為可得而求之，情之所必不免也。以為可而道之，知所必出也。故雖為守門，欲不可去，性之具也[27]。雖為天子，欲不可盡。欲雖不可盡，可以近盡也；欲雖不可去，求可節也。所欲雖不可盡，求者猶近盡；欲雖不可去，所求不得，慮者欲節求也。道者，進則近盡，退則節求，天下莫之若也。

凡人莫不從其所可而去其所不可。知道之莫之若也，而不從道者，無之有也。假之有人而欲南，無多[28]，而惡北，無寡[29]。豈為夫南者之不可盡也，離南行而北走也哉？今人所欲，無多，所惡，無寡，豈為夫所欲之不可盡也，離得欲之道而取所惡也哉？故可道而從之，奚以益之而亂！不可道而離之，奚以質之而治！故知者論道而已矣，小家珍說[30]之所願皆衰矣。

【注釋】

①辨勢：當作「辨說」。

②麗：同「儷」。

③期命：按照事物的性質以命名。

④請：同「情」。

⑤伐德：自誇美德。

⑥顒顒（ㄩㄥˊㄩㄥˊ）：形體外貌謙恭的樣子。

⑦卬卬（ㄤˊㄤˊ）：志氣高昂的樣子。

⑧豈（ㄎㄞˇ）弟：和樂平易。

⑨襖：同「妖」。

⑩非：通「誹」，誹謗。

⑪冶：通「蠱」，迷惑。原為「治」，據上下文義改。

⑫愆（ㄑㄧㄢ）：差錯，引申為違反。

⑬以上引文為佚詩。

⑭涉然：深入的樣子。

⑮俯然：切近的意思。

⑯差差然：不齊的樣子。

⑰苟之：不合禮的言行和標新立異。

⑱汋：難，指故意講艱難費解的話。

⑲芴（ㄨˋ）然：忽然，沒有根據的樣子。芴：同「忽」。

⑳譶譶（ㄊㄚˋ）然：形容七嘴八舌的樣子。

㉑靦（ㄊㄧㄢˇ）：有面目的樣子，形容臉上的表情。

㉒反側：這裡指反覆無常的人。

㉓語治：談論治國的道理。

㉔「多」本下有一「計」字。

㉕成：就，趨向。

㉖亡：同「無」，不在。

㉗性之具也：本性所具有的。一說這四字是衍文。

㉘無多：不管路途多麼遙遠。

㉙無寡：不管路途多麼近。

㉚小家珍說：指前面所說的各家邪說。

【譯文】

人民容易用正道來統一他們的言行，但不可以跟他們講明原由。

所以，英明的君主用權勢來統治他們，用正道來引導他們，用命令來告誡他們，用言論來使他們明白，用刑法來制止他們。所以，明君統治下的人民自然、迅速地統一於正道，哪裡還用得著辯論呢？現在聖王消失了，天下混亂，邪惡的言論紛紛出現，君子沒有權勢來統治他們，沒有刑法來禁止他們，因此辯論就興起了。對於實物不能明白，就給它取個名稱，有了名稱還不能明白就互相交流一下看法，這樣還不能明白就加以說明，說明以後還不能明白，就透過反覆論證來明白它。所以，交流看法、取名、分析辯明、解說，就是實際運用中的重要形式，是聖王功業的開始。聽到名稱就明白它所代表的實際事物，這就是名稱的作用。累積名稱而形成文章，這是名稱的互相配合。名稱的作用和配合都很恰當，這就叫做懂得名稱。名稱，是人們約定用來表達各種事物的。辭是人們連綴不同事物的名稱，用來表達一個完整意思的。辯析解說，是人們用名實一致來說明是非的道理。各種約定命名，是供人們辯論說明是非道理時使用的。辨析說明，是心對道的認識的表達。心是道的主宰，道是治理國家的根本原則。心意符合於道，解說符合於心意，言辭符合於解說，運用正確的名稱而合於共同的約定，這樣就可以切合事物的實際情況而且達到互相瞭解。辨別各種不同事物的名稱而沒有出現差錯，推論各種事物的類別而不違背正道，處理事情符合禮法，辨析事物就能把事情的原因完全搞清楚。用正確的道理來辨明奸邪，就像用木工的繩墨來衡量曲直一樣。所以，邪說不能夠擾亂正道，各家的謬論也就沒有地方可以隱蔽了。有全面聽取各家學說優點的明智，而沒有驕傲自大的表情；有包容各家學說的度量，而沒有自誇美德的神色。他的學說能夠實行，天下就可以歸於正道，他的學說行不通，就講明正道然後自己隱居起來，這就是聖人的辯說。《詩經》上說：「體貌謙恭，志氣高昂，就像玉制的圭璋一樣，有美好的名聲和威望。和樂平易的君子，四方人民以他為典範。」就是說的這個。

如果這樣，那麼謙讓的禮節具備了，長幼之間的道理清楚了，忌諱的話不會去說，奇談怪論也不會出口。用仁義的心去說道理，用好

學的心去傾聽別人的談論，用公正的心去辨明是非。不因眾人的誹謗和誇獎而動搖自己的主張，不用動聽的言詞去迷惑別人的耳目，不用財物買通富貴者的權勢，不喜愛身邊的人討好的言辭，這樣的人就能堅持正道而沒有二心，敢於堅持自己的意見而不為外力脅迫而改變，口才流利但不會沒有節制地亂說，注重公正的言論而鄙視無聊的爭論，這是士君子的辯說。《詩經》上說：「漫漫長夜啊，我反覆思考著自己的過錯。古人的道理沒有怠慢啊，對禮義也沒有違背啊，何必顧慮別人的議論呢？」說的就是這個道理啊。

　　君子的言論，深入而又精細，中肯而又有條理，看似不齊卻是從不同的角度來說明同一個道理。他選擇正確的名稱，運用恰當的言辭，是為了盡力表達他的思想。那些名稱和辭句，是用來表達思想的，只要能夠相互溝通思想，就可以了。那些不合禮義的標新立異，就是邪說。所以名稱只要足以反映事物的實際，辭句只要足以充分的表達思想，就可以了。離開這個標準，就叫做故意講那些艱難費解的話，這是君子所要拋棄的，然而愚蠢的人卻拾取來當作自己的寶貝。所以愚蠢的人說話，輕浮而且粗魯，喜歡爭吵又沒有條理，七嘴八舌、聲音嘈雜。他們搬弄各種誘人的名稱，使用各種迷人的辭句，而他表達的思想內容卻不十分深入。所以沒完沒了地假借各種名稱和辭句反而抓不住主要思想，費力很大反而收效很小，貪求名聲反而得不到名聲。所以，聰明人的言論，加以思考很容易理解，實行起來容易妥當，堅持它很容易站得住腳，有所成就必然得到所希望的結果，而不會遭遇所厭惡的結果。可是愚蠢的人就與此相反。《詩經》上說：「你若是鬼是怪，我無法認清你的原形。你有臉又有眼睛，人們會將你的真相看清。我作這首好詩歌，是為了盡力揭穿你這個反覆無常的人」。說的就是這種人。

　　凡是想靠去掉人們欲望來討論治理好國家的人，是沒有辦法來正確引導人們的欲望，反而被欲望所困住了的人。凡是想靠寡欲來討論治理好國家的人，是沒有辦法節制欲望而被太多欲望所困住了的人。有欲望與沒有欲望，是不同的，這是有生命的物質與無生命的物質的

差別，而不是國家安定或動亂的原因。因此，欲望的多少也是不同的，這是情欲數量的多少，也不是國家安定或動亂的原因。人們的欲望並不是等到有可能得到的時候才產生，而追求欲望的人總是在他認為合適的情況下去努力的。欲望不是等待有可能得到的時候才產生，它是從自然中稟受來的本性。追求欲望的人，總是從他認為合適的情況下出發去努力，這是受到了內心的支配。人稟受於自然的單純欲望，受到內心多方面的種種顧慮的節制，這當然不能和原來稟受於自然的單純欲望再相類比了。人的生存的欲望是最強烈的，人對於死的厭惡也是很強烈的，可是有人竟放棄生而去死，這並不是不願意生而願意死，而是認為不能偷生而應該去死。所以，有時欲望非常強烈，但是行動卻沒有完全這樣去做，這是由於心節制了他的緣故。只要內心所肯定的是符合道理的，那麼欲望即使很多，對於國家的安定又有什麼傷害！有時欲望不強烈而行動上卻超過了它，這是由於心指使了他的緣故。如果內心所肯定的不合道理，那麼欲望即使很少，這又如何能制止社會混亂！所以，國家安定混亂的原因，在於心所肯定的是否合理，而不在於欲望的多少。不去探求國家治亂的根本原因，卻從和國家治亂無關的欲望上去尋找，即使自己認為找到了治亂的關鍵，其實並沒有找到它。

人的本性是先天自然形成的。人的情感，是本性的實際內容。欲望是情感對外界事物的反應而產生的。認為自己的欲望可以達到而去追求它，這是人的情感所必然不可避免的；認為自己的欲望是對的而去實行它，這是人們的智慧所必然產生的。所以即使是看門的下等人，他的欲望也不可能去掉，這是人的本性所具有的。即使是天子，欲望也不可能完全滿足。雖然欲望不可能完全滿足，但可以接近於完全的滿足；雖然欲望不能去掉，但對欲望的追求是可以節制的。欲望雖然不可能完全滿足，但追求欲望的人仍然可以接近於滿足；欲望雖然不可以去掉，所追求的欲望不能達到，但想追求欲望的人對所追求的欲望可以節制。按照道行事，在可能的情況下，就盡量使欲望接近於滿足，在條件不允許的情況下，就節制對欲望的追求，天下沒有比這更

好的原則了。

　　所有的人，沒有誰不遵從他認為對的而拋棄他認為不對的事。懂得沒有什麼比道更對的東西，可是又不遵從於道，是沒有的。假如有個人想往南去，不管路途多麼遙遠也去；如果不願意往北面去，不管路途多麼近也不去。難道那個人會因為往南去的路程走不完，就離開往南走的方嚮往北走嗎？如今人們對想得到的東西，再多也不會嫌多；對所厭惡的東西，再少也不想要。難道人們會因為想要得到的東西不能滿足，就放棄求得滿足欲望的方向，而去追求自己所厭惡的東西嗎？所以，符合道的欲望而去滿足它，哪裡會因增加了欲望就導致混亂呢！不符合道的欲望就放棄它，哪裡會因減少了欲望就安定呢！所以，聰明的人只是根據正道來行事，這樣，各家異說就自然全都消失了。

【延伸閱讀】

　　田橫原來是齊國的君主，後來逃到海島上。劉邦統一天下後，赦免他的罪過，讓他回來。但是一個原來與自己平起平坐的人當上了皇帝，自己還要去做他的大臣，這對於心高氣傲的田橫來說，是一種侮辱，所以他自殺了，追隨他的五百個人也都自殺了。

　　漢高帝劉邦平定天下之後，田橫怕遭殺害，便與五百名部下遷住在海島上。高帝劉邦認為田橫兄弟幾人曾平定齊地，齊地賢能的人大都歸附了他，今流亡在海島中，如不加以招撫，以後恐怕會作亂。於是就派使者去赦免田橫的罪過，召他前來。田橫推辭說：「我曾煮殺了陛下的使臣酈食其，現在聽說他的弟弟酈商是漢朝的將領，我很害怕，不敢奉詔前往，只請求做個平民百姓，留守在海島中。」使者回報，高帝便詔令衛尉酈商說：「齊王田橫即將到來，有誰敢打他人馬的主意，即誅滅家族！」隨即再派使者拿著符節把高帝詔令酈商的情況對田橫一一講明，並說道：「田橫若能前來，高可以封王，低也可封侯。如果不來，便要發兵加以誅除了。」

　　田橫便和他的兩個賓客乘坐驛站的傳車來到洛陽。在離洛陽還有三十里的驛站時，田橫向使者道歉說：「為人臣子的覲見天子時，應當沐浴。」

於是田橫住了下來，對他的賓客說：「我起初與漢王一道面南稱王，而今漢王做了天子，我卻是敗亡的臣虜，稱臣侍候他，這本來已經是非常大的恥辱了。何況我還煮死了人家的兄長，又同被煮人的弟弟並肩侍奉他們的君主，即便這位弟弟畏懼天子的詔令不敢動我，難道我內心就不感到慚愧嗎？！況且陛下想要見我的原因不過是想看一看我的容貌罷了。現在斬去我的頭顱奔馳三十里給高帝送去，神態容貌還不會變壞，仍然還是可以看的。」於是就用刀割斷自己的脖子，賓客捧著他的頭顱，隨同使者疾馳洛陽奏報。

劉邦說：「田橫從平民百姓起家，兄弟三人相繼為王，這難道不是很賢能的嗎？」於是為田橫流下了眼淚。接著授予田橫的兩個賓客都尉的官職，調撥士兵兩千人，按安葬侯王的禮儀安葬了田橫。下葬以後，那兩位賓客在田橫的墳墓旁挖了個坑，相繼自刎而死，倒進坑裡陪葬田橫。高帝聽說了這件事，大為震驚，認為田橫的賓客都很賢能，便派使者前去招撫還在海島上的五百人。當使者抵達海島，這五百人聽說田橫已死，也都自殺了。

荀子新解／荀子原著；司馬志編. -- 初版. -- 新
北市：華志文化, 2014.06
面； 公分. --（諸子百家大講座；7）

ISBN 978-986-5936-80-8（平裝）

1.荀子 2.研究考訂

121.277 103007860

日華志文化事業有限公司

書名／荀子新解
系列／諸子百家大講座007

原 著 荀子
編 司馬志
執 行 編 輯 林雅婷
美 術 編 輯 簡郁庭
封 面 設 計 黃雲華
文 字 校 對 陳麗鳳
企 劃 執 行 康敏才
總 編 輯 黃志中
社 長 楊凱翔
出 版 者 華志文化事業有限公司
電 子 信 箱 huachihbook@yahoo.com.tw
地 址 116台北市文山區興隆路四段九十六巷三弄六號四樓
電 話 02-22341779
印製排版 辰皓國際出版製作有限公司

總 經 銷 商 旭昇圖書有限公司
地 址 235新北市中和區中山路二段三五二號二樓
電 話 02-22451480
傳 真 02-22451479
郵 政 劃 撥 戶名：旭昇圖書有限公司（帳號：12935041）
電 子 信 箱 s1686688@ms31.hinet.net

版 權 所 有 禁止翻印
售 價 二八○元
出 版 日 期 西元二○一四年六月初版第一刷

Printed in Taiwan

華志文化

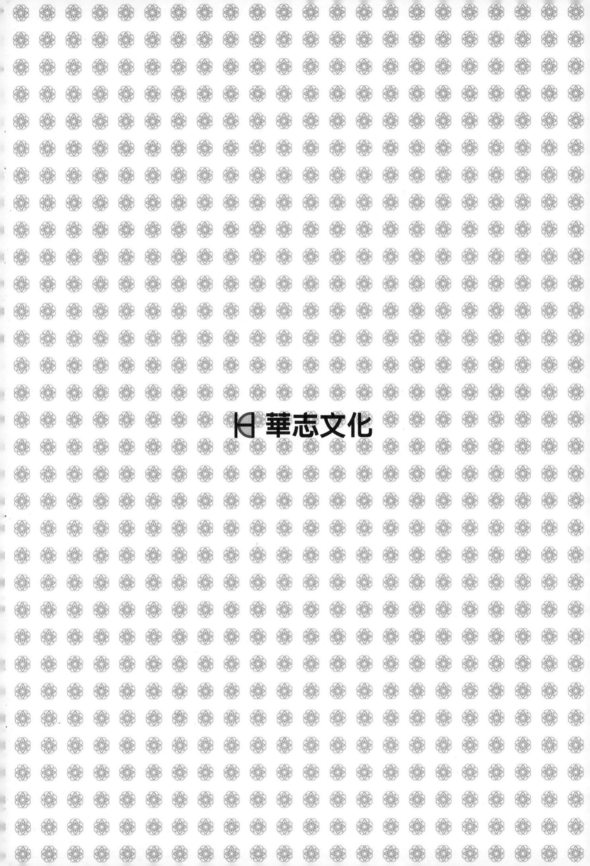

華志文化